Krisen und Resilienz aus germanistischen und interdisziplinären Perspektiven

Jahrbuch
für
Internationale Germanistik

Reihe A • Gesammelte Abhandlungen und Beiträge
Band 149

# Krisen und Resilienz aus germanistischen und interdisziplinären Perspektiven

## Gedenkschrift für Prof. Dr. Serge A. Glitho

Herausgegeben von

Akila Ahouli

PETER LANG

Lausanne - Berlin - Bruxelles - Chennai - New York - Oxford

**Bibliografische Information Der Deutschen Nationalbibliothek**
Die Deutsche Nationalbibliothek verzeichnet diese Publikation in der Deutschen Nationalbibliografie; detaillierte bibliografische Daten sind im Internet über ‹http://dnb.d-nb.de› abrufbar

ISSN 0171-8320
ISBN 978-3-0343-4595-8
ISBN 978-3-0343-4762-4 EPUB
ISBN978-3-0343-4763-1 eBook
DOI 10.3726/b21089



Verlegt durch:
Peter Lang Group AG, Lausanne, Schweiz

info@peterlang.com
http://www.peterlang.com/

**Prof. Dr. Serge Glitho (1949-2022)**

Dieser Band wurde doppelblind begutachtet

## Inhaltsverzeichnis

# Geleitwort

Am 8. Januar 2022 verstarb Serge Alphonse Glitho nach einer großartigen und erfolgreichen akademischen Laufbahn in seinem 72. Lebensjahr. Der unerwartete Tod des emeritierten Germanistik-Professors löste bei seinen Studierenden und Kolleg*innen in besonderer Weise Trauer und Erschütterung aus. Um das Andenken an den viel betrauerten Germanisten nach den akademischen Gepflogenheiten zu ehren, wurde die vorliegende Gedenkschrift ins Leben gerufen.

Die im daraus entstandenen Sammelband *Krisen und Resilienz aus germanistischen und interdisziplinaren Perspektiven* veröffentlichten Beiträge befassen sich mit einer Thematik, die nicht nur zu den Forschungsschwerpunkten des verstorbenen angesehenen Professors gehörte, sondern auch in Anbetracht der bestehenden COVID-19-Pandemie sowie der weltweit beobachtbaren Sicherheitskrisen noch weit davon entfernt ist, an Aktualität und Brisanz zu büßen. Ziel der Beiträge ist es, Krisen aus den Perspektiven von Literatur-, Kultur-, Medien- sowie aus Erziehungs- und Sozialwissenschaften zu reflektieren und dabei Geistesverfassungen und Handlungsweisen zu erarbeiten, die Resilienzpotenziale zur Entfaltung bringen.

Jean Bertrand Miguoué geht in seinem Beitrag „Medien, Erzählungen und Weltgestaltung" von der Feststellung aus, dass konkurrierende Diskurse und Sprachen an der Gestaltung der pandemischen und postpandemischen Welt beteiligt sind. Er bestreitet dabei den Anspruch der Medizin und der Naturwissenschaften, der alleingültige Strukturierungsrahmen der Realität zu sein, und analysiert Werkzeuge und Mittel (wie etwa kulturelle Werke, kulturelle Denk-, Handlungs- und Verhaltensmuster, kulturelle Einrichtungen), dank derer auch die Kulturwissenschaften gleichberechtigt an der Wissensproduktion und damit an der Weltgestaltung beteiligt sind.

Im selben Zusammenhang trägt Literatur als kulturelles Artefakt zur Produktion des Wissens u. a. über Krisen und Resilienz bei. Dieser Befund wird in nachfolgenden Beiträgen einleuchtend exemplifiziert.

So zeichnet Ernest W. B. Lüttich in seinem Beitrag „Viren, Farben, Moral" am Beispiel von Dürrenmatts Text-Satire *Die Virenpandemie in Südafrika* die ästhetische Problematisierung einer Gesundheitskrise nach, die sich zu einer rassistisch motivierten Krise weiterentwickelt. Er sieht in der internationalen und zwischenmenschlichen Solidarität eine Lösung für solcherlei Krisensituationen.

Akila Ahouli untersucht in seinem Beitrag „Krisen, Theodizee und Resilienz" Ahmadou Kouroumas Roman *Allah muss nicht gerecht sein* anhand der vom Philosophen Gottfried W. Leibniz entwickelten Kategorie einer Theodizee und kommt zu dem Schluss, dass die Wirksamkeit einer Strategie zur Bewältigung von Krisensituationen weniger in der ideologischen oder konfessionellen Einstellung des Betroffenen oder seines sozialen Umfelds zu diesen Situationen liegt, als vielmehr darin, ob solche Einstellungen dazu führen, dass situationsgemäße Bewältigungsmittel identifiziert und zielgerichtet eingesetzt werden.

Angesichts der Krisen ruft Franck Dovonou zur Resilienz auf. Er veranschaulicht seine Aufforderung mithilfe einer Analyse von Goethes Drama *Stella* und zeigt dabei, wie die Protagonistinnen des Dramas frauenspezifische Lebenskrisen erleben, diese dennoch erfolgreich meistern, indem sie sich nicht resignierend mit den Krisen abfinden, sondern ihnen die Stirn bieten und damit ein Vorurteil dekonstruieren, wonach Frauen nur in der Lage seien, passive Rollen einzunehmen und daher unfähig seien, ernsthafte Lebenskrisen erfolgreich zu bewältigen.

Boaméman Douti untersucht in seinem Beitrag „Neokolonialismus und autokratische Herrschaft in Afrika“ exemplarisch anhand von Christophe Nix’ Roman *Lomé. Der Aufstand* soziopolitische Krisen, die die Entwicklung des Schwarzen Kontinents hemmen. Er findet in einer ortsspezifischen Demokratie, die aber die Freiheit und das Wohlergehen der Bevölkerung gewährleistet, die Lösung für solche Krisen.

Mantahèwa Lebikassa zufolge liegen soziale Ungerechtigkeiten den gesellschaftlichen Krisen und Konflikten zugrunde. Er untermauert in seinem Beitrag „Soziale Ungerechtigkeiten als kausale Grundlage für Krisen und Konflikte“ seine Hypothese beispielhaft anhand einer Analyse von Heinrich von Kleists Novelle *Michael Kohlhaas* und Oyonos Roman *Der alte Mann und die Medaille.* Daraus zieht er den Schluss, dass das friedliche Zusammenleben in einer Gesellschaft die Berücksichtigung gesellschaftsverträglicher Rechte und Pflichten durch die einzelnen Bürger voraussetzt.

In seinem Beitrag „Autokratie- oder Demokratieförderung durch Europa?“ unternimmt Constant Kpao Sarè eine postkoloniale Lektüre ausgewählter Texte der sogenannten Afrika-Literatur und zeigt auf, wie Europa aus wirtschaftlichen Interessen in Afrika nur eine Scheindemokratie fördert, die auf Autokratieförderung zurückgeht und das Wohlergehen der Bevölkerung beeinträchtigt. Gegen diese Scheindemokratie schlägt Kpao Sarè eine Graswurzeldemokratie vor, die sowohl durch Reformen als auch durch Förderungsmechanismen begünstigt werden kann.

Doch ähnlich wie literarische Texte fungieren auch Medien bzw. Zeitungen als kulturelle Artefakte und sind als solche an der Wissensproduktion über Krisen und deren Bewältigung beteiligt.

Diese Funktion der Medien wird von Charles Nouledo aufgezeigt. Er geht in seinem Beitrag „Rückkehr der Masken“ darauf ein, wie französische und deutsche Zeitungen über die Rückgabe von Kunstwerken an Benin berichten. Der Beitragende analysiert diese Rückgabe als Lösung für eine langanhaltende postkoloniale Krise und bringt dabei in Erfahrung, dass die untersuchten Zeitungsberichte gegenwärtige gesamtgesellschaftliche Diskurse über die europäisch-afrikanischen Beziehungen widerspiegeln und mitgestalten.

Dass Erziehung und Bildung Resilienzpotenziale gegen bestimmte soziale Krisen entwickeln können, zeigen Maryse Nsangou und Wibke Saar-Tebati. In ihrem gemeinsamen Beitrag „Bildungschancen und Bildungserfolg im Migrationskontext" setzen sie sich am Beispiel des Schulsystems in Hessen mit den Initiativen, Strategien und Maßnahmen auseinander, die vermittels Bildung und Gewährleistung von Chancengleichheit die Integration von Kindern und Jugendlichen mit Migrationshintergrund in Deutschland fördern. Sie kommen zu dem Ergebnis, dass Migration, Diversität und Heterogenität nicht zwangsläufig Konfliktpotenziale bergen, sondern eine Bereicherung für die ganze Gesellschaft darstellen.

Bestimmte Lernkrisen können ebenso durch entsprechende didaktische Strategien überwunden werden. So zeigt Bissitena Sansan in seinem Beitrag „Zur Rolle der Projektarbeit im Fremdsprachenunterricht am Beispiel einer deutschen Unterrichtseinheit in Togo" die didaktischen Vorteile von Projektarbeiten im DaF-Unterricht in der Sekundarstufe II im togoischen Schulsystem auf. Er schließt aus seinen Ausführungen, dass ein gezielter Einsatz von Projektarbeiten im Unterricht zur Verbesserung der Sprechfertigkeit und damit zur Beseitigung einer der gravierenden Schwächen beiträgt, die bei togoischen DaF-Lernenden häufig diagnostiziert werden.

In seinem Epilog „Krisen und Widerstandsfähigkeit", der den Band abschließt, erzählt Pierre Sossou von den verschiedenen Krisen, die er als Student erlebt hat, und über die ausschlaggebende Rolle, die Prof. Dr. Serge Glitho bei der Bewältigung dieser Krisen gespielt hat.

Aus allen Beiträgen lässt sich schließen, dass Krisen keineswegs resignativ, sondern durchaus widerständig bewältigt werden sollten. Denn Krisen sind dazu da, überwunden zu werden. Diese Bewältigung ist aber nur möglich, wenn situationsadäquate Resilienzstrategien entwickelt und angewendet werden.

Meine tiefste Dankbarkeit gilt den ehemaligen Studierenden von Prof. Serge Glitho weltweit, deren großzügige Spenden die Veröffentlichung der vorliegenden Gedenkschrift ermöglicht haben, durch welche die Beitragenden des Bandes den schweren Verlust verarbeiten und mithin ihre Resilienz zum Ausdruck bringen konnten.

Lomé, Februar 2024
*Der Herausgeber*

# Medien, Erzählungen und Weltgestaltung: Die COVID-19-Pandemie und die Welt danach. Eine kulturwissenschaftliche Annäherung

*Jean Bertrand Miguoué*

*Zusammenfassung*: Diese Studie erforscht kulturelle Wege der Weltgestaltung und zeigt dabei, wie und zu welchem Zweck sich verschiedene Weltvorstellungen und -repräsentationen an der Kartierung einer postpandemischen Welt beteiligen. Sie hinterfragt den Krieg der Diskurse und Sprachen, bei dem die Realität in einer Welt im ständigen Wandel imaginiert und erfunden wird. Medizin und Naturwissenschaften produzieren Diskurse, die sowohl die pandemische als auch die postpandemische Welt strukturieren. Aber sie sind weder der einzige, noch der beste Strukturierungsrahmen dieser Realität. Dieser Beitrag betont die Perspektive der Kulturwissenschaften auf den Prozess der Bedeutungsproduktion, indem er die Werkzeuge und Mittel analysiert, die in diesem kulturellen Prozess der Weltgestaltung verwendet werden.

*Schlüsselwörter*: Diskurs, Weltgestaltung, COVID-19, Kulturwissenschaften, Repräsentation

*Abstract*: This study explores cultural ways of worldmaking thereby pointing out, how and to which aim various world imaginations and representations engage in the mapping of a post-pandemic world. It also questions the war of discourses and languages in the process of world imagination. Medicine as well as other natural sciences produces discourses that structure both the pandemic and post-pandemic world. But they are neither the only nor the best structuring frameworks of this reality. Therefore, this paper emphasizes the perspective of cultural sciences in the process of production of meaning by analyzing the tools and means that are used in this peculiar process of worldmaking and by the invention and mapping of a new World.

*Keywords*: Discourse, Worldmaking, COVID-19, Cultural studies, Representation

## *Einleitung*

Was ist Wirklichkeit? Woher wissen wir, dass die Realität existiert oder sich verändert? Woher wissen wir, dass es eine Pandemie gibt und dass sie unser Leben bedroht? Warum wird diese globale Bedrohung je nach Raum und Ort, von denen aus wir die Pandemie betrachten, unterschiedlich wahrgenommen? Wie überdenken Menschen ihren Lebensstil und stellen sich einen Ausweg aus einer globalen Bedrohung wie COVID-19 vor? Wer hat das Recht und das Wissen zu bestimmen, wie die Welt nach der Pandemie aussehen soll? Wie und wo wird mit welchem Zweck die Topografie und Kartografie der Welt nach der Pandemie gezeichnet? Sprache, Diskurs und Erzählungen strukturieren nicht nur Darstellungen und Wahrnehmungen der Realität, sondern sie entfalten auch eine symbolische Macht in dem Sinne, dass sie Wissen und damit auch Machtverhältnisse innerhalb der besagten Realität produzieren. Die Pluralität der Erzählungen und Diskurse, innerhalb derer Wissen produziert wird, impliziert auch die Heterogenität und Pluralität der Repräsentationen, mit denen die Welt nach COVID-19 gegenübersteht und sich die Verhältnisse nach der Pandemie vorstellt.

Diese Studie erforscht kulturelle Wege der Weltgestaltung und zeigt dabei auf, wie und zu welchem Zweck sich verschiedene Weltvorstellungen und -repräsentationen an der Kartierung einer (post-)pandemischen Welt beteiligen. Sie hinterfragt den Krieg der Diskurse bzw. Sprachen, bei dem die Realität in einer Welt im ständigen Wandel imaginiert und erfunden wird. Medizin und andere Naturwissenschaften produzieren Diskurse, die die (post-)pandemische Welt strukturieren. Diese naturwissenschaftlichen Diskurse gestalten in einer gesundheitlichen Krisensituation Realität für Millionen vom Menschen weltweit. Aber auch Kulturwissenschaften nehmen an diesen Prozess der Wirklichkeitsgestaltung teil, in dem sie sich mit kulturellen sinngebenden Praktiken analytisch befassen und sich dabei mit Kultur als geeignetem Rahmen der Sinnproduktion befassen. Dieser Beitrag analysiert die Werkzeuge und Mittel, die in diesem eigentümlichen Prozess der Weltgestaltung, der Erfindung und Kartierung einer neuen Welt verwendet werden.

## *1. Sprache, sinngebende Praktiken und Weltgestaltung*

Die Kulturwissenschaften sind im Prozess der Welt- und Raumgestaltung nicht nur wichtig in dem Sinne, dass sie sich mit der Kultur als symbolischem Rahmen einer imaginativen Gestaltung von Selbst und Welt befassen, sondern auch, dass sie sich dabei mit Diskursen und Wissensformen als privilegierten Werkzeugen der Weltgestaltung und der Festigung von Weltimagination und Wirklichkeitsszenarien auseinandersetzen.[1] Dabei wird auf unterschiedliche Wege versucht, die Beziehung zwischen Sprache, sinngebenden Praktiken und Weltgestaltung zu erläutern und systematisch zu beschreiben.

1 Vgl. Ansgar Nünning / Vera Nünning: „Ways of Worldmaking as a Model for the Study of Culture“. In: Vera Nünning / Ansgar Nünning / Birgit Neumann (Hrsg.): *Cultural Ways of Worldmaking*. Berlin / New York: De Gruyter 2010, S. 1–25.

Foucault stellt in diversen Texten Wirklichkeit als diskursive Konstruktion dar.[2] Dabei funktioniert Diskurs als textueller und geregelter Rahmen der Produktion von Wissen über Wahrnehmungen, Imaginationen und Transformationen der Wirklichkeit.[3] Aufgrund seiner wirklichkeitskonstituierenden Kraft wird der Diskurs Gegenstand von Machtkämpfen. Bei dem „Kampf um den Diskurs" geht es tatsächlich darum, Formen und Möglichkeiten der Produktion von Wissen, Macht und Ordnung der Wirklichkeit zu kontrollieren.[4] Diskursproduktion, -bändigung und -kontrolle sind gleichzeitig auch Möglichkeiten und Grenzen einer Produktion von Welt- und Raumszenarien. Diese diskursiven Produktionen von Welt und Raumszenarien könnten als Praktiken von Macht und raumspezifischen Machtformen verstanden werden. Die Vorstellung der Heterotopie als Raum des Anderen setzt schon eine Grenzziehung zwischen Normalität und Abnormität fest und konstruiert dadurch Machtverhältnisse zwischen den genannten und diskursiv konstruierten Räumen.[5]

Bourdieu sieht diese wirklichkeitsimaginative und -strukturierende Kraft im Spannungsfeld von Sprache und symbolischer Macht.[6] Seine Vorstellung des sozialen Raums als aus Kraftfeldern bestehend führt ihn zu einer Vorstellung von Sprache als Ausdruck einer sozialen Position, von der aus Menschen das Wort ergreifen, Machtverhältnisse transformieren und dadurch auch die Ordnung der Positionen im sozialen Raum neugestalten. Positionen, Positionierungen und Dispositionen entstehen und verändern sich auf der Grundlage vom erworbenen Habitus und zielen tatsächlich auf eine symbolische Macht. Am Beispiel des Funktionierens des literarischen Felds macht Bourdieu deutlich, wie das Funktionieren dieses Felds als Kraftfeld tatsächlich von einer Interaktion von Positionen und Gegenpositionen sowie von der Rekonstruktion von Genealogien abhängt.[7] Dadurch entstehen nicht nur Raum sondern auch Bedeutung, Praktiken und Sinnzusammenhänge, die Wirklichkeit gestaltend und strukturierend sind.

2 Vgl. Michel Foucault: *Die Ordnung des Diskurses.* Frankfurt am Main: Fischer 1991.

3 Vgl. ebd.; Ders.: *Archäologie des Wissens.* Frankfurt am Main: Suhrkamp 1981; Ders.: *Überwachen und Bestrafen.* Frankfurt am Main.: Suhrkamp 1993; Georg Glasze / Annika Matissek: „Diskursforschung in der Humangeographie". In: Georg Glasze / Annika Matissek (Hrsg.): *Handbuch Diskurs und Raum.* 3. Aufl. Bielefeld: Transcript 2021, S. 13–62.

4 Vgl. Michel Foucault: „Der Diskurs darf nicht gehalten werden für...". In: Ders.: *Schriften in vier Bänden.* Bd. 3: 1976–1979, hrsg. von Daniel Defert et al. Frankfurt am Main: Suhrkamp 2003, S. 164–165.

5 Vgl. Michel Foucault: *Die Heterotopien.* Frankfurt am Main: Suhrkamp 2005.

6 Vgl. Pierre Bourdieu: *Les règles de l'art.* Paris: Seuil, 1992; Ders.: *Language and Symbolic Power.* Cambridge / Oxford: Polity Press 1994.

7 Vgl. Bourdieu, *Les règles de l'art* (wie Anm. 6), S. 14 und auch S. 368 f.

Roland Barthes setzt sich mit den Formen und Wandlungen einer wirklichkeitsstrukturierenden Kraft der Sprache auseinander.[8] In zwei wichtigen Aufsätzen exemplifiziert er diese ordnungskonstruierende und -brechende Macht der Sprache, in dem er deutlich macht, wie unterschiedliche Vorstellungen der Wirklichkeit Variationen, Permutationen und Manipulationen in der Sprache entsprechen.[9] Sprache erweist sich als geeigneter Raum der semiotischen und semantischen Raum- und Weltgestaltung. Barthes erklärt in seinem Text *La guerre des langages*, dass ein Krieg der Sprachen grundsätzlich als Krieg von Repräsentation der Wirklichkeit und Raumszenarien verstanden werden kann.[10] In seinem Aufsatz *De la science à la littérature* macht er z. B. die wirklichkeitsrevidierende und -gestaltende Funktion der Literatur und der poetischen Sprache deutlich, indem er schreibt:

> Ethiquement, c'est par la seule traversée du langage que la littérature poursuit l'ébranlement des concepts essentiels de notre culture, au premier rang desquels celui de « réel ». Politiquement, c'est en professant et illustrant qu'aucun langage n'est innocent, c'est en pratiquant ce que l'on pourrait appeler le « langage intégral », que la littérature est révolutionnaire. La littérature se retrouve aujourd'hui seule à porter la responsabilité entière du langage ; car, si la science a certes besoin du langage, elle n'est pas, comme la littérature *dans* le langage.[11]

Die literarische Sprache kann also als Rahmen der Gestaltung einer realen Welttopographie aber auch gleichzeitig als Medium der reflexiven Verarbeitung von Letzterer und der Erfindung von alternativen Vorstellungen der Wirklichkeit und imaginativen Welt- und Raumszenarien betrachtet werden.

Auch Stuart Hall untersucht den kulturellen Prozess der Wirklichkeitsgestaltung. Seine Analyse greift auf Sprache, kulturelle Repräsentationen und sinngebende Praktiken zurück.[12] Sprache hat nicht nur eine referentielle, intentionale und reflexive, sondern auch eine konstruktivistisch-wirklichkeitsstrukturierende Funktion.[13] Hall bezeichnet Sprache tatsächlich als „*representational system*"; ein System, in dem Sinn konstituiert, Bedeutung produziert und ausgetauscht wird:

8 Vgl. Roland Barthes: *Le bruissement de la langue.* Paris: Seuil 1984.

9 Vgl. Ders.: „La guerre des langages". In: Ders.: *Le bruissement de la langue* (wie Anm. 8), S. 135–139.

10 Vgl. ebd.

11 Ders.: „De la science à la littérature". In: Ders.: *Le Bruissement de la langue* (wie Anm. 8), S. 11–19. [Hervorh. i. Orig.]

12 Vgl. Stuart Hall: „The Work of Representations". In: Stuart Hall (Hrsg.): *Representation.* London et al.: SAGE Publications / The Open University 2003, S. 13–64, hier S. 15.

13 Ebd., S. 24 f.

> But how does the language construct meanings? How does it sustain the dialogue between participants which enables them to build up a culture of shared understandings and so interpret the world in roughly the same ways? Language is able to do this because it operates as a *representational system*. In language, we use signs and symbols – whether they are sounds, written words, electronically produced images, musical notes, even objects – to stand for or represent to other people our concepts, ideas and feelings. Language is one of the "media" through which thoughts, ideas and feelings are represented in a culture. Representation through language is therefore central to the processes by which meaning is produced.[14]

Kultur erweist sich bei Hall als System geteilter Sinnzusammenhänge, die in einer Gemeinschaft gültig sind.[15] Bedeutung und Sinn zirkulieren meistens in der Sprache und gelten als Grundlage für die Regulierung von Macht, Denk- und Verhaltensweisen in der Gesellschaft. Eine diskursive Annäherung an diese komplexen Verhältnisse zwischen Sprache, kulturellen Repräsentationen und sinngebenden Praktiken macht auch deutlich, dass Repräsentationen und sinngebende Praktiken mit Macht und Wissen und deswegen auch mit der Ordnung der Wirklichkeit verbunden sind:

> One important difference is that the semiotic approach is concerned with the how of representation, with how language produces meaning – what has been called its "poetics"; whereas the discursive approach is more concerned with the effects and consequences of representation – its "politics". It examines not only how the language and representation produce meaning, but how the knowledge which a particular discourse produces connects with power, regulates conduct, makes up or constructs identities and subjectivities, and defines the way certain things are represented, thought about, practiced and studied.[16]

Damit wird deutlich, dass kulturelle Repräsentationen, wie sie sprachlich materialisiert, vermittelt und ausgehandelt werden, vor allem durch ihre welt- und wirklichkeitsgestaltende Kraft gekennzeichnet sind.

Die vom Philosophen Nelson Goodman dargestellte Theorie des Weltentwurfs bzw. der Weltgestaltung[17] steht im Mittelpunkt des Bands *Cultural Ways of Worldmaking*[18]. Goodman erklärt, dass Menschen auf der Grundlage von Symbolen, die nicht sprachlich zu sein brauchen, die Welt bzw. Welten

14 Stuart Hall: „Introduction" zu: Hall, *Representation* (wie Anm. 12), S. 1–11, hier S. 1.

15 Ders.: „The Work of Representations" (wie Anm. 12), hier S. 18.

16 Ders.: „Introduction" (wie Anm. 14), S. 6.

17 Vgl. Nelson Goodman: *Ways of Worldmaking*. Cambrigde: Hackett 1978.

18 Vera Nünning / Ansgar Nünning / Birgit Neumann (Hrsg.): *Cultural Ways of Worldmaking*. Berlin / New York: De Gruyter 2010.

erfinden und imaginativ gestalten. Den theoretischen Rahmen von Goodman anwendend, konzentrieren sich die Beiträge auf kulturelle Formen und Möglichkeiten der Weltgestaltung. Der Schwerpunkt dieses Bands ist die Untersuchung der Weltgestaltung in Medien und Narrativen.[19] Beiträge untersuchen aus unterschiedlichen kulturwissenschaftlichen Perspektiven den Prozess der narrativen und medialen Welterfindung und -gestaltung. Diese Untersuchungen gründen auf der Fähigkeit beider Institutionen, nicht nur Welt und Weltbilder zu gestalten, sondern auch sie kritisch zu reflektieren. Das Erzählen erweist sich in diesem Zusammenhang als Rahmen der narrativen Erkundung und imaginativen Gestaltung der Welt sowie der Artikulierung der „Welthaftigkeit".[20] Die Welt, wie sie erlebt und wahrgenommen wird, ist in diesem konstruktivistischen Sinne das Ergebnis eines symbolischen Prozesses, bei dem Narrative und Diskurse grundlegend sind.[21]

### 2. *Erzählungen, Medien und Vorstellungen der Wirklichkeit*

Hauptmerkmale einer globalisierten Welt sind grundsätzlich zunehmende globale Mobilität, Digitalisierung und komplexere Erfindungen bzw. Vorstellungen der Wirklichkeit.[22] Diese globale Mobilität bedeutet auch eine schnelle Zirkulation von Seuchen, Krankheiten und Informationen. Menschen sind nicht die einzigen, die sich bewegen und die globale Zirkulation bleibt kein bloßes anthropozentrisches Phänomen.[23] Auch Bilder, Texte, audiovisuelles Material usw. bewegen sich mit einer äußerst schnellen Geschwindigkeit und gestalten dadurch Realität für Milliarden von Menschen weltweit.

Im Kontext einer Pandemie bedeutet diese schnelle Zirkulation von Nachrichten auch eine globale Wahrnehmung der Bedrohung, die die Erkrankung

19 Vgl. Nünning, „Ways of Worldmaking as Model for the Study of Culture" (wie Anm. 1), S. 2 f.

20 Christof Hamann / Alexander Honold: „Ins Fremde schreiben. Zur Literarisierung von Entdeckungsreisen in deutschsprachigen Erzähltexten der Gegenwart". In: Dies. (Hrsg.): *Ins Fremde schreiben*. Göttingen: Wallstein 2009, S. 9–20, hier S. 9.

21 Vgl. Nünning, „Ways of Worldmaking as Model for the Study of Culture" (wie Anm. 1), S. 1.

22 Vgl. Arjun Appadurai: *Modernity at large*. Minneapolis: University of Minnesota Press 1996.

23 Vgl. Anne Aronsson / Fynn Holm: „Multispecies entanglements in the virosphere". In: *Anthropocene Review* 8 (2020), S. 1–13.

für die Menschheit repräsentiert. Damit werden lokale Bedrohungen global wahrgenommen.[24] Sie erweisen sich deswegen als globale Herausforderungen und erfordern die Entwicklung eines globalen Bewusstseins und einer transregionalen Betroffenheit. Unterstützt wird dieses globale Bewusstsein im Zusammenhang mit Krankheiten, Krisen und Katastrophen durch die narrative Produktion globaler Angst.[25] Menschen aus unterschiedlichen Regionen der Welt bekommen fast synchron Nachrichten über Krankheiten oder Bedrohungen, die ohne Weiteres als globale Bedrohungen vorgestellt werden und aufgrund einer mimetischen Welt- und lokalen Politik Wirkung auf ihren Alltag hat. Dies führt dazu, dass globale und einseitige narrative über Gesundheit produziert werden, die lokale Herausforderungen selten berücksichtigen.[26] Aber damit ist auch die Produktion von subversiven Formen des narrativen Widerstands gemeint, die in der Form von „Fake news" oder Verschwörungstheorien auftreten. Ein besserer Zugang zu Daten, Graphiken, Tönen und Bildern im Internet sowie der Zugang auf immer starkleistungsfähiger Kommunikationswerkzeuge bestimmt und beeinflusst zum großen Teil die Weltimagination sowie die Welt- und Wirklichkeitsszenarien für Menschen weltweit.[27]

Der Zugang zu sozialen Netzwerken führt in diesem Zusammenhang zur Produktion neuer Formen der Gesellschaftlichkeit, die die Verfügbarkeit und Austauschbarkeit von Informationen allerart gründen. Die Verfügbarkeit von den neuen *Apps*, mit denen Nachrichten zeitnah erhalten und ausgetauscht werden können, kann auch in diesem Zusammenhang als Grundlage dieser medialen und narrativen Produktion von globalen Bedrohungen betrachtet werden. In diesem Kontext der globalen Mobilität und schnellen Zirkulation von Informationen ist die Wahrnehmung der COVID-19-Pandemie weltweit immer größer gewesen. Die Pandemie wurde deswegen als globales und grenzloses Phänomen wahrgenommen, das eine Gefahr darstellt, solange sich

24 Vgl. Arjun Appadurai: *Die Geographie des Zorns*. Frankfurt am Main: Suhrkamp. 2009, S. 17–20. Auch Gerard Delany: *Pandemics, Politics and Society*. Berlin / Boston: De Gruyter 2021.

25 Vgl. Arjun Appadurai: *Modernity at large*. Minneapolis: University of Minnesota Press 1996, S. 9. Auch Birgit Neumann / Martin Zierold: „Media Ways of Worldmaking". In: Nünning et al. (Hrsg.), *Cultural Ways of Worldmaking* (wie Anm. 1), S. 103–118.

26 Vgl. Reuben Ng et al.: „New media narratives of Covid-19 across 20 countries". In: <PLoS One 16/9 (2021): e0256358. Doi: 10.1371/journal.pone.0256358> [Abruf 24.11.22].

27 Vgl. Paul Dimaggio: T*he internet's influence on the production and consumption of culture*. Princeton: Princeton University 2014.

Menschen lokal, national, transnational und transregional bewegen können. Als Folge davon, haben sich Gegenden, Staaten, Länder und Regionen voneinander abgeschottet.[28]

COVID-19 ist eine Erkrankung, die es tatsachlich gibt, aber die Wahrnehmung dieser Krankheit ist grundsätzlich medial und narrativ konstruiert. Alte und neue Medien haben alarmierende Nachrichten, störende Bilder, emotional beladene Reportagen, Interviews von Experten über diese ungewöhnliche gesundheitliche Situation ausgebreitet.[29] Die wissenschaftliche und pseudowissenschaftliche Literatur zu dieser Erkrankung hat nicht nur Begutachtungen und Erfahrungen von Forschern und Ärzten sowie wissenschaftliche Analysen zur Forschung über diese Krankheit, sondern auch wissenschaftliche Kontroverse vermitteln, die das Bewusstsein dieser Krankheit gestärkt haben. Durch die öffentliche Kommunikation zur Pandemie und Austauschen in den sozialen Netzwerken wurde COVID-19 eine Wirklichkeit und eine Bedrohung auch für Menschen, die sich noch nicht im Kernpunkt der Erkrankung befanden.[30] Täglich wurden im Rundfunk und in Zeitungen Statistiken zur Ansteckung, zur Belastung von Krankenhäusern und zu Todesfällen vermittelt. Die Vielfalt von Narrativen und Diskursen, die die Vorstellung oder die Wahrnehmung der Pandemie strukturierte, reichte von WHO-Dokumentation und Literatur zu den neuen Krankheiten[31] über Verschwörungstheorien und *fake news* bis hin zu populistischen Produktionen über alternative Arznei und Heilmittel.[32]

28 Vgl. Florian Weber / Christian Wille: „Grenzgeographien der COVID-19-Pandemie“. In: Florian Weber / Christian Wille et al. (Hrsg.): *Geographien der Grenze. Räume – Ordnungen – Verflechtungen.*Wiesbaden: Springer Fachmedien 2020, S. 191–223.

29 Vgl. Ayesha Anwar / Mereyem Malik et al.: „Role of mass media and public health communications in the COVID-19 pandemic.“ In: *Cureus* 12/9 (2020). e10453. DOI 10.7759/cureus.10453.

30 Vgl. Carlos Cuello-Garcia / Giordano Pérez-Gaxiolaet / Ludo van Amelsvoort: „Social media can have an impact on how we manage and investigate the COVID-19 pandemic“. In: *Journal of clinical epidemiology* 127 (2020), S. 198–201.

31 Vgl. World Health Organisation: *Coronavirus disease 2019 (COVID-19): situation report*, 73 (2020); World Health Organisation: *Schools and other educational institutions transmission investigation protocol for coronavirus disease 2019 (COVID-19)*, 30. September 2020.

32 World Health Organisation: *WHO supports scientifically-proven traditional medicine.* <https://www.afro.who.int/news/who-supports-scientifically-proven-traditional-medicine> [Abruf 08.08.2022]. Faisal Muhammad: „COVID-19 pandemic: The role of traditional medicine.“ In: *International Journal of Infection.* 7/3 (2020). <https://brieflands.com/articles/iji-107090.html> [Abruf 08.08.2022].

Dabei gab es sowohl Versuche den Diskurs über die Pandemie sowie die gesundheitlichen Auswege davon als einzige und alleingültige globale Narrative zu kontrollieren, als auch subversive Reaktionen auf diesen allein- und allgemeingültigen Vorstellungen der Pandemie in unterschiedlichen Regionen der Welt zu formulieren. Vorgezogen wurden in diesem Zusammenhang auch lokale Temporalität und Räumlichkeit, die konkret in der Form von Lockdowns ausgedrückt wurde.[33] Zu diesen lokalen Reaktionen gehören nationalistische und ethnozentrische Narrative, die mit neuen Repräsentationen von Identität, kultureller Differenz, Staatlichkeit, Grenze und politische Kultur verbunden waren. Dazu gehörten auch neue Vorstellungen von Heimat und nationalem Territorium als Zufluchtsort vor einer globalen Gefahr. Die zwischenstaatliche Mobilität wurde fast unmöglich und sämtliche transnationale Verkehrsmittel wurden prioritär abgeschafft.[34] Auch ein „Kampf der Diskurse" gab es zwischen globalen und lokalen Therapien. Ein gutes Beispiel stellt der Streit zwischen afrozentrischen und globalen Lösungen dar. Man erinnert sich noch an Kontroversen zwischen der Weltgesundheitsorganisation (WHO) und einigen afrikanischen Staaten betreffend afrikanische Heilmittel gegen COVID-19.[35] Aus der globalen Perspektive der WHO wurde eine globale wissenschaftliche Lösung vorgezogen, die nicht nur in der Beachtung bestimmter Therapien und Heilprotokollen bestand, sondern auch in der pharmazeutischen Forschung mit dem Ziel ein Impfmittel gegen die neue Erkrankung zu finden.[36] Aus einer afrozentrischen Perspektive wurde die Gefahr der Pandemie relativiert und die gesundheitlichen Maßnahmen in Frage gestellt. Aus unterschiedlichen Ländern wurden diverse Heilmittel als nativistische Wunderlösungen gegen diese neue Krankheit vorgestellt. Anordnungen der WHO wurden als Verschwörung gegen afrikanische Wissensformen vorgestellt.[37]

33 Vgl. Wasim Khaled / Naushad UzZaman: „Global infodemic: Covid-19 and the organization of disinformation". In: *Covid-19 and Governance* (2021), S. 316–325.

34 Vgl. Sabelo J. Ndlovu-Gatsheni: „Geopolitics of power and Knowledge in the COVID-19 Pandemic". In: *Journal of Developing Societies* 36, 4 (2020). <https://journals.sagepub.com/doi/10.1177/0169796X20963252> (Abruf: 20.08.2022); Richard Youngs: *Geopolitics and the Covid-19 pandemic*. Swedish Institute for European Policy Studies, 2020.

35 Vgl. Anteneh Belayneh: „Off-Label Use of Chloroquine and Hydroxychloroquine for COVID-19 Treatment in Africa Against WHO Recommendation". In: *Research and Report in Tropical Medecine* (2020), S. 61–72.

36 Ella M. Krishna / Mohan Krishna: „Coronavirus Vaccine". In: *Indian Pediatrics* 57 (2020), S. 407–410.

37 Charles Shey Wiysonge et al: „Vaccine hesitancy in the era of COVID-19". In: *Human Vaccines & Immunotherapeutics*. 18, 1 (2022). <https://www.tandfonline.com/doi/full/10.1080/21645515.2021.1893062> (Abruf 08.08.2022); Patrice

Bei einer kulturwissenschaftlichen Auseinandersetzung mit der COVID-19 Pandemie kann genau beobachtet werden wie Sprache, Diskurs und symbolische Macht zusammenspielen. Sprachen erweisen sich als Rahmen nicht nur für die Imagination einer Wirklichkeit der Pandemie, sondern auch für die Repräsentation der Welt nach der Pandemie. Die Erfindung einer Realität nach der Pandemie bedeutet deswegen auch die Erfindung einer neuen Sprache, in der eine neue Ordnung der Dinge entsteht. Besonders die Beobachtung der Beziehung zwischen Sprache und Pathologie macht es deutlich, wie Wissen und Bedeutung über relativ neue Phänomene erzeugt werden. Aber dabei sind neue Repräsentationen und Praktiken entstanden, die die postpandemische Welt im Sinne von Ritualen, Denk- und Handlungsformen des Alltags kennzeichnen. Formen des gesellschaftlichen Lebens wurden langfristig geändert und neugestaltet. Dazu gehören Formen sozialer Distanzierung und Netzwerke, aber auch Beziehungen vom Menschen zu Körper und Körperlichkeit. Verändert wurden auch Formen des Umgangs mit Tod und mit menschlichen Überresten sowie mit Todesritualen.[38] Es wurde deutlich beobachtet, wie von einem Sprachregister der Katastrophe und der Apokalypse zu einem Register der Hoffnung und Resilienz übergegangen wurde. Impfung, Impfmittel, Gesundheitspass, soziale Vernetzung und Wiedervernetzung, globale Mobilität, Rettung der Wirtschaft wurden immer wieder als sprachlicher Rahmen eines Entwurfs der Welt nach der Pandemie verwendet.[39]

Internationale Gesundheitsinitiative wie COVAX können in diesem Zusammenhang als neue Rahmen des Humanitarismus und Interventionismus betrachtet werden.[40] Tatsächlich gründet diese Initiative auf eine dichotomische Vorstellung der Welt als einer aus reichen entwickelten und armen

Ngangue / Arzouma H. Pilabré et al.: „Public attitudes towards COVID-19 vaccines in Africa.“ *Journal of Public Health in Africa* 13, 1 (2022). <https://www.publichealthinafrica.org/jphia/article/view/2181/653> [Abruf 08.08.2022].

38 Vgl. Thomas Alkemeyer: „Köper – Corona – Konstellationen“. In: Michael Volkmer / Karin Werner (Hrsg.): *Die Corona-Gesellschaft.* Bielefeld: Transcript 2020, S. 67–78. Andie MacNeil et al: „Exploring the Use of Virtual Funerals during the COVID-19 Pandemic: A Scoping Review“. In: *OMEGA—Journal of Death and Dying* (2021). <https://journals.sagepub.com/doi/10.1177/00302228211045288> [Abruf 08.08.2022].

39 Vgl. Cristina Jayme Montiel et al.: „The Language of Pandemic Leaderships“. In: *Political Psychology* (2021). <https://onlinelibrary.wiley.com/doi/10.1111/pops.12753> [Abruf 08.08.2022]. Anna Islentyeva: „On the Front Line in the Fight against the Virus“. In: *Yearbook of the German Cognitive Linguistics Association.* <https://www.degruyter.com/document/doi/10.1515/gcla-2020-0010/html> [Abruf 0808.2022].

40 Vgl. Jürgen Lieser: „Was ist humanitäre Hilfe?“ In: Jürgen Lieser / Dennis Dijkzeul (Hrsg.): *Handbuch humanitäre Hilfe.* Berlin/Heidelberg: Springer 2013,

und prekären Nationen bestehenden. Die ersteren erweisen sich als diejenigen Länder, die die medizinische und pharmazeutische Forschung selbstständig und mit eigenen finanziellen Mitteln treiben können und denen es gelungen ist, tatsächlich Impfmittel gegen COVID-19 zu finden und für die Sicherung der eigenen Bevölkerung zur Verfügung zu stellen. Aufgrund der besonders prekären wirtschaftlichen und politischen Lage und des desolaten Zustands der Forschungseinrichtungen blieb eine Forschung zu Impf- und Heilmittel gegen COVID-19 in Schwellenländern fast unvorstellbar.[41] Aber auch diese Nationen gehören zur globalen Dynamik der Welt. Aufgrund eines globalen Bewusstseins und einer globalen Betroffenheit halten die reichen Nationen in diesem Zusammenhang als ihre Pflicht, die Schwellenländer aus dem globalen Süden zur Hilfe zu kommen.[42] Im Narrativ der humanitären und gesundheitlichen Hilfe steckt tatsächlich der diskursive Versuch einer paternalistischen und kulturimperialistischen Bändigung von wirtschaftlichen – und Forschungsinitiativen aus den betroffenen armen Ländern. Abgelehnt wurde die Impfung, die in Widerstandsnarrative als Gefahr für das Fortbestehen von Menschen aus den ärmeren Ländern der Welt vorgestellt wurde. Die COVID-19-Pandemie trug deswegen dazu bei, dass die Grenze zwischen reichen und armen Nationen immer größer wurde; aber sie war auch Anlass zu einer Radikalisierung von antagonistischen Denkformen und Weltvorstellungen. In vielen Ländern des Südens wurden den verschiedenen Impfmitteln aus dem Norden lokale Heilmittel und Profilaxen entgegengestellt.

S. 9–28, hier S. 10. Auch Ove Sutter et al.: „Planen. Hoffen. Fürchten. Zur krisenhaften Gegenwart im Alltag“. In: Dagmar Hänel et al. (Hrsg.): *Planen. Hoffen. Fürchten.* Münster: Waxmann 2020, S. 7–24.

41 Vgl. Moosa Tatar / Jalal Montazeri Shoorekchali et al: „International COVID-19 vaccine inequality amid the pandemic.“ In: *Journal of global Health* 11 (2021): <https://www.ncbi.nlm.nih.gov/pmc/articles/PMC8252691/> [Abruf 08.08.2022].

42 Vgl. Antoine de Bengy Puyvallée / Katerini Tagmatarchi Storeng: „COVAX, vaccine donations and the politics of global vaccine inequity.“ In: *Globalization and Health* 26 (2022). <https://globalizationandhealth.biomedcentral.com/articles/10.1186/s12992-022-00801-z> [Abruf 08.08.2022]; Katragadda Apoorvaal et al.: „Global Supply Chain Optimization for COVID-19 Vaccine under COVAX initiative.“ In: *Computer Aided Chemical Engineering* 49 (2022), S. 601–606. Wilibald J. Stronegger: „Zwischen übersteigender und fehlender Solidarität“. In: Wolfgang Kröll et al: (Hrsg.): *Die Corona-Pandemie.* Baden-Baden: Nomos 2020, S. 213–235.

### *3. Diskurse, Erzählungen und Erfindung der Welt nach der Pandemie*

Im Kontext der COVID-19-Pandemie entfalteten sich unterschiedliche diskursive und imaginative Vorstellungen der Welt nach der Pandemie. Diese Diskurse funktionierten in der Tat als Rahmen, in denen Weltrepräsentationen und Weltszenarien entworfen wurden, die von einer apokalyptischen und dysphorischen[43] bis hin zu einer euphorischen und blühenden Welt[44] reichten. Vor allem im afrikanischen Kontext wurde der religiöse Diskurs unter verschiedenen Umständen eingeschaltet, um diese ungewöhnliche Sachlage zu deuten und Auswege aufzusuchen. Er hatte vor der praktischen Ohnmacht von Behörden und Regierungsstellen eine kompensatorische Funktion und lieferte den Gläubigern Erklärungs- sowie Denk- und Handlungsmuster in der Krisensituation und in der Welt nach der Pandemie. Im Mittelpunkt diverser religiöser Weltgestaltungen stand eine messianische Vorstellung der Pandemie, die in vielen Fällen als Warnung und Botschaft Gottes angesehen wurde.[45] Narrative der Erlösung, der göttlichen Rettung und Reinigung des leidenden Menschen wurden in diesem Kontext immer wieder betont.[46] Je mehr das Land wissenschaftlich, infrastrukturell und technologisch vor der Pandemie entwaffnet war, desto stärker wurde die Religion als Rahmen der Erfindung und Gestaltung der Pandemie und der Welt danach.

Der humanitäre und menschenrechtliche Diskurs setzt sich vielmehr mit der Abschaffung von grundsätzlichen Rechten von Menschen im Zuge der Pandemie sowie mit der Beschränkung von individuellen Freiheiten auseinander.[47]

43 Vgl. Alexander-Kenneth Nagel: *Corona und andere Weltuntergänge.* Bielefeld: transcript Verlag 2021, S. 76–78. Isabella Guanzini: „Die Zärtlichkeit am Ende?" In: Wolfgang Kröll (Hrsg.): *Die Corona-Pandemie*, Baden-Baden: Nomos 2020, S. 257–270.

44 Vgl. Marguerite Massinga Loembé / John N. Nkengasong: „COVID-19 vaccine access in Africa". In: *Immunity* 54, 7(2021), S. 1353–1362. <https://www.cell.com/immunity/fulltext/S1074-7613(21)00261-2?> [Abruf 16.08.2022].

45 Vgl. Heinrich Bedford-Strohm: „Wo ist Gott in der Pandemie?" In: *Zeitschrift Evangelische Theologie* (2021) <https://www.degruyter.com/document/doi/10.14315/evth-2021-810204/html> [Abruf 12.10.2022]; Ulrich Körtner: „Religion, Pandemien und Ethik". In: Andreas Reis et al. (Hrsg.): *Pandemie und Ethik.* Heidelberg: Springer 2021, S. 351–366.

46 Vgl. Markus Heidingsfelder / Maren Lehmann (Hrsg.): *Corona. Weltgesellschaft im Ausnahmezustand?*, Weilerwist: Velbrück 2020.

47 Vgl. Yeshwant Naik: „COVID-19. Human Rights and States Responsability". In: *Review of European Studies* 13, 7(2021). Christina Binder: „Europäischer Menschenrechtsschutz in der Krise? Die COVID-19-Pandemie als Herausforderung und Chance". In: *Die Friedens-Warte* 3, 4(2020), S. 299–324.

Die COVID-19-Pandemie war in Wirklichkeit Rahmen einer strengeren Überwachung und Bestrafung. Geeignete technologische und juristische und repressive Mittel wurden mobilisiert, um individuelle und kollektive Rechte zu beschränken und mehr Kontrolle zu gewährleisten. Für eine Erfindung der Welt nach der Pandemie ging es darum, eine gerechtere Welt zu gestalten, in der allen Zugang zu Gesundheit und Sicherheit garantiert werden sollte.

Eine Produktion von Marginalität gab es tatsächlich im Kontext der COVID-19-Pandemie in dem Sinne, dass die Kluft zwischen reichen und armen Ländern immer größer wurde und der Zugang zu Gesundheit und Schutzmitteln für die ärmeren immer niedriger wurden. Viele Nationen im globalen Süden standen hilflos und ohnmächtig vor der Pandemie und hatten weder finanzielle noch infrastrukturelle Mitteln, um sich Schutz- und Heilmittel zu leisten.[48] Aber die COVID-19-Pandemie war auch Experimentraum für eine – wenn auch kalkulierte – stärkere internationale Solidarität. Globale und transnationale Lösungen erwiesen sich in diesem Zusammenhang als unentbehrlich. Initiativen der WHO, der UNDP, die transnationale COVAX-Initiative, sowie zahlreiche bilaterale Hilfsprogramme können in diesem Zusammenhang als Beweise für dieses Solidarisieren betrachtet werden.[49]

Im Kontext der Pandemie gab es nicht nur eine Veränderung des Zugangs zu Kunst und Literatur, sondern künstlerische Produktionen wurden Rahmen einer reflexiven und kreativen Verarbeitung eines Gedächtnisses von Pandemien, Epidemien und Pathologien. Filmische und literarische Produktionen wurden als symbolisches Archiv der Pathologie wiederentdeckt. Dass literarische Texte als Pathographien und Psychopathographien gelesen werden können, wurde im Kontext der COVID-19 Pandemie immer deutlicher. Tatsächlich funktionieren viele literarische Texte als Rahmen einer reflexiven und imaginative Aufarbeitung von psychopathologischen Prozessen,[50] von anatomisch-pathologischen Dysfunktionen,[51] mit denen Menschen im Alltag umgehen

48 Vgl. Tanja Kleibl / Ronald Lutz: *Corona: Verschärfung Globaler Ungleichheit.* URL: <https://www.researchgate.net/profile/Tanja-Kleibl/publication/340905770_Globale_Ungleichheiten_Herausforderungen_fur_eine_internationale_Soziale_Arbeit> [Abruf 16.08.2022].

49 Vgl Hanna Kienzler / Barbara Prainsack: „Solidarität und globale Gesundheitskooperation in der Corona-Pandemie und darüber hinaus". In: *Global Governance Spotlight* 2 (2021). <http://hdl.handle.net/10419/247494> [Abruf 08.08.2022].

50 Vgl. Eckhart Goebel: „Literatur & Psychoanalyse: Historisch-systematische Einführung". In: Frauke Berndt / Eckart Goebel (Hrsg.): *Handbuch Literatur und Psychoanalyse*. Berlin u. a.: De Gruyter 2017, S. 3–42.

51 Vgl. Günther Blamberger: „Erzählen gegen den Tod". In: *Paragrana*, 30, 2 (2022), S. 132–144. <https://doi.org/10.1515/para-2021-0029> [Abruf 12.08.2022]. Auch Stephanie Bölts: *Krankheiten und Textgestaltungen*. Berlin u. a.: De Gruyter 2016.

sollen. Künstlerische Produktionen erkundeten Erinnerungen an Krankheiten und Seuchen, beschrieben das damit verbundene Trauma und imaginierten Auswege davon. Kunst funktionierte in einigen Fällen als Ort der Erfindung von imaginativen und möglichen Rettungswelten und Überlebensszenarien. Das Überlebenswissen von Kunst und Literatur wurde im Kontext der Pandemie wiederentdeckt und als Hauptpotential der Kunst hervorgehoben.[52]

In vielen afrikanischen Ländern sowie im globalen Süden war COVID-19-Pandemie eine Gelegenheit für die Wiederentdeckung und Verarbeitung eines Gedächtnisses von Medizin in Verbindung mit der kolonialen Gewalt. Die Geschichte von Epidemien und Krankheiten kann nicht von der kolonialen Gewalt und Unterdrückung sowie von ihrer Kontinuitätsformen in der Gegenwart getrennt werden.[53] Deswegen wurden in diesem Kontext Verschwörungstheorien mit Begeisterung angenommen, soweit sie koloniale und neokoloniale Machtdispositive kritisierten.[54] In einem meist nativistischen Gestus wurden endogenen und indigenen Formen der Medizin als Wunderlösungen gegen die neue Krankheit vorgestellt und popularisiert. Ferner wurde die COVID-19-Pandemie als Gelegenheit für die einst kolonisierten und marginalisierten Völker betrachtet, die bestehende Wissensordnung zu ändern und die Welt auf der Grundlage von indigenen Wissensformen und Praktiken zu retten.[55] Damit wurde vielen deutlich, dass Medizin sowie die damit verbundenen Werte Produkte von diskursiven Praktiken sind, die sie unter bestimmten Umständen legitimieren und als notwendig vorstellen. Dabei werden nicht nur Wissens-, sondern auch Machtverhältnisse konstruiert, die als natürlich vorgestellt werden. Die Pandemie erweist sich als Rahmen und Gelegenheit für die Anerkennung und Rehabilitierung von kolonialunterdrückten und im Zuge der Europäisierung andere Weltteile marginalisierten Formen der Medizin.

Die Diskurse unterschiedlicher Provenienz über Wunderlösungen und exotische Alternativen aus Afrika haben in vielen Fällen nur dann Sinn, weil die konventionelle Medizin in armregierten postkolonialen Staaten versagt hat.

52 Vgl. Ottmar Ette: *ZusammenLebensWissen*. Berlin: Kulturverlag Kadmos 2010.

53 Vgl. Jutta Blume: „Tropenmedizin. Das Versteckte Erbe des Kolonialismus". In: *Der Freitag.de*. <https://www.freitag.de/autoren/der-freitag/das-verstec kte-erbe-des-kolonialismus> [Abruf 12.08.2022]. Wolfgang U. Eckart: *Medizin und Kolonialimperialismus Deutschland 1884–1945*. Paderborn: Ferdinand Schöningh 1997. Stephan Besser: *Pathographie der Tropen*. Würzburg: Königshausen & Neumann 2013.

54 Vgl. Romana Büchel: „Eine Krankheit der Weißen und Reichen". In: *Welt-Sichten* vom 15.04.2020.

55 Vgl. Roman Marek: *Das Amazonabecken*. Berlin / Boston: De Gruyter 2021, S. 170–191.

Die populäre Kreativität und Imagination, die wohl als Rückgriffe auf alle möglichen konventionellen und nicht-konventionellen Heilmittel im Kampf gegen die Pandemie verstanden werden kann, könnte als mögliche Erklärung einer Resilienz in diesen Regionen betrachtet werden. Aus einer internationalen und westlichen Perspektive wurde die Welt nach der Pandemie als eine angesehen, in der alle vor der COVID-19 Pandemie durch Impfung geschützt werden sollten. Die Impfung wurde und wird immer noch in breiteren Schichten der Bevölkerung als Teil einer globalen Verschwörung gegen Afrika vorgestellt. Dabei wird das koloniale Gedächtnis eingeschaltet, um anschaulich zu machen, dass Afrikaner Zielscheibe dieses neuen medizinischen Imperialismus seien, dass das Ziel habe, überlebenden Afrikaner der westlichen medizinischen und technologischen Ordnung zu unterwerfen. Ob diese Deutung der globalen Impfkampagne Sinn macht, bleibt dahingestellt. Aber wichtig ist, dass die Pandemie ein (post-)koloniales Missverständnis offengelegt hat, das deutlich macht, dass die koloniale Vergangenheit noch nicht vergangen ist und auf jeden Fall noch verarbeitet werden soll. Die COVID-Pandemie macht den Gegensatz zwischen nativistischen und konstruktivistischen Diskursen über Pathologien und Medizin deutlich.

## *Schluss: Medien, Narrative und Erfindung der Zukunft*

Die diskursive und narrative Produktion der Welt nach der COVID-19-Pandemie ist auch ein Prozess der Bestimmung neuer Formen sozialen Lebens und gesellschaftlicher Interaktion. Mit dem Lockdown und anderen Distanzierungsmaßnahmen haben Menschen auf globaler Ebene gelernt, soziale Interaktionen und Gesellschaftlichkeit anders zu gestalten. Neue Vorstellungen von Räumlichkeit und Zeitlichkeit wurden medial und diskursiv produziert in dem Sinn, dass Informationstechnologien Temporalität und Raumvorstellungen für wegen der Erkrankung isolierte Menschen veränderten.[56] Die Quarantäne zum Beispiel bestärkte die Idee der anwesenden Abwesenheit in einer Temporalität, von der man physisch ausgeschlossen war und in der man trotzdem mittels Informationstechnologien und sozialer Netzwerke virtuell anwesend war. Dass Grenzen physisch gezogen, doch digital aufgehoben und ausgedehnt

56 Vgl. Alexander Brem / Eric Viardo / Petra A. Nylund: „Implications of the coronavirus (COVID-19) outbreak for innovation: Which technologies will improve our lives?“. *Technological forecasting and social change* 163, Feb. 2021. 120451. <https://doi.org/10.1016/j.techfore.2020.120451> [Abruf 08.08.2022].

wurden, führte zur Produktion neuer Semantiken transnationaler und translokaler Mobilität und Interaktion.[57]

Diskurse über die COVID-19-Pandemie zeichnen und gestalten eine neue Geopolitik der Gesundheit. Dabei liegt die Macht in der Fähigkeit von Nationen, logistische, wissenschaftliche und technologische Ressourcen zur Verfügung zu stellen, welche die gesundheitliche Sicherheit der eigenen Bevölkerung garantiert.[58] Es geht hier um die Förderung der medizinischen und pharmazeutischen Forschung sowie der pharmazeutischen Industrie für die Produktion von Schutz-, Heil- und Impfmitteln. Es handelt sich auch um die Bereitstellung der medizinischen Fürsorge sowie der geeigneten medizinischen Infrastruktur, ohne die die nationale und transnationale gesundheitliche Sicherheit nicht garantiert werden kann. In diesem Zusammenhang entstehen neue protektionistische Diskurse über Mobilität und Tourismus.[59] Dieser protektionistische Kurs in der internationalen Wirtschaftspolitik betrifft nicht nur die Kontrolle der nationalen und transnationalen Produktion, Zirkulation und Verfügbarkeit von Medikamenten und Impf- und Schutzmitteln, sondern auch ihre Wirkung auf kulturelle Produktionen und Praktiken. Bestimmt wird diese neue gesundheitliche Geopolitik durch verfügbare Wissensdispositive und durch die Fähigkeit von Staaten, relevantes medizinisches und pharmazeutisches Wissen zu produzieren und als Mittel der Veränderung der internationalen politischen und wirtschaftlichen Ordnung einzusetzen.[60]

Ökologische und ökokritische Dimensionen dieser neuen Weltordnung wurden dadurch sichtbarer, dass die Bedeutung von Natur und Wilde als Reservoir von ansteckenden Krankheiten sowie von medizinischen Ressourcen immer größer wird. Eine kulturelle Ökologie wird in diesem Zusammenhang durch die Fähigkeit von Kulturen bestimmt, Denk-, Handlungs- und Verhaltensmuster

57 Vgl. Syed Ghulam / Sarwar Shah / David Noguera et al. (Hrsg.): „The COVID-19 Pandemic: A Pandemic of lockdown loneliness and the Role of Digital Technology". In: *Journal of Medical Internet Research* 22 (11), e22287, 2020. <http://www.jmir.org/2020/11/e22287/> [Abruf 08.08.2022].

58 Vgl. Ndlovu-Gatsheni, „Geopolitics of power and Knowledge in the COVID-19 Pandemic" (wie Anm. 34). Youngs, „Geopolitics and the Covid-19 pandemic" (wie Anm. 34).

59 Vgl. Siamak Seyfi / C. Michael Hall / Bardia Shabani: „COVID-19 and international travel restrictions". In: *Tourism Geographies* (2020), S. 1–17. Auch Tim Cresswell: „Valuing mobility in a post COVID-19 world". In: *Mobilities* 16, 1 (2021), S. 51–65.

60 Vgl. Giuseppe Terranova: „Geopolitics of Covid-19". In: *AIMS Geosciences*, 6, 4 (2020), S. 515–524. Farok J. Contractor: „The world economy will need even more globalization in the post-pandemic 2021 decade". In: *Journal of International Business Studies* (2021), S. 1–16.

zu produzieren, die das Weiter- und Überleben in einer bedrohlichen und bedrohten Umwelt garantieren. Dieser neue kulturelle Biotop wird tatsächlich durch neue Formen der sozialen Interaktion und des kulturellen Austauschs gekennzeichnet. Der Zugang zu kulturellen Veranstaltungen und Angebote wird wegen der Covid-19-Pandemie langfristig geändert. Der digitale Kurs in der Kultur- und Unterhaltungsindustrie sowie Online-Veranstaltungen sind seit dem Ausbruch der Pandemie eine zentrale Orientierung für die Produktion, Zirkulation und Rezeption von kulturellen Werken und Artefakten geworden. Theater, Archive, Museen, Konzerthalle, die in vielem Metropolen wegen der Pandemie langfristig geschlossen blieben, mussten sich hinsichtlich ihrer Angebote dem neuen Kontext anpassen, um weiterbestehen zu können. Neugestaltet wurde deswegen auch der öffentliche Raum.[61] Damit verbunden war auch eine Transformation des öffentlichen Verhaltens sowie der Bestimmung vom öffentlichen und privaten Raum. Interaktionsräume wurden nicht nur logistisch und infrastrukturell, sondern auch gesetzlich und narrativ und diskursiv neugestaltet, so dass Handlungs- und Verhaltensweisen dort den gesundheitlichen Normen und dem Verhaltenscodex der COVID-19-Pandemie entsprechen. Vor allem in Bildungsinstitutionen wie Schule und Universität wurden nicht nur Handlungs- und Verhaltensmuster durchaus revidiert, sondern auch Formen und Strukturen der Wissensproduktion, -diffusion und -vermittlung.[62] Die schnelle Produktion und Verfügbarkeit von digitalen Lern- und Lehrplattformen, -Apps und -Werkzeugen führten zur Hinterfragung traditioneller didaktischer Prinzipien und zur Gestaltung neuer Lehr- und Lernmethoden. Dabei wurde die Kluft immer größer zwischen Entwickelten Nationen, in denen diese Transformation schnell und einwandfrei erfolgte und Schwellen- bzw. Entwicklungsländern, in denen diese Transformation sehr langsam stattfinden und wenn überhaupt nur begrenzte Teile der Bevölkerung betreffen.[63]

## *Literaturverzeichnis*

Alkemeyer, Thomas: „Köper – Corona – Konstellationen. Welt als (körper)soziologisches Reallabor“. In: Michael Volkmer / Karin Werner (Hrsg.): *Die*

61 Vgl. Ruth Rentschler / Boram Lee: „COVID-19 and Arts Festivals“. In: *Journal of Arts and Cultural Management* 14, 1 (2021), S. 35–54.

62 Vgl. John Daniel: „Education and the COVID-19 pandemic“. In: *Prospects* 49, 1 (2020), S. 91–96.

63 Vgl. Irawan Nurhas et al.: „Understanding the challenges of rapid digital transformation“. In: *Behaviour & Information Technology* (2021), S. 1–17.

*Corona-Gesellschaft. Analysen zur Lage und Perspektiven für die Zukunft.* Bielefeld: Transcript 2020.

Anwar, Ayesha / Malik, Mereyem et al.: „Role of mass media and public health communications in the COVID-19 pandemic." In: *Cureus* 12/9 (2020). e10453. DOI 10.7759/cureus.10453.

ApoorvaaI, Katragadda et al.: „Global Supply Chain Optimization for COVID-19 Vaccine under COVAX initiative". In: *Computer Aided Chemical Engineering* 49 (2022), S. 601–606.

Appadurai, Arjun: *Modernity at large. Cultural Dimensions of Globalization. Minneapolis*: University of Minnesota Press 1996.

Appadurai, Arjun: *Die Geographie des Zorns.* Frankfurt am Main: Suhrkamp 2009.

Aronsson, Anne / Holm, Fynn: „Multispecies entanglements in the virosphere. Rethinking the Anthropocene in light of the 2019 coronavirus outbreak". In: *Anthropocene Review* 8 (2020), S. 1–13.

Barthes, Roland: „De la science à la littérature". In: Ders. (Hrsg.): *Le Bruissement de la langue. Essais critiques IV.* Paris: Seuil 1984, S. 11–19.

Barthes, Roland: „La guerre des langages". In: Ders. (Hrsg.): *Le bruissement de la langue. Essais critiques IV.* Paris: Seuil 1984, S. 135–139.

Barthes, Roland: *Le bruissement de la langue. Essais critiques IV.* Paris: Seuil 1984.

Bedford-Strohm, Heinrich: „Wo ist Gott in der Pandemie? Theologische Überlegungen aus Praxis und Reflexion kirchenleitenden Handelns". In: *Zeitschrift Evangelische Theologie* (2021) <https://doi.org/10.14315/evth-2021-810204> [Abruf 12.10.2022].

Belayneh, Anteneh: „Off-Label Use of Chloroquine and Hydroxychloroquine for COVID-19 Treatment in Africa Against WHO Recommendation". In: *Research and Report in Tropical Medecine* (2020), S. 61–72.

Bengy P., Antoine de / Tagmatarchi S., Katerini: „COVAX, vaccine donations and the politics of global vaccine inequity". In: Globalization and *Health* 26 (2022) <https://doi.org/10.1186/s12992-022-00801-z> [Abruf 08.08.2022].

Besser, Stephan: *Pathographie der Tropen. Literatur, Medizin und Kolonialismus um 1900.* Würzburg: Königshausen & Neumann 2013.

Binder, Christina: „Europäischer Menschenrechtsschutz in der Krise? Die COVID-19-Pandemie als Herausforderung und Chance". In: *Die Friedens-Warte* 3, 4 (2020), S. 299–324.

Blamberger, Günther: „Erzählen gegen den Tod: Pandemie und Literatur". In: *Paragrana*, 30, 2 (2022), S. 132–144.

Blume, Jutta: „Tropenmedizin. Das Versteckte Erbe des Kolonialismus". In: *Der Freitag.de* <https://www.freitag.de/autoren/der-freitag/das-versteckte-erbe-des-kolonialismus> [Abruf 12.08.2022].

Bourdieu, Pierre: *Les règles de l'art. Genèse et structure du champ littéraire.* Paris: Seuil 1992.

Bourdieu, Pierre: *Language and Symbolic Power.* Edited and introduced by John B. Thomson. Translated by Gino Raymond and Matthew Adamson. Cambridge/ Oxford: Polity Press 1994.

Bölts, Stephanie: *Krankheiten und Textgestaltungen. Gattungsspezifisches Wissen der Literatur und Medizin um 1800.* Berlin u. a.: De Gruyter 2016.

Brem, Alexander / Viardo, Eric / Nylund, A. Petra: „Implications of the coronavirus (COVID-19) outbreak for innovation: Which technologies will improve our lives?" In: T*echnological forecasting and social change* 163 (Feb. 2021), 120451. <https://doi.org/10.1016/j.techfore.2020.120451> [Abruf 08.08.2022].

Büchel, Romana: „Eine Krankheit der Weißen und Reichen". In: *Welt-Sichten* vom 15.04.2020.

Contractor, Farok J.: „The world economy will need even more globalization in the post-pandemic 2021 decade". In: *Journal of International Business Studies* (2021), S. 1–16.

Cresswell, Tim: „Valuing mobility in a post COVID-19 world". In: *Mobilities* 16, 1 (2021), S. 51–65.

Daniel, John: „Education and the COVID-19 pandemic". In: *Prospects* 49, 1 (2020), S. 91–96, 2020.

Das, Ronie /Ahmed, Wasim: „Rethinking fake news: Disinformation and ideology during the time of COVID-19 global pandemic". In: *IIM Kozhikode Society & Management Review* 11, 1 (2022), S. 146–159.

Delany, Gerard: *Pandemics, Politics and Society. Critical Perspectives on the covid-19 Crisis.* Berlin / Boston: De Gruyter 2021.

Dimaggio, Paul: The internet's influence on the production and consumption of culture: creative destruction and new opportunities. Princeton University, 2014 <https://www.bbvaopenmind.com/en/articles/the-internets-influence-on-the-production-and-consumption-of-culture-creative-destruction-and-new-opportunities/> [Abruf 14.07.2022].

Eckart, Wolfgang U.: *Medizin und Kolonialimperialismus Deutschland 1884–1945.* Paderborn: Ferdinand Schöningh 1997.

Ella, Krishna M. / Mohan, Krishna: „Coronavirus Vaccine: Light at the End of the Tunnel." In: *Indian Pediatrics* 57 (2020), S. 407–410.

Ette, Ottmar: *ZusammenLebensWissen. List, Last und Lust literarischer Konvivenz im globalen Maßstab.* Berlin: Kulturverlag Kadmos 2010.

Foucault, Michel: *Archäologie des Wissens.* Frankfurt am Main: Suhrkamp Verlag 1981.

Foucault, Michel: *Die Ordnung des Diskurses.* Frankfurt am Main: Fischer Taschenbuch Verlag 1991.

Foucault, Michel: *Überwachen und Bestrafen: Die Geburt des Gefängnisses.* Frankfurt am Main: Suhrkamp Verlag 1993.

Foucault, Michel: „Der Diskurs darf nicht gehalten werden für…“. In: Ders.: *Schriften in vier Bänden*. Bd. 3: 1976–1979. Hrsg. von Daniel Defert et al. Übersetzt von Michael Bischoff et al. Frankfurt am Main.: Suhrkamp 2003. S. 164–165.

Foucault, Michel: *Die Heterotopien: Der utopische Körper*. Frankfurt am Main: Suhrkamp 2005.

Ghulam, Syed / Shah, Sarwar / Noguera, David et al. (Hrsg.): „The COVID-19 Pandemic: A Pandemic of lockdown loneliness and the Role of Digital Technology“. In: Journal of Medical Internet Research 22 (11), e22287, 2020 <http://www.jmir.org/2020/11/e22287/> [Abruf 08.08.2022].

Glasze, Georg / Matissek, Annika: „Diskursforschung in der Humangeographie“. In: Georg Glasze / Annika Matissek (Hrsg.): *Handbuch Diskurs und Raum*. 3. Aufl. Bielefeld: Transcript 2021, S. 13–62.

Goebel, Eckhart: „Literatur & Psychoanalyse: Historisch-systematische Einführung“. In: Frauke Berndt / Eckart Goebel (Hrsg.): *Handbuch Literatur und Psychoanalyse*. Berlin u. a.: De Gruyter 2017, S. 3–42.

Goodman, Nelson: *Ways of Worldmaking*. Cambrigde: Hackett publishing Company 1978.

Guanzini, Isabella: „Die Zärtlichkeit am Ende? Apokalyptische Gefühle in der Zeit der Unberührbarkeit“. In: Wolfgang Kröll et al. (Hrsg.): *Die Corona-Pandemie: Ethische, gesellschaftliche und theologische Reflexionen einer Krise*. Baden-Baden: Nomos 2020, S. 257–270.

Hall, Stuart: „Introduction“. In: Ders. (Hrsg.): *Representation, cultural representation and signifying practices*. London et al.: SAGE Publications; The Open University 2003, S. 1–11.

Hall, Stuart: „The Work of Representations“. In: Ders. (Hrsg.): *Representation, cultural representation and signifying practices*. London et al.: SAGE Publications / The Open University 2003, S. 13–64.

Hamann, Christof / Honold, Alexander: „Ins Fremde schreiben. Zur Literarisierung von Entdeckungsreisen in deutschsprachigen Erzähltexten der Gegenwart“. In: Dies. (Hrsg.): *Ins Fremde schreiben. Gegenwartsliteratur auf den Spuren historischer und fanatischer Entdeckungsreisen*. Göttingen: Wallstein 2009, S. 9–20.

Heidingsfelder, Markus / Lehmann, Maren (Hrsg.): *Corona. Weltgesellschaft im Ausnahme Zustand?* Weilerswist: Velbrück 2020.

Islentyeva, Anna: „On the Front Line in the Fight against the Virus: Conceptual Framing and War Patterns in Political Discourse“. In: *Yearbook of the German Cognitive Linguistics Association* <https://www.degruyter.com/document/doi/10.1515/gcla-2020-0010/htmlhttps://doi.org/10.1515/gcla-2020-0010> [Abruf 0808.2022]> [Abruf 08.08.2022].

Jayme Montiel, Cristina et al.: „The Language of Pandemic Leaderships: Mapping Politcal Rhetoric During the COVID-19 Outbreak“. In: *Political*

*Psychology* (2021) <https://onlinelibrary.wiley.com/doi/10.1111/pops.12753https://doi.org/10.1111/pops.12753> [Abruf 08.08.2022].

Khaled, Wasim / UzZaman, Naushad: „Global infodemic: Covid-19 and the organization of disinformation". In: *Covid-19 and Governance* (2021), S. 316–325.

Kienzler, Hanna / Prainsack, Barbara: „Solidarität und globale Gesundheitskooperation in der Corona-Pandemie und darüber hinaus". In: *Global Governance Spotlight* 2 (2021) <http://hdl.handle.net/10419/247494> [Abruf 08.08.2022].

Kleibl, Tanja/Lutz, Ronald: Corona: Verschärfung Globaler Ungleichheit <https://www.researchgate.net/profile/TanjaKleibl/publication/340905770_Globale_Ungleichheiten_Herausforderungen_fur_eine_internationale_Soziale_Arbeit> [Abruf 16.08.2022].

Körtner, Ulrich: „Religion, Pandemien und Ethik. Eine diakonisch-ethische Perspektive auf die Corona-Pandemie". In: Andreas Reis et al. (Hrsg.): *Pandemie und Ethik. Entwicklung – Probleme – Lösung.* Heidelberg: Springer 2021, S. 351–366.

Lieser, Jürgen: „Was ist humanitäre Hilfe?" In: Jürgen Lieser / Dennis Dijkzeul (Hrsg.): *Handbuch humanitäre Hilfe.* Berlin / Heidelberg: Springer Verlag 2013, S. 9–28.

MacNeil, Andie et al.: „Exploring the Use of Virtual Funerals during the COVID-19 Pandemic: A Scoping Review" In: *OMEGA—Journal of Death and Dying* (2021) <https://journals.sagepub.com/doi/10.1177/00302228211045288https://doi.org/10.1177/00302228211045288> [Abruf 08.08.2022].

Marek, Roman: *Das Amazonabecken: Eine vergessene Kulturlandschaft und ihre Medizin. Was ist Gesundheit? Interdisziplinäre Perspektiven aus Medizin, Geschichte und Kultur.* Berlin/Boston: De Gruyter 2021, S. 170–191.

Massinga Loembé, Marguerite / Nkengasong, John N.: „COVID-19 vaccine access in Africa: Global distribution, vaccine platforms, and challenges ahead" In: *Immunity* 54/7(2021), S. 1353–1362 <https://doi.org/10.1016/j.immuni.2021.06.017> [Abruf 16.08.2022].

Muhammad, Faisal: „COVID-19 pandemic: The role of traditional medicine". In: *International Journal of Infection.* 7/3 (2020) <https://brieflands.com/articles/iji-107090.html> [Abruf 08.08.2022].

Nagel, Alexander-Kenneth: *Corona und andere Weltuntergänge: Apokalyptische Krisenhermeneutik in der modernen Gesellschaft*, Bielefeld: transcript Verlag, 2021, S. 76–78.

Naik, Yeshwant: „COVID-19, Human Rights and States Responsability". In: *Review of European Studies* 13, 7 (2021).

Ndlovu-Gatsheni, Sabelo J.: „Geopolitics of power and Knowledge in the COVID-19 Pandemic: Decolonial Reflections on a global crisis“. In: *Journal of Developing Societies* 36, 4 (2020) <https://journals.sagepub.com/doi/10.1177/0169796X20963252> [Abruf 20.08.2022].

Neumann, Birgit / Zierold, Martin: „Media Ways of Worldmaking: Media-specific Structures and Intermedial Dynamics“. In: Vera Nünning et al. (Hrsg.): *Cultural Ways of Worldmaking. Media and Narratives.* Berlin / New York: De Gruyter 2010, S. 103–118.

Ng, Reuben et al.: „New media narratives of Covid-19 across 20 countries. Early global convergence and later regional divergence.“ In: *PLoS One* 16, 9 (2021): e0256358. <Doi: 10.1371/journal.pone.0256358>. [Abruf 24.11.2022].

Ngangue, Patrice / Pilabré H. Arzouma et al.: „Public attitudes towards COVID-19 vaccines in Africa“. In: *Journal of Public Health in Africa* 13, 1 (2022) <https://www.publichealthinafrica.org/jphia/article/view/2181/653https://doi.org/10.4081/jphia.2022.2181> [Abruf 08.08.2022].

Nurhas, Irawan et al.: Understanding the challenges of rapid digital transformation: the case of COVID-19 in higher education. In: *Behaviour & Information Technology* (2021), S. 1–17.

Nünning, Ansgar / Nünning, Vera: „Ways of Worldmaking as a Model for the Study of Culture“. In: Vera Nünning / Ansgar Nünning / Birgit Neumann (Hrsg.): *Cultural Ways of Worldmaking.* Berlin / New York: De Gruyter 2010, S. 1–25.

Nünning, Vera et al.: *Cultural Ways of Worldmaking. Media and Narratives.* Berlin/New York: De Gruyter 2010.

Rentschler, Ruth / Lee, Boram: „COVID-19 and Arts Festivals: Whither Transformation?“. In: *Journal of Arts and Cultural Management* 14, 1 (2021), S. 35–54.

Seyfi, Siamak et al.: COVID-19 and international travel restrictions: the geopolitics of health and tourism. In: *Tourism Geographies* (2020), S. 1–17.

Sheth, Jagdish: „Impact of Covid-19 on consumer behavior: will the old habits return or die?“ In: *Journal of business research* 117 (2020), S. 280–283.

Stronegger, J. Wilibald: „Zwischen übersteigender und fehlender Solidarität. Die Covid-19-Pandemie aus biopolitischer Perspektive“. In: Wolfgang Kröll et al. (Hrsg.): *Die Corona-Pandemie. Ethische, gesellschaftliche und theologische Reflexionen einer Krise.* Baden-Baden: Nomos 2020, S. 213–235.

Sutter, Ove et al.: „Planen. Hoffen. Fürchten. Zur krisenhaften Gegenwart im Alltag“. In: Dagmar Hänel et al. (Hrsg.): *Planen. Hoffen. Fürchten. Zur Gegenwart der Zukunft im Alltag.* Münster: Waxmann 2020, S. 7–24.

Tatar, Moosa / Shoorekchali, Jalal Montazeri et al.: „International COVID-19 vaccine inequality amid the pandemic.“ In: *Journal of global Health*

11 (2021) <https://jogh.org/wp-content/uploads/2021/10/jogh-11-03086.pdf> [Abruf 08.08.2022].

Terranova, Giuseppe: „Geopolitics of Covid-19". In: *AIMS Geosciences*, 6, 4 (2020), S. 515–524.

Weber, Florian / Wille, Christian: „Grenzgeographien der COVID-19-Pandemie". In: Florian Weber et al. (Hrsg.): *Geographien der Grenze. Räume – Ordnung – Verflechtungen.* Wiesbaden: Springer Fachmedien 2020, S. 191–223.

Wiysonge, Charles Shey et al.: „Vaccine hesitancy in the era of COVID-19: could lessons from the past help in divining the future?" In: Human Vaccines & Immunotherapeutics. 18, 1 (2022) <https://www.tandfonline.com/doi/full/10.1080/21645515.2021.1893062> [Abruf 08.08.2022].

World Health Organisation: Coronavirus disease 2019 (COVID-19): situation report, 73 (2020).

World Health Organisation: Schools and other educational institutions transmission investigation protocol for coronavirus disease 2019 (COVID-19), 30. September 2020.

World Health Organisation: *WHO supports scientifically-proven traditional medicine* <https://www.afro.who.int/news/who-supports-scientifically-proven-traditional-medicine> [Abruf 08.08.2022].

Youngs, Richard: Geopolitics and the Covid-19 pandemic: a distorted turn in EU external relations. Swedish Institute for European Policy Studies, 2020.

# Viren, Farben und Moral. Diskursethische Anmerkungen zu Dürrenmatts Parabel gegen Rassismus im Lichte der Corona-Krise

*Ernest W. B. Hess-Lüttich*

*Zusammenfassung*: Die gegebenen ökologischen und demographischen Rahmenbedingungen zwingen zu einer öffentlichen Debatte über die sozialen Konsequenzen politischen Handelns (oder dessen Ausbleiben) für unsere Gesellschaften, in denen der Alltag zunehmend von Krisen und Konflikten geprägt sein wird. Durch Zoonosen ausgelöste Epidemien werden uns künftig ebenso begleiten wie Umweltkatastrophen im Gefolge des Klimawandels. Die Corona-Pandemie ist dafür nur ein Symptom, aber auch ein aktueller Anlass, eine Zwischenbilanz zu ziehen und die Konsequenzen zu erörtern, die daraus für das Krisenmanagement im Falle multipler Katastrophen zu ziehen wären. Dies ist seit Jahren Gegenstand kontroverser Debatten, die auch im Medium der Literatur reflektiert werden. Seuchen waren seit je auch ein Thema der Literatur (von Sophokles bis Philipp Roth). Deshalb möchte ich nach der jüngsten Pandemie einen nahezu unbekannten Text von Friedrich Dürrenmatt zum Anlass nehmen, nicht nur an ein frühes Beispiel literarischer Problematisierung diskursethischer Dilemmata bei Gesundheitskrisen zu erinnern, sondern auch die kontroversen Positionen der anhaltenden Rassismus-Diskussion im Bezirk der *Postcolonial Studies* kritisch zu reflektieren.

*Schlüsselwörter*: Krise, Konflikt, Pandemie, Klimawandel, Zoonose, Rassismus

Abstract: The given ecological and demographic framework forces a public debate on the social consequences of political action (or the lack thereof) for our societies, in which everyday life will increasingly be characterised by crises and conflicts. Epidemics triggered by zoonoses will accompany us in the future, as will environmental catastrophes in the wake of climate change. The Corona pandemic is only a symptom of this, but also a current occasion to take stock and discuss the consequences that could be drawn from it for crisis management in the event of multiple disasters. This has been the subject of controversial debates for years, which are also reflected in the medium of literature. Epidemics have always been a topic of literature (from Sophocles to Philipp Roth). Therefore, after the recent pandemic, I would like to take an almost unknown text by Friedrich Dürrenmatt as an opportunity not only to recall an early example of literary problematisation of discourse-ethical dilemmas in health crises, but also to critically reflect on the controversial positions of the ongoing discussion of racism within the realm of *postcolonial studies*.

*Keywords*: Crisis, conflict, pandemic, climate change, zoonosis, Racism

*Ich bin, weil Du bist. Du bist, weil wir sind (Ubuntu)*

*In memoriam Serge Glitho*

Zu den letzten literarischen Arbeiten Friedrich Dürrenmatts neben dem Abschluss seines großen *Stoffe*-Projekts zählt eine kleine, kaum bekannte Kurzgeschichte, die das *Centre Dürrenmatt* in Neuchâtel kürzlich (2021) anlässlich einer Ausstellung zum Thema „Resonanz und Engagement. Friedrich Dürrenmatt und die Welt" als Sonderdruck neu herausgebracht hat.[1] In vielen Werkausgaben (außer natürlich in der 37-bändigen Gesamtausgabe von Diogenes: Dürrenmatt 1998)[2] sucht man sie vergebens, deshalb war sie in den Feuilletons außerhalb der Schweiz kaum einem Literaturredakteur gegenwärtig, bis man sich angesichts der globalen Covid-19-Pandemie und der Feier des 100sten Geburtstags des 1990 verstorbenen Schriftstellers an den kurzen Text von 1989 erinnerte, der posthum zuerst im Zürcher *Tagesanzeiger* 1994 und ein paar Wochen danach in der *Frankfurter Allgemeinen Zeitung* (FAZ) erschienen war. In Südafrika war sie allenfalls Germanisten geläufig, die wie Eva Thamm (die z. Zt. an der University of Cape Town unterrichtet) ihre Magisterarbeit (2019)[3] dazu geschrieben oder die wie Jacomien van Niekerk (University of Pretoria) und Waldo Grové (University of South Africa, Pretoria) dazu einen Aufsatz in den *Acta Germanica* (2017)[4] publiziert haben, allerdings bevor sie etwas vom Ausbruch der SARS-CoV-2-Pandemie auch nur ahnen konnten.[5]

1 Friedrich Dürrenmatt: *L'épidémie virale en Afrique du Sud / Die Virusepidemie in Südafrika* (Cahier N° 28). Neuchâtel: Centre Dürrenmatt Neuchâtel 2021. Im Folgenden zitiert als ViS.

2 Vgl. Ders.: *Werkausgabe in siebenunddreißig Bänden.* Zürich: Diogenes 1998.

3 Eva Thamm: *„Race" als Zugehörigkeitskonstrukt im DaF Kontext – Eine kritische Analyse am Beispiel von Friedrich Dürrenmatts „Die Virusepidemie in Südafrika"*. Stellenbosch / Leipzig: Master-Thesis 2019.

4 Jacomien van Niekerk / Waldo Grové: „Race" and Nationhood in Friedrich Dürrenmatt's „Die Virusepidemie in Südafrika". In: *Acta Germanica* 45 (2017), S. 45–58.

5 Der folgende Beitrag geht zurück auf einen Vortrag am 11.04.2022 im Rahmen der SAGV-Tagung an der Western Cape University in Kapstadt. Eine deutlich erweiterte Fassung ist in Vorbereitung.

Deshalb will ich diesen Text als Reflexionsimpuls kurz ins Gedächtnis zurückrufen für den Fall, dass er dem einen oder der anderen nicht mehr gegenwärtig sein sollte.[6] Dürrenmatt ist ja u. a. berühmt für seine Verbindung zwischen Literatur und anderen Wissenschaftsdomänen, insbesondere der Jurisprudenz (*Justiz*) und den Naturwissenschaften (*Die Physiker*). Ähnlich wie in meiner Studie[7] zum Hörspiel *Die Panne*, in der es um das Verhältnis des literarischen Textes und der Strafprozessordung ging, möchte ich daher aus aktuellem Anlass eine Verbindung der Kurzgeschichte *Die Virusepidemie in Südafrika* zur Sars-CoV-2-Pandemie herstellen, die den Planeten seit über zwei Jahren im Griff hält.

Wer den Text kennt, wird sich an Dürrenmatts originelle Versuchsanordnung erinnern, der zufolge – und ich bleibe für den Moment bei dem zur Zeit der Entstehung des Textes üblichen Sprachgebrauch – „die Weißen" in Südafrika von einem Virus infiziert werden, der ihre Haut schwarz werden lässt, während „die Schwarzen" gegen das Virus immun sind. Als erklärtem Anhänger der Naturwissenschaften war dem Autor natürlich geläufig, dass die Hautfarbe des Menschen wesentlich durch das Verhältnis zweier Varianten des Pigments Melanin definiert wird, nämlich des (braun-schwarzen) Eumelanin und des (gelb-rötlichen) Phäomelanin. Die faktische Färbung wird (neben anderen genetischen Faktoren) vor allem von dem Molekül Melanocortin-1-Rezeptor (Mc1R) bestimmt, einem Molekül, das die Pigmentzellen Eumelanin produzieren lässt. Dies wiederum war in tropischen Regionen die Voraussetzung für die ausreichende Aufnahme des lebenswichtigen Vitamins Folsäure. Als die durchweg schwarzhäutigen Vertreter der Species *Homo sapiens* in einer zweiten Welle vor ca. 40.000 Jahren die sonnenärmeren Regionen der nördlichen Hemisphäre zu besiedeln begannen, verloren sie in Jahrtausende währenden evolutionären Adaptionsprozessen ihre Pigmentierung, um trotz schwächerer UV-Strahlung ausreichend Vitamin D aufnehmen zu können. Neueren

6 Nach dem altrömischen Rechtsgrundsatz „Pronuntiatio sermonis in sexu masculino ad utrumque sexum plerumque porrigatur" (*Corpus Iuris Civilis* Dig. 50, 16, 195) und im Einklang mit höchstrichterlicher Rechtsprechung (s. BVG-Personenstandsurteil 1 BvR 2019/16 v. 10.10.2017 gem. Art. 2 Abs. 1 i.V.m. Art. 1 Abs. 1 GG und BGH-Personenbezeichnungsurteil VI ZR 143/17 v. 13.03.2018) sowie den Empfehlungen des Deutschen Rechtschreibrates (v. 26.03.2021), aber auch in vager Erinnerung an dereinst allgemein geltende Regeln der deutschen Grammatik möge das generische Maskulinum in diesem Beitrag Personen *jedweden* Geschlechts bezeichnen.

7 Vgl. Ernest W. B. Hess-Lüttich: „Sprache, Literatur und Recht: Schuldig oder nicht schuldig? Eine Vernehmung zur Person und zur Sache in Friedrich Dürrenmatts Hörspiel Die Panne". In: Thomas Fischer / Elisa Hoven (Hrsg.): *Schuld*. Baden-Baden: Nomos 2017, S. 87–109 (= Baden-Badener Strafrechtsgespräche 3).

Erkenntnissen der Paläogenetik zufolge liegt die entscheidende Mutation des Mc1R-Gens bei *Homo sapiens* erst 6.000 bis max. 10.000 Jahre zurück.[8] Das Virus in Dürrenmatts Parabel gibt den weißen Südafrikanern also ihre ursprüngliche Hautfarbe zurück, womit er einen rassismuskritischen Diskurs literarisch antizipiert, der trotz früher Hinweise von UNO und UNESCO[9] in der Anthropologie und Humanethologie erst zur Jahrtausendwende zur endgültigen Aufgabe des bio-genetisch unhaltbaren Konzepts der „Rasse" als einer Gruppenbezeichnung geführt hat.

Gleich der erste Satz, darauf hat die spärliche Sekundarliteratur schon verwiesen, erinnert in der Lakonie seiner Formulierung an Kafkas Roman *Der Proceß* und seine Erzählung *Die Verwandlung.* Als der Regierungspräsident Südafrikas eines Morgens erwacht, fühlt er sich fiebrig und verschnupft, die Polizei erscheint, verhaftet und inhaftiert ihn. Lauthals protestiert er dagegen, zu einem Schwarzen in die Zelle gesperrt zu werden, was die geltenden Apartheid-Gesetze ausdrücklich untersagten. Erst als ein sich ebenfalls beschwerender (schwarzer) Mithäftling geltend macht, der (weiße) Justizminister zu sein, und der Regierungschef ihn als solchen erkennt, wird er gewahr, selbst schwarzer Hautfarbe zu sein. Beide werden von einem (schwarzen) Polizisten, der sich weiß wähnt, beschimpft, Schwarze hätten hier nicht zu randalieren, woraufhin er von zwei anderen (schwarzen) Wärtern verprügelt wird, weil (schwarzen) Polizisten der Zutritt verboten sei, bis sie erkennen, selbst schwarz zu sein. In ihrer Verunsicherung lassen sie die Inhaftierten frei, weil sie nicht ausschließen können, dass die Schwarzen, so wie sie selbst, eigentlich Weiße seien.

Es gehört nun zu den typischen Eigenheiten der narrativen Technik Dürrenmatts, innerhalb der Logik dieser Ausgangskonstellation eine Geschichte mit zwingender Konsequenz fortzuspinnen, getreu seinem berühmten Diktum, wonach eine Geschichte nicht zu Ende erzählt sei, bevor sie nicht ihre schlimmstmögliche Wendung genommen habe. „Eine Virusepidemie war ausgebrochen. Die Weißen wurden schwarz." Neben den grippe-ähnlichen Symptomen, die denen einer Corona-Infektion gleichen, bewirkt die Erkrankung

8 Vgl. jedoch Muswamba & Mutombo (Rosalie Muswamba / Mutombo Kanyana: „Afrique du Sud, Apartheid et vivre-ensemble / Südafrika, Apartheid und Zusammenleben". In: *Dürrenmatt* (2021), S. 45–61), die unter Verweis auf einen Wikipedia-Eintrag die Mutation etwas früher ansetzen und dafür den 1903 im englischen Somerset gefundenen und 1904 erstmals wissenschaftlich beschriebenen Cheddar Man als Beispiel anführen, der freilich neueren DNA-Analysen zufolge noch eine dunkle Hautfarbe hatte.

9 Vgl. UNESCO: Declaration on Race and Racial Prejudice (27.11.1978). <https://www.unesco.de/mediathek/dokumente/unesco/unesco-erklaerungen> [Abruf 14.08.2022].

bei den Weißen, und nur bei diesen, die Veränderung der Hautfarbe, was eine desaströse Kettenreaktion auslöst. In knappster Diktion beschreibt Dürrenmatt auf kaum einer halben Seite, wie nun blutige Kämpfe aller gegen alle ausbrechen, weil die schwarz gewordenen Weißen sich von den schwarzen Schwarzen und diese nicht von den schwarzen Weißen unterscheiden konnten. Nach Tausenden Toten herrscht lähmende Stille. Die Regierung setzt eine Kommission ein und betraut sie mit der Aufgabe, die schwarzen Weißen gegenüber den schwarzen Schwarzen zu identifizieren. Keine leichte Aufgabe, denn „die Weißen waren nicht nur schwarz geworden, sondern Schwarze mit allen Merkmalen der Schwarzen, von denen sie nur durch ihre Hässlichkeit abstachen." (ViS 27) Dieses Kriterium mochten die hässlichen (schwarzen) Weißen natürlich nicht akzeptieren, weshalb ihnen nun auferlegt wurde, ein weißes Schild zu tragen, das sie „schwarz auf weiß" als Weiße ausweist, während die schwarzen Schwarzen sich „weiß auf schwarz" als solche ausweisen mussten, was aber bei flüchtigem Hinsehen schnell zu Verwirrung führte, weshalb man es entsprechend einer Empfehlung der „psychologischen Beratungsstelle für praktische Apartheid" andersherum mit weißer Schrift auf schwarzem Schild für schwarze Weiße und schwarzer Schrift auf weißem Schild für schwarze Schwarze versuchte, was aber farbpsychologisch erst recht in die Irre führte: schwarze Weiße wurden fortan oft wie schwarze Schwarze misshandelt und schwarze Schwarze wie Weiße privilegiert, was ebenfalls keine befriedigende Lösung war. Deshalb sollte goldene Schrift auf weißem Schild, rote Schrift auf schwarzem Grund semiotisch für Klarheit sorgen und zugleich signalisieren, wie die Bewertungen sortiert sind: für die ehedem Weißen das Symbol des Reichtums, für die seit je Schwarzen das Zeichen für Wunde und Gefahr (Abb. 1 in Anlehnung an Thamm 2019: 54–56).

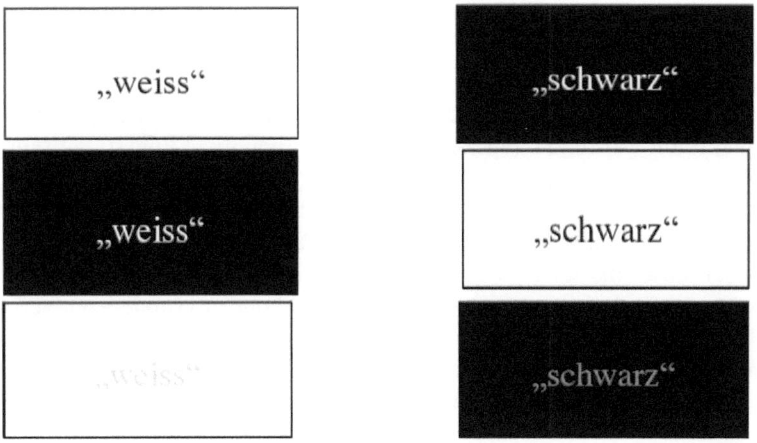


Abb. 1: Kennzeichnungen (nach Thamm 2019: 54–56)

Mit dem für ihn typischen beißenden Sarkasmus beschreibt Dürrenmatt dann den Besuch einer Abordnung der schweizerischen Großbanken, die natürlich gegen die Apartheid sind, aber mit der uns nur zu vertrauten Doppelmoral argumentieren, die bedauerliche Lage der Schwarzen sei am besten durch Unterstützung der Weißen zu verbessern, indem die Schweiz in Südafrika investiere und damit die internationalen Sanktionen unterlaufe, womit sie ja im Grunde die „berechtigten Interessen" der Schwarzen wahrnehme. In Südafrika fand sich die Delegation indes von lauter schwarzen Kollegen empfangen, deren Versicherung, sie seien „eigentlich" Weiße, ihnen kaum glaubhaft schien, weshalb sie sich in einen Umsturz der schwarzen Mehrheit geraten wähnte, die Verhandlungen abbrach und sich, bereits von ersten Symptomen der Infektion gezeichnet, auf den Rückweg machte. Bei der Ankunft in Zürich bezweifelte man die behauptete Identität der inzwischen schwarz gewordenen Banker und verbrachte sie zunächst in ein Flüchtlingslager.

Der Erzähler dreht die Spirale aber immer noch eine Windung weiter und beschreibt den „Schwarzhandel" mit den Schildern, der schließlich in völlige Konfusion mündete, weil niemand mehr mit Sicherheit sagen konnte, wer ein schwarzer Weißer und wer ein schwarzer Schwarzer war, und weil allseitige Bestechlichkeit zu einer wundersamen Vermehrung der schwarzen Weißen führte, verfügte die Regierung, dass schwarze Weiße stets von einem schwarzen Schwarzen als Zeugen zu begleiten seien. Das erwies sich in der Alltagspraxis als leider sehr kompliziert, zumal viele schwarze Weiße nicht von der Beglaubigung durch einen schwarzen Schwarzen abhängig sein mochten und dafür einen zweiten schwarzen Weißen anheuerten, der aber seinerseits von einem schwarzen Schwarzen bestätigt werden musste – und so weiter, was bei allen Zusammenkünften ein ziemliches Gedränge zur Folge hatte.

Die in der allgemeinen Unübersichtlichkeit zunehmenden Ehen zwischen schwarzen Weißen und schwarzen Schwarzen sorgten schließlich – immer streng nach den Gesetzen der Mendelschen Vererbungslehre – alsbald für die Geburt anteilig weißen Nachwuchses, der wiederum anteilig gegen das Virus immun war (und dann weiß blieb) oder eben nicht (und damit schwarz wurde). Das wiederum alarmiert die Regierung, die verzweifelt das Konzept der Apartheid dadurch zu retten sucht, dass sie die schwarze Hautfarbe zur neuen Norm und die neuen Weißen zur Bedrohung für die Reinheit der Rasse erklärt, eine relativ komplexe Handlungsstruktur, die Eva Thamm in ihrer Magisterarbeit in einem synoptischen Schema zu visualisieren versucht (Abb. 2 nach Thamm 2019: 36). In einer galligen Schlusspointe erklärt der Erzähler den Bericht für den eines der schwarzen Zürcher Banker, den er nun aufschreibe – „von einem plötzlichen Schnupfen befallen und vom Fieber geschüttelt."

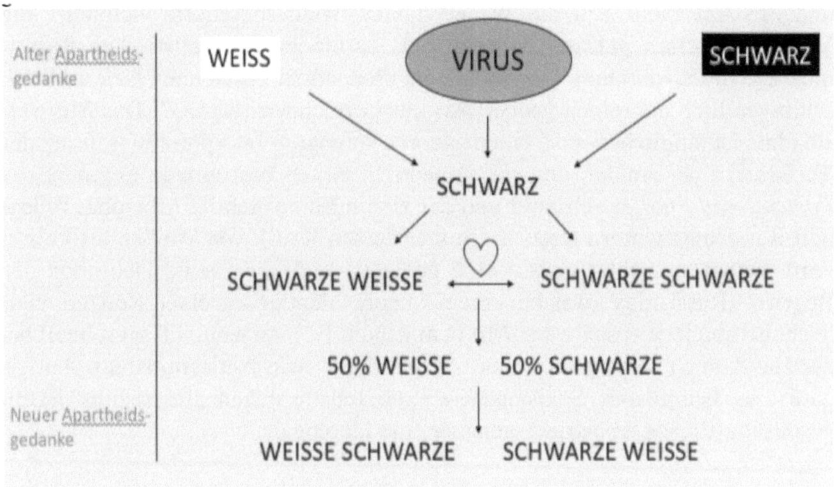


Abb. 2: Handlungsstruktur im Schema (nach Thamm 2019: 36)

Dies ist nun die Stelle, an der selbst die kundigen Interpreten beinahe in eine der typisch Dürrenmattschen Fallen zu tappen drohen: sie werden unsicher, ob sich der Verfasser hier nicht selbst als rassistisch entlarve. So fragen sich Jacomien van Niekerk & Waldo Grové „whether Dürrenmatt's text is antiracist or racist in its arguments", weil sie finden, „that the description of the banker at the end of the story is stereotypical and racist in content [as] it rests on the racist assumption that Africans possess a simple, grateful enjoyment of life."[10] Aber sie riechen die Lunte: „Dürrenmatt toys with the reader to the extent that he inserts a racist narrator-behind-the-narrator in order to comment even more thoroughly on racism."[11] Das sarkastische Spiel mit den kulturellen Stereotypisierungen hält dem europäischen Leser den Spiegel vor und hebt die Kritik an der südafrikanischen Apartheid seiner Zeit ganz im Sinne des Hinweises von Boubacar Boris Diop auf das globale Niveau des Rassismus, der überall nur zu lebendig sei (und es ja auch nach wie vor ist).[12]

Noch entschiedener äußert Eva Thamm den Verdacht, die Erzählstruktur lege nicht nur eine paradoxale Doppelperspektive nahe, in der Anti-Apartheid

10 Jacomien van Niekerk / Grové Waldo: „Race' and Nationhood in Friedrich Dürrenmatt's Die Virusepidemie in Südafrika". In: *Acta Germanica* 45 (2017), S. 45–58, hier S. 54 f.

11 Ebd., S. 55.

12 Vgl. Boubacar Boris Diop: „Von Güllen nach Colobane". In: *DU: Die Zeitschrift für Kultur* Nr. 862 (2015), S. 56–59.

und Pro-Apartheid sich die Waage hielten, sondern schaffe vielmehr „die Verbindung eines politischen Realismus zu einem kulturalistischen Rassismus, die in Dürrenmatts Geschichte als fließend zu bezeichnen [sei] und sich schlussendlich als reinen [sic] Rassismus bezeichnen [lasse].“[13] Das Missverständnis ist möglicherweise einem rigoros verengten Interpretationsansatz der Verfasserin geschuldet, den sie namentlich einem bestimmten Segment der *Postcolonial Studies* verdankt und der sie im Sinne Achille Mbembes reflexhaft Rassismus wittern lässt, wo immer dessen Kritik von Weißen artikuliert wird. Dabei verzichtet sie auf eine genauere und konsistente Definition des Begriffs „Rassismus“, was bei einem so polyvalent gebrauchten Konzept vielleicht hilfreich gewesen wäre. Mit dem Etikett ist man heute oft zu schnell bei der Hand, auch wenn ganz andere Sachverhalte (wie Antisemitismus, Antiziganismus, Islamismus, Sexismus usw.) zur Debatte stehen. „Rassismus“ ist ein gesellschaftliches Konstrukt, genauer eine Ideologie,

> [...] un système d'idées, de croyances hiérarchisant des groupes humains. Systémique et structurel, le racisme attribue inégalement, et parfois sur des bases dites « scientifiques », des caractéristiques culturelles, physiques, intellectuelles, psychologiques qui seraient communes et intrinsèques à ces groupes. Le but est de rebaisser et dénigrer. Il existerait ainsi des « races » inférieures et d'autres qui leur seraient supérieures ipso facto.[14]

Auch Eva Thamms Vorwurf, dass in der Erzählung Frauen „schlicht als Mittel zum Zweck betrachtet“[15] würden und folglich den Schwarzen gleichzusetzen seien, führt m. E. in die Irre. Eine von Judith Butler inspirierte feministische Lektüre und zuweilen bis zur Selbstkarikatur gendersensible Paraphrasierung (wenn z. B. von den „MitgliederInnen in einem Zugehörigkeitskontext“[16] die Rede ist) des über 40 Jahre alten Textes erscheint mir aus kritisch philologischer Sicht vielleicht aktuell „politisch korrekt“, letztlich aber doch eher unhistorisch.[17]

13 Thamm, *„Race“ als Zugehörigkeitskonstrukt im DaF Kontext*, (wie Anm. 3), S. 64.

14 Muswamba / Mutombo, „Afrique du Sud“, S. 51 (wie Anm. 8).

15 Thamm, *„Race“ als Zugehörigkeitskonstrukt im DaF Kontext*, (wie Anm. 3), S. 65.

16 Ebd., S. 12.

17 Beides übrigens, Mbembe wie Butler, Protagonisten der antisemitischen BDS-Bewegung, die (neben vielen anderen Hochschulen) auch jene Western Cape University fest im Griff hat, an der ich diesen Beitrag erstmals vorgetragen habe. Vielleicht wäre – dies nur nebenbei bemerkt – zu empfehlen, dass die Zitierkartelle im Gefolge von Mbembe und Butler (oder Homi Bhabha oder Edward Said oder Giorgio Agamben...), statt blindlings voneinander abzuschreiben, deren zu Tode zitierten Bücher einmal selber lesen und einer kritischen Text- und Diskursanalyse unterziehen.

Wer indes die historisch-biographischen Umstände der Entstehung der Erzählung von Dürrenmatt in Rechnung stellt, gelangt auf eine ganz andere Spur. Dürrenmatt war zutiefst geprägt von einem humanistischen Gerechtigkeitsideal, das ihn jede gruppenbezogene Diskriminierung aufgrund von Identitätsmerkmalen verabscheuen ließ. Einen ersten Hinweis zu seiner dezidiert antirassistischen Haltung entnehmen wir bereits den Berichten über seine Besuche der USA 1959 und 1969. In den „Sätzen aus Amerika"[18], die im Band 34 der 37-bändigen Gesamtausgabe des Diogenes-Verlags zu finden sind, gibt er seiner Enttäuschung darüber Ausdruck, dass die renommierte Temple University, die ihm einen Ehrendoktor verliehen hatte (und die *nota bene* das größte Kafka-Archiv der Welt beherbergt) keine afroamerikanischen Professoren und Studenten hatte, obwohl sie in einem „schwarzen" Viertel lag und Wert darauf legte, als „liberal", also eher progressiv, zu gelten. Er hatte zu *Menschen* sprechen wollen, nicht nur zur lokalen Elite der „Weißen".

Die intensive Auseinandersetzung mit dem Rassismus führt ihn logischerweise zu der mit der rassistischen Ideologie par excellence, dem Nationalsozialismus. Nicht lange nach der Niederschrift der Kurzgeschichte über die *Virusepidemie in Südafrika* hatte er, wie die Direktorin des *Centre Dürrenmatt* in Neuchâtel, Madeleine Betschart, in ihrem Vorwort zur Neuausgabe berichtet, das Konzentrationslager Auschwitz-Birkenau in Polen besucht. Im autobiographisch grundierten *Turmbau*[19], dem Schlussteil seines hinterlassenen Spätwerks[20], „beschwört Dürrenmatt auf ergreifende Art und Weise die Shoah herauf"[21], schreibt Betschart. Auschwitz, der unbegreifliche Un-Ort schlechthin:

> Er ist undenkbar, und was undenkbar ist, kann auch nicht möglich sein, weil es keinen Sinn hat. Es ist als ob sich der Ort selbst erdacht hätte. Er ist nur. Sinnlos wie die Wirklichkeit und unbegreiflich wie sie und ohne Grund.[22]

Hier werden Menschen Gruppen zugeordnet mit Abzeichen markiert und sortiert, bevor sie mit bürokratischer Systematik ihrer Vernichtung

18 Friedrich Dürrenmatt: *Sätze aus Amerika*. In: Ders.: *Werkausgabe in siebenunddreißig Bänden*. Bd. 34, S. 77–114 (wie Anm. 2).

19 Vgl. Ders.: *Turmbau. Stoffe IV–IX*. In: Ders.: *Werkausgabe*. Bd. 29 (wie Anm. 2).

20 Vgl. ebd., S. 261–263; Ders.: *Gesammelte Werke in sieben Bänden*. Bd. 6. Zürich: Diogenes 1996, S. 566 sqq.

21 Madeleine Betschart: „Préface. Friedrich Dürrenmatt en 1989 : Black Lives Matter? / Vorwort. Friedrich Dürrenmatt 1989: Black Lives Matter?". In: *Dürrenmatt* (2021), S. 7–15, hier 14.

22 Dürrenmatt, *Gesammelte Werke in sieben Bänden*, S. 568 (wie Anm. 20).

entgegengeführt werden. Stigmatisierung von Menschen, ob durch Anhänger des Nationalsozialismus oder der Apartheid, war Dürrenmatt zutiefst zuwider. Ich spreche vom Stigma im Sinne des Gezeichneten, des durch Male Ausgezeichneten, durch Brandmale Gebrandmarkten, durch Wundmale Verwundeten, durch Verletzung Versehrten: Zeichen der Abweichung, des Abnormen, der Fremdheit, des Besonderen, des *Aus*gesonderten (Abb. 3).

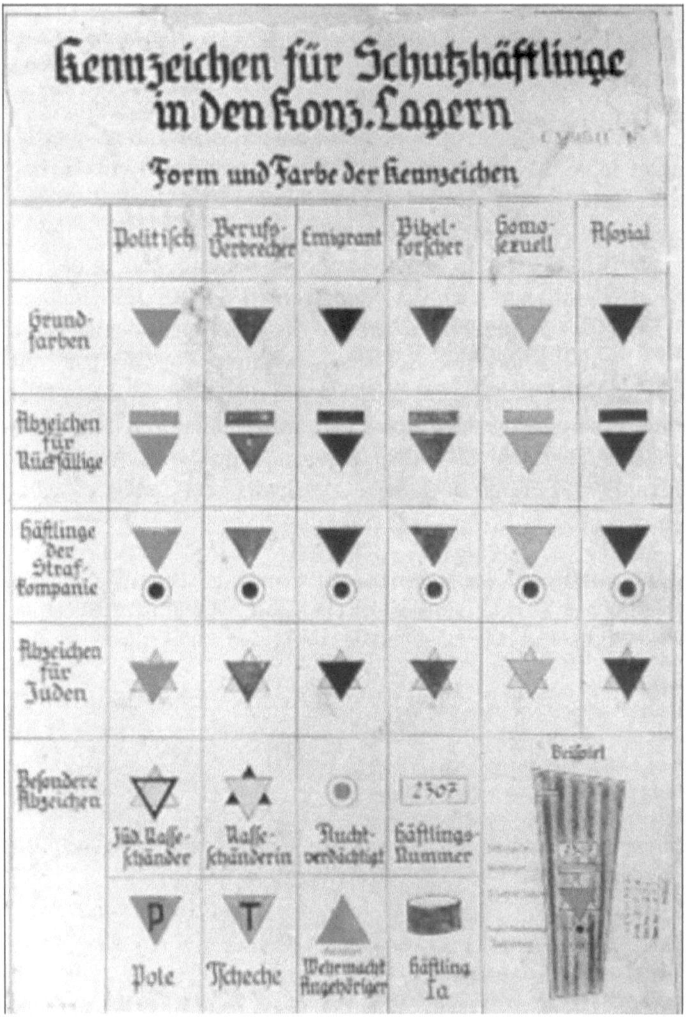


Abb. 3: Tabelle der Kennzeichnungen für Insassen der NS-Konzentrationslager (Anfang 1930, US Holocaust Memorial Museum, 2006, PD)

Deshalb ist es vor diesem historischen Hintergrund auch eine schier unerträgliche Anmaßung heutiger Querdenker, Coronaleugner oder Impfgegner, wenn sie inmitten der bedrohlichen Pandemie auf ihren Demonstrationen ihre unsolidarische Bereitschaft zur Infektion und damit Körperverletzung anderer stolz herausstellen durch Zeichen, die den Judenstern der Nazis emblematisch zitieren (Abb. 4).

Abb. 4: Abzeichen der Impfgegner im Stile des sog. „Judensterns" (© Christophe Gateau, Picture Alliance via Getty Images)

Hier sehe ich die eigentliche Brücke zu dem mit des Verfassers sardonischem Gelächter beschriebenen Spiel der verzweifelten Apartheidfanatiker mit den Abzeichen und Schildern aus Email, die das System der Ab- und Aussonderung von Schwarzen retten soll, obwohl die Hautfarbe aufgrund der Virusinfektion längst kein Unterscheidungskriterium mehr sein kann und selbst die selbstgerechten Schweizer Banker „brandschwarz" mit Swissair in Zürich-Kloten landen. „Black lives matter?" fragt Betschart. In seinem Universum der Gerechtigkeit gilt für den Humanisten Dürrenmatt seit je und für alle Zeit: „*All* human lives matter".

Dürrenmatt geht es in seiner Parabel nicht etwa um medizinische Plausibilität, er fragt nicht nach Ursache und Verlauf der Erkrankung. Er erwähnt lediglich die drei signifikanten Symptome Schnupfen und Fieber (wie bei der Corona-Pandemie) und eben das Schwarzwerden der Haut, das ein nicht näher beschriebenes Virus auslöst. Dermatologisch gibt es ähnliche Befunde durchaus, wenn auch nicht über Nacht, aber wer z. B. an *Acanthosis nigricans* erkrankt, einer speziellen Verdickung der Stachelzellschicht in der Oberhaut, dessen Haut wird durch die Melanozyten dunkler. Das gilt auch für das Kaposi Sarkom, das 1872 erstmals von dem österreichischen Hautarzt ungarischer Herkunft Moriz Kaposi (1837–1902) als Idiopathisches multiples Pigmentsarkom der Haut beschrieben wurde. Auch andere Arten von Hautkrebs, wie das maligne Melanom, lassen weiße Haut dunkler werden, wenn auch nicht flächig und mit der von Dürrenmatt geschilderten Negroidität verbunden. Den umgekehrten Fall, wie dunkle Haut jählings zu erbleichen vermag, haben wir um die Jahrtausendwende etwa am Beispiel der Selbstverwandlung des Künstlers Michael Jackson anschaulich miterleben können (Abb. 5).

Abb. 5: Michael Jackson zu Beginn und gegen Ende seiner internationalen Karriere (Michael Jackson: Thriller (1983), https://www.quora.com/Is-lookism-wrong)

Für Dürrenmatt ist die durch das Virus verursachte Hautverfärbung nur das äußere Zeichen eines tieferen gesellschaftlichen Konflikts. Der ursprüngliche Arbeitstitel der Skizze „Anti-Apartheid" verweist auf das humanistische Motiv des Autors. Die ihm zugrunde liegende Frage nach den ethischen Implikationen und sozialen Folgen einer solchen Epidemie für die Gesellschaft lenkt unseren Blick auf die Pandemie, die unsere Gesellschaften seit zwei Jahren heimsucht und eine (weitere) „epochaltypische" Krise ausgelöst hat. Klima-, Umwelt-, Weltfinanz-, Gesundheitskrisen sind *epochaltypisch*, wenn sie „einen in die Zukunft hinein wandelbaren Problemkanon"[23] enthalten, der unsere Lebenswirklichkeit und unser soziales Handeln nachhaltig zu verändern das Potential hat: Sie sind *global*, insofern sie die (technisch, ökonomisch, sozial) komplex vernetzten Gesellschaften insgesamt betreffen; sie sind *interdisziplinär*, insofern sie nur aus der Pluralität der Perspektiven verschiedener Fachgebiete zu verstehen und zu erforschen sind; sie sind *ethisch*, insofern sie Maximen politisch verantwortlichen Handelns bestimmen. Solche „epochaltypischen Krisen" lassen für jeden Einzelnen ethische Dilemmata in bislang ungekannter Schärfe hervortreten – etwa die Frage, was schwerer wiegen soll, die „Freiheit der Gesellschaft" oder „der Schutz des Lebens"[24], „Wirtschaft oder Gesundheit? Geld oder Leben?"[25]:

> Die Coronakrise stürzt heute jeden in ein ethisches Dilemma, egal wer das Sagen hat. Zwei der höchsten Güter lassen sich kaum noch miteinander vereinbaren, der Schutz des Lebens und die Freiheit der Gesellschaft. Das Virus fordert eine Entscheidung, was schwerer wiegen soll, die Lebensgefahr für Einzelne oder der Tod des öffentlichen Lebens.[26]
>
> Wie süchtig nach Arbeit und Wachstum sind wir geworden, dass selbst in Fragen von Leben und Tod der erste Gedanke ist, wie der Börsenkursverfall gestoppt und der Wirtschaft geholfen werden kann? Die Frage, vor die wir gestellt werden, ist doch von märchenhafter Reinheit: Geld oder Leben?[27]

Die Frage spaltet auch die europäischen Gesellschaften bis heute; die Länder der EU können sich nicht auf einheitliche Strategien einigen; selbst innerhalb

23 Wolfgang Klafki: *Neue Studien zur Bildungstheorie und Didaktik. Zeitgemäße Allgemeinbildung und kritisch-konstruktive Didaktik.* 4. Auflage. Weinheim: Beltz 1996, S. 60.

24 Matthias Bartsch / Bruhns Annette / Dahlkamp Jürgen et al.: „Geisterland", In: *Der Spiegel* Nr. 12 vom 14.03.2020, S. 29.

25 Nils Minkmar: „Endlich ist nichts mehr so, wie es war". In: *Der Spiegel* Nr. 12 vom 14.03.2020, S. 78.

26 Bartsch et al.: „Geisterland", S. 29 (wie Anm. 24).

27 Minkmar, „Endlich ist nichts mehr so", S. 78 (wie Anm. 25).

der Regierungen besteht anhaltender Dissens. Werden solche ethischen Dilemmata in Situationen divergierender Interessenlagen und gesellschaftlicher Konfliktpotentiale zum Impuls, unsere Prioritäten neu zu sortieren? Und wie, wenn eine Krise noch nicht überwunden ist, während die nächste schon ins Haus steht? Wie gut sind wir darauf vorbereitet, dass gleich zwei oder mehr Katastrophen gleichzeitig stattfinden, sich überlagern oder gegenseitig in ihren Folgen verstärken? In der Geschichte sind solche kumulativen Katastrophen immer wieder vorgekommen, man denke etwa historisch an das „andere Zeitalter" Justinians (525–567) mit Pest-Seuche, Erdbeben, Vulkanausbruch, Feuersbrunst und Hungersnot;[28] aktuell an die Akkumulation katastrophaler Ereignisse in Afrika oder Südostasien mit der Kombination von Dürren (bzw. Überschwemmungen), Pandemie, Heuschreckenplage und Hunger; an die Kettenreaktion von Erdbeben, Tsunami, Ausfall der Kühlsysteme und Kernschmelze im Atomkraftwerk von Fukushima; an die Kombination von Wasser-, Energie-, Migrations- und Gesundheitskrise in Südafrika; an den russischen Vernichtungskrieg gegen die Ukraine mit den Konsequenzen nicht nur für das Opfer des Überfalls, sondern darüber hinaus für die Welternährung, Energieversorgung, Lieferketten usw. Bei solchen Krisen-Clustern haben wir es mit globalen Strukturproblemen der Gegenwart zu tun, die zugleich den Alltag eines jeden einzelnen betreffen und übrigens auch von literarischen Autoren immer wieder sensibel registriert und beschrieben werden.[29] Bei multiplen Krisen ist zudem die politische Dimension ihrer regionalen, nationalen und internationalen Konsequenzen im Auge zu behalten. Die Debatte darüber, ob demokratische Regierungen oder autoritäre und diktatorische Regime besser mit solchen Krisen-Clustern fertig werden, ist längst eröffnet. Sind die demokratischen Strukturen in Situationen divergierender Interessenlagen und gesellschaftlicher Konfliktpotentiale hinreichend robust, wenn Kontaktbeschränkungen über Monate aufrechterhalten werden müssen, wenn Sozialsysteme kollabieren, Ersparnisse dahinschmelzen, Arbeitsplätze verloren gehen, militärische Gefahren von außen drohen? Gebiert die eine Krise die nächste und mündet die Kombination beider in die dritte? Drohen dann politische Verwerfungen wie in den 20er Jahren des letzten Jahrhunderts?

Womit wir wieder bei den komplexen Zusammenhängen zwischen Seuche, Klima, Umwelt, Rassismus, sozialer Ungleichheit wären zu einer Zeit in der die Frage kontrovers diskutiert wird, wer *zuerst* von Impfstoffen und

28 Vgl. Mischa Meier: *Das andere Zeitalter Justinians. Kontingenzerfahrung und Kontingenzbewältigung im 6. Jahrhundert.* Göttingen: Vandenhoeck & Ruprecht 2003.

29 Vgl. z. B. u.v.a. Ruth Klüger: *Katastrophen. Über deutsche Literatur.* München: dtv 1997.

Medikamenten profitiert; ob sie *allen* zur Verfügung gestellt werden oder denen, die dafür am meisten zahlen können (die „Weißen" des Nordens); ob neue Erkenntnisse geteilt oder in nationalem oder ökonomischem Interesse zurückgehalten werden; ob Patente freigegeben oder zur Finanzierung der Forschung eingesetzt werden; ob eine Impfpflicht verordnet oder die Gefahr der Züchtung neuer und womöglich resistenter Virenstämme in der ungeimpften Population in Kauf genommen wird. Die Chefin des UN-Umweltprogramms Inger Andersen sieht die Verantwortung für die in immer kürzeren Abständen auftretenden Zoonosen beim Menschen, seiner Zerstörung der Umwelt und Bedrohung der Biodiversität, bei Überbevölkerung und archaischen Ritualen. Bei Dürrenmatt führt die Epidemie in Südafrika zum Bürgerkrieg, in Europa oder den USA spaltet die Pandemie die Gesellschaften. Was der bekennende Atheist Dürrenmatt in seiner Satire am irrationalen Rassismus geißelt, erscheint uns auch nach 30 Jahren beklemmend aktuell, wenn überkommene Normen und Werte infolge über uns hereinbrechender Katastrophen plötzlich in Frage stehen und moralische Maßstäbe nicht mehr selbstverständliche Geltung heischen, sondern Verschwörungsphantasien weichen, in denen der Mensch nicht mehr als *ens sociale* gedacht wird, dessen Überleben auf dem *einen* Planeten Kooperation erzwingt, sondern als Krieger im Kampf aller gegen alle.

> Ob es sich um die Abschreckung durch Atombomben, um Atomkraftwerke, um die Lagerung von Atommüll, um die Plünderung unseres Planeten usw. handelt, immer reden diejenigen, welche daran glauben, uns ein wir sollen glauben, was sie tun, sei absolut sicher. Wir haben mit dem Glauben ein menschliches Kraftfeld betreten, das uns das Fürchten beibringt. Nicht was die Menschen über Gott, sondern was sie über sich glauben, macht das Schicksal der Sterblichen aus.[30]

## *Literaturverzeichnis*

Bartsch, Matthias / Annette Bruhns / Jürgen Dahlkamp et al.: „Geisterland", In: *Der Spiegel* Nr. 12 vom 14.03.2020, S. 29.

Betschart, Madeleine: „Préface. Friedrich Dürrenmatt en 1989: Black Lives Matter? / Vorwort. Friedrich Dürrenmatt 1989: Black Lives Matter?". In: *Dürrenmatt* (2021), S. 7–15.

Diop, Boubacar Boris: „Von Güllen nach Colobane". In: *DU: Die Zeitschrift für Kultur* Nr. 862 (2015), S. 56–59.

30 Dürrenmatt, *Turmbau*, S. 420 f. (wie Anm. 18).

Dürrenmatt, Friedrich: *Gesammelte Werke in sieben Bänden*. Zürich: Diogenes 1996.

Dürrenmatt, Friedrich: *Werkausgabe in siebenunddreißig Bänden*. Zürich: Diogenes 1998.

Dürrenmatt, Friedrich: *L'épidémie virale en Afrique du Sud / Die Virusepidemie in Südafrika* (Cahier N° 28). Neuchâtel: Centre Dürrenmatt Neuchâtel 2021.

Hess-Lüttich, W. B. Ernest: „Sprache, Literatur und Recht: Schuldig oder nicht schuldig? Eine Vernehmung zur Person und zur Sache in Friedrich Dürrenmatts Hörspiel *Die Panne*". In: Thomas Fischer / Elisa Hoven (Hrsg.): *Schuld*. Baden-Baden: Nomos 2017, S. 87–109 (= Baden-Badener Strafrechtsgespräche 3).

Klafki, Wolfgang: *Neue Studien zur Bildungstheorie und Didaktik. Zeitgemäße Allgemeinbildung und kritisch-konstruktive Didaktik*. 4. Auflage. Weinheim: Beltz 1996.

Klüger, Ruth: *Katastrophen. Über deutsche Literatur*, München: dtv 1997.

Meier, Mischa: *Das andere Zeitalter Justinians. Kontingenzerfahrung und Kontingenzbewältigung im 6. Jahrhundert*. Göttingen: Vandenhoeck & Ruprecht 2003.

Minkmar, Nils: „Endlich ist nichts mehr so, wie es war". In: *Der Spiegel* Nr. 12 vom 14.03.20, S. 78.

Muswamba, Rosalie / Kanyana Mutombo: „Afrique du Sud, Apartheid et vivre-ensemble / Südafrika, Apartheid und Zusammenleben". In: *Dürrenmatt* (2021), S. 45–61.

Niekerk, Jacomien van / Waldo Grové 2017: „Race' and Nationhood in Friedrich Dürrenmatt's *Die Virusepidemie in Südafrika*". In: *Acta Germanica* 45 (2017), S. 45–58.

Thamm, Eva: *„Race" als Zugehörigkeitskonstrukt im DaF Kontext – Eine kritische Analyse am Beispiel von Friedrich Dürrenmatts „Die Virusepidemie in Südafrika"*. Stellenbosch / Leipzig: Master-Thesis 2019.

UNESCO: *Declaration on Race and Racial Prejudice* (27.11.1978). <https://www.unesco.de/mediathek/dokumente/unesco/unesco-erklaerungen> [Abruf 14.08.2022]

# Krisen, Theodizee und Resilienz. Untersuchung von glaubensbedingten Strategien zur Bewältigung schwieriger Lebenssituationen im Lichte von Ahmadou Kouroumas Roman *Allah muss nicht gerecht sein*

*Akila Ahouli*

*Zusammenfassung*: Die Lösungsansätze zur brennenden Frage nach dem Ursprung des Bösen und des Leidens auf Erden und nach Gottes Verantwortung bei dieser Konstellation beeinflussen auf schwerwiegende Weise die Strategien, die Menschen entwickeln, um die Krisen, die ihnen widerfahren, zu bewältigen. Dabei entstehen zwei Grundhaltungen, die zwar alle irgendwie zur Beherrschung solcher Krisen führen mögen, aber keiner unbedingt umfassenden und nachhaltigen Resilienz Vorschub leisten: Auf der einen Seite die fatalistisch resignierende und auf der anderen Seite die zielorientiert widerständige Grundhaltung. In Ahmadou Kouroumas Roman *Allah muss nicht gerecht sein* werden beide Grundhaltungen mithilfe der von Romanfiguren erlebten krisenträchtigen Lebenserfahrungen stilisiert. In einer soziokritischen Annäherung des Romans und in Anlehnung an die von Gottfried Wilhelm Leibniz in die Diskussion eingebrachte Kategorie der Theodizee wird im vorliegenden Beitrag der Versuch unternommen, in Erfahrung zu bringen, dass die Effizienz einer Strategie zur Bewältigung von Krisensituationen weniger daran liegt, wie sich der Leidende oder seine soziale Umgebung diesen Situationen ideologisch stellt, sondern vielmehr daran, ob diese Einstellungen dazu führen, situationsadäquate Bewältigungsmittel zu eruieren und sie zielgerichtet auszunutzen.

*Schlüsselwörter*: Krise, Theodizee, Fatalismus, Resignation, Resilienz, Vulnerabilität

*Abstract*: The approaches to the burning question of the origin of evil and suffering on earth and of God's responsibility in this constellation influence in a serious way the strategies that people develop to cope with the crises that befall them. In the process, two basic attitudes emerge, all of which may somehow lead to mastering such crises, but do not necessarily promote comprehensive and sustainable resilience: on the one hand, the fatalistically resigned basic attitude and, on the other, the goal-oriented resistant basic attitude. In Ahmadou Kourouma's novel *Allah muss nicht Gerecht sein*, both basic attitudes are stylised with the help of the crisis-ridden life experiences experienced by the characters in the novel. In a socio-critical approach to the novel and following the category of theodicy introduced into the discussion by Gottfried Wilhelm Leibniz, this paper attempts to find out that the efficiency of a strategy for coping with crisis situations lies less in the ideological attitude of the sufferer or his social environment to these situations, but rather in whether these attitudes lead to the identification of means of coping that are adequate for the situation and to the targeted use of them.

*Keywords*: Crisis, Theodicy, Fatalism, Resignation, Resilience, Vulnerability

## *Einleitung*

In den letzten Jahren haben erwiesenermaßen keine anderen Ereignisse die Resilienz der Menschen weltweit mehr herausgefordert als die Corona-Pandemie und die mit ihr einhergehenden verheerenden Krisensituationen. Zur Ausarbeitung von Resilienzstrategien mit dem Ziel der Bewältigung von Plagen solchen Ausmaßes wie der Corona-Pandemie bieten sich nicht selten neben rational-wissenschaftlichen Ansätzen auch metaphysisch-theologische Annäherungen, die sich mit den übersinnlichen Ursachen dieser Situation auseinandersetzen.[1] Die Theodizee-Debatte, die zunächst im Kontext einer 1755 in Lissabon erfolgten Naturkatastrophe entstand und der Frage nach der Verantwortung eines allmächtigen, allgegenwärtigen und allgütigen Gottes gegenüber dem Bösen und Leiden in der Welt nachgeht, hat offensichtlich so gut wie nichts an Brisanz eingebüßt.

Im selben Zusammenhang greift der ivorische Schriftsteller Ahmadou Kourouma in seinem Roman *Allah muss nicht gerecht sein*[2] von 2000, im Jahr 2002 aus dem Französischen ins Deutsche übersetzt, die Theodizee-Debatte hinsichtlich als schicksalhaft interpretierter, aber im Grunde genommen sozialer bzw. sozio-politischer Krisenkonstellationen auf, denen seine Hauptfiguren anheimfallen. Strategien zur mentalen und materiellen Bewältigung dieser Situationen lassen sich aus den Handlungen ermitteln. Während glaubenbezogene Einstellungen die Protagonisten für eine mentale Resilienz zu befähigen scheinen, hindern sie sie jedoch gleichzeitig daran, resilienzfördernde Überwindungsstrategien zu entwickeln und somit aus ihren Krisensituationen herauszukommen. Durch diese Konstellation wird die wechselseitige Beziehung zwischen Krise, Glaube und Resilienz nahegelegt.

Im vorliegenden Aufsatz wird dieser Beziehung anhand des von Leibniz in die Diskussion lancierten Konzepts der „Theodizee" nachgegangen. Im Mittelpunkt der Untersuchung des Romans steht die Frage nach der dauerhaften Effizienz der von den Protagonisten aufgegriffenen Krisenbewältigungsstrategien. Der exemplarischen Romananalyse werden theoriebezogene Überlegungen vorangestellt, in denen nicht nur Begriffe wie etwa „Krise", „Theodizee" und „Resilienz" erläutert, sondern auch deren Wechselbeziehungen plausibilisiert werden.

1 Siehe dazu u. a.: Marcel Roman: *Wovon leben wir? Die zwei Bäume im Paradies – Von Eden bis Corona*. Xanten: GloryWorld-Medien 2021.

2 Ahmadou Kourouma: *Allah muss nicht gerecht sein*, aus dem afrikanischen Französisch von Sabine Herting, München: Goldmann 2004. [Orig.: *Allah n'est pas obligé*, Paris: Seuil 2000]. Zitate und Belege beziehen sich auf die angeführte deutsche Ausgabe. Im Folgenden als AK zitiert.

## *1. Theoretische Vorüberlegungen zu den Verhältnissen zwischen Krisen, Theodizee und Resilienz*

### *1.1 Zum Begriff „Krise“*

Eine Krise lässt sich im Allgemeinen als eine schwierige Situation definieren, die den Höhe- und Wendepunkt einer gefährlichen Entwicklung darstellt. Sie ist eine Lage, die aus einem kritischen Bruch mit der alltäglichen Normalität eines Funktions- oder Organisationssystems entsteht und nicht einfach durch die gewöhnlichen Mechanismen unter Kontrolle gebracht werden kann, weswegen angenommen wird: „Das wesentliche Merkmal einer Krise liegt in der Radikalität der sich bietenden Alternativen.“[3] Diese Radikalität wird vom Bundesamt für Bevölkerungsschutz und Katastrophenhilfe (BBK) bei seiner Definition der Krise unterstrichen, indem gleichzeitig auf das beschädigende Potenzial der Krise hingewiesen wird. Dem Bundesamt zufolge ist Krise eine „vom Normalzustand abweichende Situation mit dem Potenzial für oder mit bereits eingetretenen Schäden an Schutzgütern, die mit der normalen Aufbau- und Ablauforganisation nicht mehr bewältigt werden kann, so dass eine Besondere Aufbauorganisation (BAO) erforderlich ist.“[4] (BBK) In seinem *Wörterbuch zur Politik* betont Manfred G. Schmidt das Konfliktpotenzial sowie die Zeitdimension von Krise, etwa wenn er Letztere definiert als den „Höhepunkt oder Wendepunkt einer gefährlichen Konfliktentwicklung in einem natürlichen oder sozialen System, dem eine massive und problematische Funktionsstörung über einen gewissen Zeitraum vorausging und der eher kürzer als länger andauert.“[5] In seinem *Wörterbuch der Soziologie* definiert Karl-Heinz Hillmann die Krise allgemein als eine „schwierige, gefährliche, bedrohliche Lage bzw. Phase, das (plötzliche) Auftreten und die Zuspitzung einer Problemsituation.“[6] Er stellt weiterhin fest: „Oftmals ist die Krise Ausdruck eines Wendepunkts bisheriger (Entscheidungs-Prozesse), die zum Schlechteren oder Besseren weiterlaufen können. Krisenhafte Situationen drängen zu Entscheidungen, effektivem Handeln und ggf. zum Einsatz

3 Dieter Nohlen/ Reiner-Olaf Schulze/ Suzanne S. Schüttemeyer (Hrsg.): *Lexikon der Politik*, Band 7, München: C. H. Beck 1998, S. 336.

4 <https://www.bbk.bund.de/SharedDocs/Glossareintraege/DE/K/krise.html#> [Abruf 29.09.2022].

5 Manfred G. Schmidt: *Wörterbuch zur Politik*. Stuttgart: Alfred Kröner Verlag$^{3}$ 2010, S. 443 f., zitiert nach: <‹https://de.wikipedia.org/wiki/Krise> [Abruf 07.09.2022].

6 Karl-Heinz Hillmann: *Wörterbuch der Soziologie*, 5. Vollständig überarbeitete und erweiterte Auflage mit 19 Grafiken und einer Zeittafel. Stuttgart: Alfred Kröner Verlag 2007, S. 467.

neuartiger Problemlösungstechniken."[7] Aus geschichts- und sozialwissenschaftlicher Perspektive lässt sich die Krise nach dem von Dieter Nohlen et al. herausgegebenen *Lexikon der Politik* begreifen als „Kennzeichnung von historisch signifikanten Konflikten und Wendepunkten in sozialer Ordnung"[8]. Es wird ferner darauf hingewiesen, dass der Krisenbegriff in der Forschung keine einheitliche Verwendung findet, deshalb „werden z. B. sowohl strukturelle, länger andauernde Transformationsprozesse als auch kurzfristige Problemsituationen als Krise bezeichnet."[9] In der Psychologie wird „Krise" verstanden als

> ein durch ein überraschendes Ereignis oder akutes Geschehen hervorgerufener schmerzhafter seelischer Zustand oder Konflikt innerhalb einer Person (innerpsychische Krise) oder zwischen mehreren beteiligten Personen. Er entsteht, wenn sich eine Person oder eine Gruppe Hindernissen auf dem Weg zur Erreichung wichtiger Lebensziele oder bei der Alltagsbewältigung gegenübersieht und diese nicht mit den gewohnten Problemlösungsmethoden bewältigen kann.[10]

Je nach dem Lebensbereich, in dem sie sich niederschlagen, wird u. a. zwischen medizinischen, psychischen, sozialen, politischen, diplomatischen und wirtschaftlichen Krisen zwar unterschieden, tatsächlich aber sind die Grenzen zwischen diesen unterschiedlichen Krisenarten eher durchlässig. So kommt es nicht selten vor, dass eine Krise, die einen medizinischen Ursprung hat, nach und nach in eine soziale oder wirtschaftliche Krise mündet. Eine wirtschaftliche Krise könnte wiederum zu einer psychischen oder politischen Krise führen. Der Begriff „multiple Krise" wird in dieser Hinsicht gebraucht, um Krisen mit mehreren unterschiedlichen Auswirkungsbereichen zu bezeichnen. Die Corona-Pandemie z. B. erweist sich nicht nur als Krise im Gesundheitswesen, sondern sie weist auch u. a. psychische, soziale und wirtschaftliche Nebenwirkungen auf. Neuerdings ist der Begriff „Polykrise" entstanden, um jene Krisensituationen zu bezeichnen, die zusammenfallen und sich miteinander kombinieren, ohne sich auf einen gemeinsamen Ursprung oder auf dieselbe Ursache zurückführen zu lassen. So sorgten in bestimmten Ländern wie etwa der Demokratischen Republik Kongo die Corona-Pandemie, die Ebola-Epidemie und der Krieg gegen die Rebellen der M23 für eine Polykrise.

Krisen sind in der Regel negativ konnotiert und werden als schädlich betrachtet. Dennoch tut sich bei manchen Krisen die Gelegenheit für eine

7 Ebd.

8 Nohlen, *Lexikon der Politik* (wie Anm. 3).

9 Ebd.

10 <https://de.wikipedia.org/wiki/Krise> [Abruf 07.09.2022].

Erneuerung bzw. Verbesserung der bisher bestehenden Lage auf. So werden in der Wirtschaftswissenschaft bestimmte Krisen als „Motor für die Wirtschaft“ eingestuft: „Ein Aspekt der Krise ist aber auch ihre Ergebnisoffenheit, das heißt, nicht alles was Krise ist, muss ganz dramatisch schlecht enden, sondern es kann immer auch ein Anlass sein für sozialen Wandel, der auch wieder neue Chancen öffnet.“[11] Darüber hinaus schaffen bestimmte Krisen Rahmen für philosophische oder sogar metaphysische Reflexionen über die Welt, die Existenz und den Sinn des Lebens.

Im vorliegenden Beitrag wird zu zeigen versucht, inwiefern in Kouroumas Roman eher von einer multiplen Krise, zugleich aber auch von einer Polykrise die Rede sein kann. Zur Überwindung solcherlei Krisen, die in vieler Hinsicht auch das Übel verkörpern, greifen bestimmte Protagonisten des Romans auf Gott und andere übersinnliche Kräfte zurück und entwickeln dabei eine gewisse Form von Resilienz. Die Frage nach der Verantwortung Gottes gegenüber den entstehenden Krisen wird im Roman aufgegriffen, wobei hier die Theodizee-Debatte nahegelegt wird.

### *1.2 Zum Begriff „Theodizee“*

Der Begriff „Theodizee“ geht auf eine gleichnamige, 1710 von dem Philosophen Gottfried W. Leibniz (1646–1716) veröffentlichte Abhandlung zurück (vgl. Leibniz 2017). Die Frage, die er dort aufwirft und die so alt wie die Welt ist, lässt sich prägnant wie folgt formulieren: Wenn der Glaube an einen allmächtigen, allgütigen und allwissenden Gott gerechtfertigt ist, warum verursacht oder erlaubt Dieser Böses und Leiden in der Welt? In der Theodizee-Debatte wird versucht, eine Lösung für den Widerspruch zwischen den Gott zugeschriebenen Eigenschaften und der Erfahrung vom Übel in der Welt zu eruieren.

Von einer vorwiegend metaphysisch-theologischen Frage avancierte die Theodizee nach dem verwüstenden Erdbeben von Lissabon im November 1755 zu einer aufklärerisch-philosophischen Problematik.[12] Dabei wird

11 <https://www.deutschlandfunk.de/soziologiekongress-der-begriff-krise-ist-eigentlich-100.html> [Abruf 07.09.2022].

12 Dazu vgl. u. a. Horst Günther: *Das Erdbeben von Lissabon erschüttert die Meinungen und setzt das Denken in Bewegung.* Berlin: Wagenbach Verlag 1994; Gerhard Lauer: „Das Erdbeben von Lissabon: Ereignis, Wahrnehmung und Deutung im Zeitalter der Aufklärung“. In: Bernd Herrmann (Hrsg.): *Beiträge zum Göttinger Umwelthistorischen Kolloquium 2007–2008.* Göttingen: Universitätsverlag 2008, S. 223–236. Über den Niederschlag dieser Katastrophe in der Literatur merkt Talib M. Ibrahim in der Einleitung seiner veröffentlichten Dissertation an: „Obwohl viele Naturkatastrophen in der Welt geschehen sind, bleibt

versucht, den Glauben an Gott und das in der Welt herrschende Übel miteinander rational in Einklang zu bringen. Mit den Stellungnahmen von prominenten Philosophen der Aufklärung wie z. B. Leibniz, Rousseau, Kant und Voltaire gewann der Begriff an Kontur und Struktur.

In der europäischen, vom Christentum geprägten Kulturtradition und in Anlehnung an Leibniz gilt bei der Theodizee-Problematik die Unterscheidung zwischen dem natürlichen Übel (*malum physicum*), dem moralischen Übel (*malum morale*) und dem metaphysischen Übel (*malum metaphysicum*): „Man kann das Uebel metaphysisch, physisch und moralisch auffassen. Das *metaphysische Uebel* besteht in der einfachen Unvollkommenheit; das *physische Uebel* in den Schmerzen und das *moralische Uebel* in der Sünde."[13] Diese Unterscheidung kommt anschaulicher in Klaus von Stoschs Erläuterungen zum Ausdruck:

> Als metaphysisches Übel bezeichnet man die menschliche Unvollkommenheit und Endlichkeit. [...] Das moralische Übel meint Formen des Leidens, die absichtlich durch Menschen verursacht wurden und daher auf menschliche Freiheitsverfehlungen zurückgehen. Als natürliches Übel bezeichnet man Übel, die aus den Naturgesetzen resultieren. So wäre also beispielsweise ein Mord ein moralisches Übel, während ein Tod in Folge einer Naturkatastrophe ein natürliches Übel ist.[14]

Nicht das metaphysische Übel, sondern das natürliche und das moralische Übel werfen im Grunde genommen das Problem der klassischen Theodizee auf.[15] Zu diesen Differenzierungen fügt eine weitere

das Erdbeben von Lissabon jedoch fast die einzige Katastrophe, über die so viel Literatur verfasst wurde." Talib M. Ibrahima: *Die Darstellung von Naturkatastrophen in der Literatur des 18. und 19. Jahrhunderts.* Marburg: Tectum Verlag 2011, S. 16.

13 Gottfried Wilhelm Leibniz: *Die Theodizee.* Neuausgabe mit einer Biographie des Autors. Hg. v. Karl-Maria Guth. Berlin: Hofenberg 2017, S. 101 f. [Hervorh. im Orig.]

14 Klaus von Stosch: *Theodizee.* Paderborn: Wilhelm Fink 2013, S. 8. (= UTB Theologie, Religionswissenschaft, Philosophie 3867).

15 Aufgrund der seit dem Anthropozän immer bedeutender werdenden Mitverantwortung des Menschen etwa gegenüber dem Klimawandel und der Umweltzerstörung weist der Theologe Stosch mit Recht auf die gelegentlich durchlässigen Grenzen zwischen dem natürlichen und dem moralischen Übel hin: „Ist ein durch den Treibhauseffekt verursachter Sturm nun ein malum physicum oder ein malum morale? Für die Theodizee bleibt trotz solcher Abgrenzungsprobleme im Einzelnen die Grundunterscheidung zwischen diesen beiden Formen des Übels dennoch sinnvoll, weil sie verdeutlicht, dass es Übel bzw. Anteile des Übels gibt, die direkt auf die menschliche Freiheit zurückgehen und solche, die durch Naturgesetze bzw. christlich gesprochen, durch die göttliche Schöpfungsordnung verursacht sind." Stosch, *Theodizee* (wie Anm. 14), S. 8 f.

Studie[16] das strukturelle Übel und das theologische Übel hinzu. Das strukturelle Übel ist bedingt durch gesellschaftliche, juristische, politische, wirtschaftliche und ideologische Strukturen. Das theologische Übel entsteht durch das „Getrenntsein des Menschen von Gott oder die Feindschaft gegen ihn“[17], durch einen Zustand mithin, der sich auf die Sünde bzw. auf die Verletzung der Zehn Gebote zurückführen lässt.

Der Theologe Johannes B. Brantschen verwendet in seiner Terminologie die Begriffe „Böses“ und „Leid“, mit denen er dem Übel gerecht wird. Das Böse, das dabei für moralisches Übel bzw. für Sünde steht, definiert Brantschen als „[j]enes Übel, das dem Missbrauch der Freiheit entspringt und zur Quelle vieler Leiden wird. Es hat zahlreiche Namen: Ungerechtigkeit, Hass, Terror, Folter, Habgier, Lüge Verrat, Hybris, Neid, Egoismus, Gleichgültigkeit und anderes.“[18] Das Leiden ist dagegen Synonym für das natürliche Übel. Es bezeichnet „jene Übel, die der Kreatur widerfahren. Auf den Menschen bezogen sind es jene Vorgänge, Zustände, Ereignisse und Erfahrungen, die die menschliche Person in ihrer physischen oder sozialen Integrität herabsetzen, mindern oder zerstören.“[19] Es ist „das persönliche Betroffensein von Übeln oder Bösem [. . .].“[20]

Der Begriff „Übel“ wird im vorliegenden Beitrag als Hyperonym für metaphysisches Übel, natürliches Übel (Leiden), moralisches Übel sowie strukturelles Übel (Böses) verwendet. Auf die einzelnen Stellungnahmen verschiedener religiöser Ausrichtungen wird hier aus praktischen Gründen nicht ausführlich eingegangen. In der Regel gilt aber folgende Feststellung:

Den monotheistischen Weltreligionen zufolge ist Gott allmächtig, sittlich vollkommen und gerecht und er soll als solcher nicht für das Übel in der Welt verantwortlich gemacht werden. Dieses ergibt sich zwangsläufig aus dem sündhaften Wesen des Menschen, der Gott ungehorsam geworden ist und sich durch seine lasterhaften Verhaltensweisen von Gott entfernt hat. Das Übel ist insofern als eine Strafe Gottes zur Erziehung bzw. zur Läuterung des Menschen aufzufassen. Auch wenn kein rational nachvollziehbarer Grund für das Vorkommen des Übels vorliegt, wird Letzteres als Gottes Vorsehung betrachtet, welche zwar nicht unbedingt verstehbar ist, aber für die Wiederherstellung der durch die Sünde verletzten Harmonie und für das Gute der Menschheit

16 Hansjürgen Knoche: *Die schlechteste mögliche Welt? Versuch einer Weiterführung der Theodizee.* Münster: Lit Verlag 2002, S. 7.

17 Ebd., S. 8.

18 Johannes B. Brantschen: *Warum gibt es Leid? Die große Frage an Gott.* Freiburg in Breisgau: Verlag Herder 2009, S. 22.

19 Ebd., S. 22 f.

20 Knoche, *Die schlechteste mögliche Welt?* (wie Anm. 16), S. 7.

und der Welt bestimmt ist. Gottes Wege seien auf jeden Fall für die Menschen unfassbar.

In polytheistischen und animistischen Religionen wird der Glaube vertreten, dass nicht Gott selbst, sondern seine Stellvertreter bzw. die ihm untergeordneten Götter die Welt verwalten. Unter diesen Göttern verkörpern die einen das Gute und die anderen das Übel. Die Welt und mithin der Mensch seien also ständig Schlachtfeld für Gottheiten, genauer gesagt, für das Gute und für das Übel gegeneinander:[21] Entweder wird das Übel von den bösen Geistern verursacht, die das tadellose Werk Gottes bzw. der gütigen Götter zerstören wollen, oder es fungiert als bestrafende Folge eines Fehlverhaltens des Menschen, das die Weltordnung durchbricht. Das Übel ist insofern eine Art von Sühne zur Wiederherstellung einer zerstörten Harmonie. Deshalb werden göttlichen Wesen oder der beseelten Natur Opfergaben dargebracht, um ihren grimmigen Zorn zu besänftigen und so der vorgesehenen Strafe zu entgehen oder sie zumindest zu verringern.

Der Glaube an Gott z. B. erlaubt manchen Leuten, stoisch resignierend alles hinzunehmen, was ihnen im Leben widerfährt.[22] Deshalb stellt sich der Glaube, vor allem die Einstellung zur Theodizee-Frage, in Krisensituationen ungeachtet der Religion meistens als resilienzfördernd.[23] Aber was ist denn „Resilienz“?

21 Im Hinduismus zum Beispiel stehen Brahma, Shiva, Vishnu und Kali im ständigen Kampf gegeneinander.

22 Diese stoische Resignation wurde als „faule Vernunft“ bezeichnet. Sie bringt einen dazu, „nichts zu thun oder wenigstens sich um nichts zu kümmern und nur seine Neigungen zum unmittelbaren Genusse zu folgen. Denn, sagte man, wenn das Zukünftige notwendig ist, so wird das, was kommen muss, eintreten, gleichviel, was ich auch thun mag.“ Vgl. Leibniz, *Theodizee* (wie Anm. 13), S. 9. Die faule Vernunft kommt Leibniz zufolge auf der einen Seite als „mohamedanisches Schicksal“ und auf der anderen Seite als „christliches Schicksal“ zum Ausdruck. Das mohamedanische Schicksal, so Leibniz weiter, „entband die Menschen nicht von der Sorge für ihre Angelegenheiten, sondern wollte ihnen in Bezug auf die Ereignisse vielmehr nur eine Seelenruhe vermittels der Betrachtung der Notwendigkeit einflössen, welche unsere Sorgen und Kummer als nutzlos erscheinen lässt.“ (Ebd., S. 10) Beim christlichen Schicksal handelt es sich um die Einsicht, wonach der „allgütige und allweise Gott für alles sorgt [. . .] und wir ihm voll vertrauen können“ und somit, dass „wir nichts besseres [. . .] zu wünschen brauchten, als das, was er thut.“ (Ebd.)

23 Dazu: Martin Schneider: *Mit Resilienz durch die Krise*, <https://www.erzbistum-muenchen.de/erwachsene/mit-resilienz-durch-die-krise?gclid=EAIaIQobChMI6tD3i_rP-QIVtOHmCh3twQGoEAAYAiAAEgJizPD_BwE> [Abruf 07.09.2022].

### *1.3 Zum Begriff „Resilienz"*

Aus dem Lateinischen „*resilere*" (abprallen, zurückspringen) bezeichnet das Lexem „Resilienz" in der Psychologie die Fähigkeit eines Individuums, sich in krisenhaften bzw. posttraumatischen Situationen als widerstandsfähig zu erweisen. Sie ist laut dem *Lexikon der Psychologie* die Kennzeichnung für die „Widerstandsfähigkeit eines Individuums, sich trotz ungünstiger Lebensumstände und kritischer Lebensereignisse erfolgreich zu entwickeln. [...] Resilienz manifestiert sich als eine Wiederherstellung normaler Befindlichkeit nach einem Schicksalsschlag."[24] „Resiliente Menschen", schreibt der Theologe Martin Schneider im selben Zusammenhang,

> zerbrechen' nicht, sie lassen sich nicht unterkriegen. Sie haben eine gewisse Widerstandsfähigkeit, wenn sie sich in dramatischen Situationen befinden, wenn sie Krisen auszuhalten oder Schocks zu verkraften haben. Das gelingt ihnen, weil sie auf persönliche und soziale vermittelte Kraftquellen zurückgreifen können.[25]

Ihm zufolge könnte Resilienz nicht lediglich auf Selbstoptimierung und Krisenresistenz beschränkt werden. In diesem Sinne ist Resilienz keineswegs gleichbedeutend wie Unverletzlichkeit, sondern vielmehr wie „das Glück gelingenden Lebens inmitten aller Verwundungen und Unvollkommenheiten."[26] Sie setzt den Psychiatern Dieter Bürgin und Barbara Steck zufolge Herausforderungen voraus und erfordert eine permanente Handlungsfähigkeit. „Es handelt sich bei der Resilienz", so schreiben sie in dieser Hinsicht,

> um die Fähigkeit, gewissen Überlastungen, übermäßigem Stress, Traumata und anderen destabilisierenden Ereignissen zu widerstehen und die Kontinuität im Handeln, Empfinden, Denken und eigenen Sein in die Zukunft hinein zu bewahren. Wo es keine Herausforderungen gibt, existiert auch keine Resilienz.[27]

Sie wird gelegentlich auch als „psychisches Immunsystem" begriffen, „das durch komplexe Wechselwirkung von Gefahr, Veränderung und Regeneration gestärkt wird."[28]

Resilienz kann sowohl als Persönlichkeitseigenschaft als auch als Prozess betrachtet werden. Als Eigenschaft lässt sich Resilienz z. B. bei Kindern

24 Markus A. Wirth (Hrsg.): *Dorsch. Lexikon der Psychologie.* 19., überarbeitete Auflage. Bern: Hogrefe Verlag 2020, S. 1517.

25 Schneider, *Mit Resilienz durch die Krise* (wie Anm. 23).

26 Ebd.

27 Dieter Bürgin / Barbara Steck: „Resilienz im Kindes- und Jugendalter." In: *Schweizer Archiv für Neurologie und Psychiatrie* 159, 8 (2008), S. 480–489, hier S. 483.

28 Ebd.

feststellen, „die in einem sozialen Umfeld aufwachsen, das durch Risikofaktoren, wie zum Beispiel Armut, Drogenkonsum oder Gewalt, gekennzeichnet ist und als Erwachsene dennoch zu einer erfolgreichen Lebensführung in der Lage sind."[29] Und als Prozess lässt sich Resilienz als „Produkt komplexer und dynamischer Interaktionen innerhalb einer Person sowie der Person und ihrer Umgebung"[30] auffassen. Resilienz wird beeinflusst durch wesentliche Faktoren wie Umweltfaktoren (z. B. Unterstützung durch das soziale Umfeld), personale Faktoren (z. B. kognitive und emotionale Fähigkeiten, optimistische Einstellungen, Religiosität) und Prozessfaktoren (die Fähigkeit, in der Krise Chancen und Perspektiven zu erkennen, die Akzeptanz des Unveränderbaren und die Konzentration aller Energien auf das als nächstes zu Bewältigende und die dabei entwickelten Strategien).[31] Man spricht in dieser Hinsicht auch von den sieben Säulen der Resilienz, die folgende sind: Optimismus, Akzeptanz, Lösungsorientierung, Opferrolle verlassen, Verantwortung übernehmen, Zukunft planen und Netzwerk aufbauen.

Es sind hingegen Faktoren, die die Resilienz beeinträchtigen wie z. B. „unsichere Bindungen, geringe kognitive Fertigkeiten und eine geringe Fähigkeit zur Selbstregulation von Anspannung und Entspannung sowie Fixierung auf Probleme."[32] Betrachtet man diese resilienzfördernden und -hemmenden Faktoren genauer, so lässt sich Resilienz als eine Eigenschaft begreifen, die „zum Teil in Beziehungen entwickelt (sie ist zu guten Teilen eine interaktionale bzw. soziale Kategorie) und zum Teil auf Grund angeborener Faktoren zum Tragen kommt."[33] Resilienz kann folglich eine angeborene Fähigkeit sein, aber sie ist meistens eine erlernte Fähigkeit, wobei kulturelle und soziale Faktoren neben persönlichen Faktoren eine besondere wichtige Rolle spielen.

Die Figuren in Kouroumas Roman sind weitreichend religiös eingestellt. Es wird im vorliegenden Aufsatz versucht, die Effizienz dieser Religiosität hinsichtlich der Resilienzförderung auf die Probe zu stellen.

Aus den vorangehenden Vorüberlegungen lässt sich festhalten, dass eine enge Beziehung zwischen Krise, Theodizee und Resilienz vorhanden ist. Zur Überwindung von als irrational und metaphysisch begriffenen Krisensituationen wird nämlich oft auf Lösungsansätze der Theodizee bzw. auf religiöse Einstellungen und Diskurse zurückgegriffen, die den Betroffenen eine gewisse Form der Resilienz gewähren. Inwiefern sind aber solche Resilienzformen der im Roman dargestellten Krisensituationen angemessen? Diese Frage wird mithilfe folgender Beispielsanalyse beleuchtet werden.

29 <https://de.wikipedia.org/wiki/Resilienz_(Psychologie)> [Abruf 07.09.2022].

30 Ebd.

31 Vgl. ebd.

32 Ebd.

33 Bürgin, *Resilienz im Kindes- und Jugendalter* (wie Anm. 27), S. 487.

## 2. *Beispielsanalyse zu Ahmadou Kouroumas Roman* **Allah muss nicht gerecht sein**

In Ahmadou Kouroumas Roman *Allah muss nicht gerecht sein*, dessen französisches Original mit mehreren Preisen ausgezeichnet wurde, wird unter dem Leitgedanken „Allah muss nicht gerecht sein in allen Dingen auf Erden" die tragische Situation der Kindersoldaten in westafrikanischen Stammeskriegsgebieten der 1990er Jahre erzählt. Die Geschichte wird von einem Ich-Erzähler vorgetragen, einem Waisenknaben namens Birahima, der auf der Suche nach seiner neuerdings zum Vormund ernannten und in Liberia lebenden Tante Mahan seine Heimat Togobala (Côte d'Ivoire) verlassen und als Kindersoldat in Stammeskriegsgebieten Liberias und Sierra Leones zurechtkommen muss.

### *2.1 Krisenträchtige Situationen im Roman*

In Kouroumas Roman lassen sich unterschiedliche Situationen offenlegen, die eine multiple Krise bzw. eine Polykrise hervorrufen. Viele Figuren im Roman, besonders Kinderfiguren, sind Opfer einer solchen Krise.

Der Ich-Erzähler verliert schon als Säugling seinen Vater (vgl. AK 29) und muss von seiner verwitweten Mutter versorgt werden, die aber durch ein chronisches und schmerzhaftes Beinulkus gehandicapt ist (vgl. AK 13 ff.). Trotz der Unterstützung der Großmutter und des Stiefvaters wird das Kind neben seinen zwei Schwestern in prekären Verhältnissen großgezogen und es kann nicht länger als zwei Jahre in die Schule gehen (vgl. AK 9). Dies hat zur Folge, dass es sich als Säugling aus Fahrlässigkeit der Mutter den Unterarm (vgl. AK 13) verbrennt, dass es unterernährt ist (vgl. AK 13 u. 36) und dass es letzten Endes zu einem – mit seinen eigenen Worten – „Straßenkind ohne Furcht und Tadel" (AK 170) wird. Sein „chaotisches verdammtes Leben" (AK 12) führt Birahima bald nach dem Tod seiner Mutter in Kriegsgebiete fern von seinem Heimatort und seinen Verwandten, und zwar in Liberia und in Sierra Leone, wo er als Kindersoldat wirkt, wenngleich der Zweck der Reise ist, sich zu seiner Tante in Liberia zu begeben, die für ihn als Vormund fungieren soll.

Aus dieser Konstellation könnten unterschiedliche, Krisen auslösende bzw. fördernde Faktoren festgehalten werden, unter anderen: Die chronische Erkrankung der Mutter, der Frühtod des Vaters, der vorzeitige Schulabbruch sowie die sozio-politischen Spannungen in den vom Ich-Erzähler bereisten Ländern Liberia und Sierra Leone.

Als erster wichtiger, Krise auslösender Faktor gilt die Erkrankung der früher für ihre bezaubernde Schönheit bewunderten Mutter (vgl. AK 19 u. 21), denn das „Geschwür lotste meine Mutter und uns alle [Sic!]." (AK 15) Nicht nur die Mutter, sondern auch die Familienangehörigen, und nicht zuletzt Brahima, der Ich-Erzähler, leiden alle unter den Folgen dieser Erkrankung.

Letztere beeinträchtigt die Mutter maßgeblich bei ihren alltäglichen Bewegungen und Beschäftigungen, wie es dem Ich-Erzähler zufolge heißt:

> Meine Mutter lief auf dem Hintern. [. . .] Auf ihren beiden Pobacken. Sie stützte sich mit den Händen und dem linken Bein ab. Ihr linkes Bein war so dürr wie der Stock eines Schäfers. Das rechte Bein, das sie ihren zerquetschten Schlangenkopf nannte, war kürzer, durch einen [Sic!] Ulkus verstümmelt, eine Wunde am Bein, die niemals heilte. (AK 13 f.)

Außerdem kann sie ihre Wunde nicht immer vor dem herumtollenden Kind schützen:

> Manchmal fiel ich auf das Geschwür, und Mama heulte vor Schmerz. Das Geschwür fing wieder an zu bluten, und Mama schrie wie eine Hyäne, deren Pfoten in den Zähnen einer großen Wolfsfalle eingeklemmt sind. Sie weinte. Sie hatte einfach zu viele Tränen, immer Tränen in den Augenwinkeln und die Kehle voller Schluchzer, die ihr die Luft nahmen. (AK 16 f.)

Das Beinulkus hindert sie ebenso daran, angemessen auf ihr Kind aufzupassen und es vor Gefahren zu schützen, was zu dem führt, was der Ich-Erzähler als sein „Missgeschick" (AK 14) bezeichnet und wie folgt beschreibt: „[. . .] Ich war sehr schnell und sehr weit gekrabbelt, denn ich wollte mich nicht fangen lassen. Ich legte noch einen Zahn zu, da fiel ich in die brennende Glut. Und die hat ganze Arbeit geleistet und meinen Arm ordentlich gegrillt. Sie hat mir armes [Sic!] Balg den Arm geröstet [. . .]." (Ebd.)

Dieser Unfall hinterlässt bis in die Erzählgegenwart hinein tiefe, nicht nur körperliche, sondern auch psychische Stigmata beim Ich-Erzähler: „Die Brandwunde vernarbte mit der Zeit, aber die Narbe bleibt für immer auf meinem Arm; sie bleibt für immer in meinem Kopf, in meinem Bauch, wie die Schwarzafrikaner sagen, und in meinem Herzen. Sie wird immer in meinem ganzen Wesen sein, wie die Gerüche meiner Mutter." (Ebd.)

Als später die Mutter im Zusammenhang mit ihrer unheilbaren Wunde sowie dem unerwarteten Tod von ihrem ehemaligen Freier und dessen Mutter der Hexerei bezichtigt wird (vgl. AK 27), nimmt das bislang „niedliche[ ] Kind" (AK 15) Abstand von seiner Mutter, verlässt das Familienhaus und wird zum Straßenkind. (Vgl. AK 25)

Der Frühtod des Vaters ist ein weiteres Ereignis und damit der zweite krisenbegünstigende Faktor, der der durch die Erkrankung der Mutter entstehenden Familienkrise Vorschub leistet, denn als „großer Bauer und [. . .] guter Gläubiger, der meine Mama prima ernährte", fehlt der Vater nun bei der Entfaltung seiner Familie. Obgleich Balla, der Ersatzvater, der kranken Mutter medizinisch beisteht und das Kind im traditionalen Wissen unterweist, erweist er sich nicht als kompetent, um dem Kind eine sichere Zukunft zu gewährleisten:

> Ich war ein herumstreuendes Straßenkind oder ging im Busch mit Balla auf die Jagd, der mir, statt mich in den Koranworten Allahs zu unterweisen, das Jagen, die Fetischkunst und die Hexerei beibrachte. Dagegen hatte Großmutter Einwände, sie wollte mich von ihm fernhalten, wollte, dass ich Balla verlasse, damit ich kein Bambara, kein ungläubiger Fetischpriester würde, sondern ein richtiger Malinké bliebe, der fünf Gebete am Tag verrichtet. (AK 35)

Darüber hinaus stellt sich für das Kind der Frühtod des Vaters als ein traumatisierendes Ereignis dar, an das er sich ungern und schmerzhaft erinnert:

> Ich rede nicht gerne über ihn, denn es tut mir im Herzen und im Bauch weh. Mein Vater ist gestorben, ohne dass er den weißen Bart eines weisen Alten hatte. Ich spreche nicht viel über ihn, weil ich ihn nicht gut gekannt habe. Ich habe ihn nicht oft gesehen, weil er schon krepiert ist, als ich noch auf allen vieren krabbelte. (AK 29)

Nicht die prekären Familienverhältnisse sind erstaunlicherweise dafür verantwortlich, dass der Ich-Erzähler vorzeitig die Schule abbricht, sondern der schlechte Ruf, den das Schulwesen in seiner sozialen Umgebung hat. Birahima ist „einfach nicht hingegangen, weil alle sagten, dass die Schule keinen Wert mehr habe [. . .], denn selbst mit einem Universitätsabschluss kann man in diesen korrupten Bananenrepubliken des französischsprachigen Afrikas nicht mal Krankenpfleger oder Lehrer werden." (AK 9) Wenn diese Aussage zutrifft, so steckt das Schulwesen als soziale Institution in einer Krise, denn es vermag nicht mehr, Menschen Hoffnung und Vertrauen einzuflößen. Birahima ist allerdings auch bewusst, dass mit dem Schulabbruch sein Status als vulnerables Kind nicht gerade verbessert werden kann:

> Nur bis zur zweiten Klasse zur Schule zu gehen zeugt nicht gerade von Selbständigkeit und ist nichts Tolles. Man weiß ein bisschen was, aber bei weitem nicht genug [. . .]. Man versteht zwar die zivilisierten Schwarzen und die Toubabs, aber nicht die Engländer, ebenso wenig die schwarzen Amerikaner aus Liberia. Und die Erdkunde, Grammatik, Konjugationen, Dividieren und über das Aufsatzschreiben weiß man nichts; und man kann damit auch nicht einer dieser Staatsbeamten werden, die in einer kaputten und korrupten Republik wie Guinea oder Elfenbeinküste leicht ans Geld herankommen. (AK 10)

Mit dem Schulabbruch sieht der Ich-Erzähler also seine Zukunftsperspektiven sehr limitiert, was sich als krisenbegünstigender Faktor darstellt.

Die Krise, die Birahima durchlebt, verschärft sich mit dem Tod seiner Mutter und mit der Entscheidung des Familienrats, das Kind unter die Bevormundung seiner in Liberia lebenden Tante zu stellen. (Vgl. AK 35) Auf der Suche nach dieser Tante durchreist er in Begleitung eines Betrügers Gebiete, in denen gerade ein Stammeskrieg herrscht, der sich aus einer Krisensituation ergeben hat und wiederum weitere humanitäre Krisen entstehen lässt. Dabei lässt sich im Roman Krieg als zugespitzte Erscheinungsform von Krise und zugleich als weiterer wichtiger Krisen auslösender Faktor betrachten. Krieg und Krise korrelieren insofern miteinander im Roman.

In Kouroumas Roman handelt es sich tatsächlich um einen Stammeskrieg in Liberia und in Sierra Leone, der sich grundsätzlich auf eine schlechte Regierungsführung und die damit einhergehenden geschwächten Staatsinstitutionen sowie auf eine konjunkturelle Parastaatlichkeit zurückführen lässt. Diese Konstellation wird im Roman erläutert wie folgt:

> Wenn man sagt, es herrscht Stammeskrieg in einem Land, so bedeutet das, dass die großen Straßenräuber das Land unter sich aufgeteilt haben. Sie haben den Reichtum unter sich aufgeteilt, das Territorium und die Menschen. Sie haben einfach alles unter sich aufgeteilt, und die ganze Welt lässt sie gewähren. Sie können vor den Augen der Öffentlichkeit Unschuldige, Kinder und Frauen töten. Und das ist doch nicht alles! Das Seltsame ist, dass jeder mit der Kraft der Verzweiflung seine Ausbeute verteidigt und gleichzeitig sein Gebiet vergrößern will. (AK 51)

In Krisengebieten sowohl in Liberia als auch in Sierra Leone werden Kinder und Jugendliche ausgenutzt und sexuell missbraucht. Es sind sozial vulnerable Jugendliche mit keinem oder sehr niedrigem Bildungsniveau; es sind Straßenkinder, kurzum notbedürftige Minderjährige, die freiwillig oder gezwungen als Soldaten in den Dienst der Rebellenführer gestellt werden. Dabei werden diese Kindersoldaten mit allerlei Niederträchtigkeiten und Verbrechen wie etwa Drogen- und Alkoholkonsum, Vergewaltigung, Gewalttätigkeit, kaltblütiger Ermordung, Kannibalismus, Irrglauben und Plünderei vertraut gemacht. Sie sind nicht immer passive Opfer dieser Grausamkeiten, sondern sie nehmen meistens aktiv an deren Ausübung teil. Der Ich-Erzähler selbst bringt seine Erfahrungen als Kindersoldat wie folgt auf den Punkt: „Und ich habe viele Unschuldige getötet, in Liberia und in Sierra Leone, wo ich Kindersoldat war, wo ich am Stammeskrieg teilgenommen und harte Drogen genommen habe." (AK 12) Wie tief solche Kriegserfahrungen sich bis in die Erzählgegenwart auf das Leben des jungen Ich-Erzählers ausgewirkt haben, kommt dadurch zum Ausdruck, dass er solche Erfahrungen verantwortlich für seine Misserfolge im Leben macht. (Vgl. AK 12).

Es geht schlussfolgernd in dem Roman grundsätzlich um eine multiple Familienkrise, zu der aber im Laufe der Zeit weitere – sozio-politische – Krisen hinzugekommen sind. Es könnte hier daher auch von einer Polykrise gesprochen werden, denn ein und dieselbe Krise – wie z. B. die vom Ich-Erzähler als Waisenkind erlebte Familienkrise – führt bei ihm weitere Krisensituationen (Straßenkind, Kindersoldat etc.) herbei. Diese dem Ich-Erzähler widerfahrende Polykrise kennt in der erzählten Zeit keine Lösung, da der

Ich-Erzähler zurück ins Dorf fahren muss, ohne sein Ziel zu erreichen, das – wie oben schon erwähnt – darin besteht, seine Tante in Liberia ausfindig zu machen. Denn diese wird entgegen aller Erwartung nicht in Liberia, sondern in Sierra Leone, und zwar tot, wiedergefunden.

Mit Fokus auf den Ich-Erzähler als Hauptfigur des Romans lassen sich folgende Wendepunkte bei seiner Krise feststellen: Halbwaise – Kind anfälliger Mutter – Schulabbrecher – Straßenkind – Vollwaise – Kindersoldat, wobei die letztere Erfahrung den Krisenhöhepunkt darstellt.

Im Roman wird weitgehend auf irrational-metaphysische Deutungsmuster zurückgegriffen, um die von den Protagonisten erfahrenen Krisen zu begreifen bzw. zu bewältigen, und solche Deutungsmuster legen Theodizee-Lösungsansätze nahe. Im Folgenden wird auf die Theodizee-Frage und deren Lösungsansätze im Roman eingegangen.

### *2.2 Theodizee-Diskurse und ihre Lösungsansätze im Roman*

Die Bräuche und Sitten sowie die Denkweisen der Figuren in Kouroumas Roman sind grundsätzlich mythisch-religiös geprägt. Der Islam, der Animismus, das Christentum und sogar ein faktischer Synkretismus sind die Glaubensrichtungen, die dort vertreten sind und das Alltagsleben der Figuren beeinflussen. Je nach Glaubensrichtung wird im Roman zwar die Auffassung angedeutet, dass Gott, die Geister, die Hexen oder alle drei zusammen für die von den Figuren erfahrene Krise verantwortlich sind, aber dass weder Gott noch die Ahnen, mögen sie auch mächtig und gütig sein, dazu verpflichtet sind, nach den Wünschen der Protagonisten zu intervenieren und das ihnen durch die Krisensituation zugefügte „Unrecht" wiedergutzumachen.

So scheint der Ich-Erzähler im Nachhinein die Verbrennung seines Armes hinzunehmen, etwa wenn er meint: „Sie [die Glut, A. A.] hat mir armes [Sic!] Balg den Arm geröstet, denn Allah ist nicht verpflichtet, in allen Dingen, die er auf Erden tut, gerecht zu sein." (AK 14) Damit lehnt er sich an einen in der islamischen Religion geläufigen Lösungsansatz zur Theodizee an.[34] Dieser

34 Hierzu erklärt der islamische Theologe Tahsin Görgün: „Gott ist mächtig zu tun, was er tun will. Was er tun will, lässt sich nicht nach menschlichem Ermessen festlegen. Nicht nur der Mensch besitzt Freiheit, sondern auch Gott. Der Mensch hat menschliche, Gott göttliche Freiheit. Die menschliche Freiheit kann nur innerhalb gegebener Umstände gedacht werden, welche menschliche Handlungen für das moralische Urteil relevant machen; die göttliche Freiheit aber ist absolut und in diesem Sinne jenseits von Gut und Böse." Tahsin Görgün: „Leid als Teil der Welt und des Lebens. Gibt es ein Theodizeeproblem aus islamischer Perspektive?" In: Alexander Loichinger/ Armin Kreiner (Hrsg.): *Theodizee in den Weltreligionen.* Paderborn: Ferdinand Schöning 2010, S. 210–224, hier S. 221. (= UTB 3420).

Ansatz wird vor allem von der frommen Großmutter mütterlicherseits des Ich-Erzählers vertreten. Sie tröstet ihre leidende Tochter mit folgenden Worten:

> Wir alle werden von Allah erschaffen, mit unserer Gestalt, unseren Augen, unserm Glück und unserm Leiden. Dich hat er mit dem schmerzenden Geschwür geschaffen. Dir ist es nun einmal auf dieser Erde gegeben, deine Zeit auf der Strohmatte in einer Hütte in der Nähe einer Feuerstelle zu verbringen. Du musst immer wieder sagen, *Allah koubarou! Allah koubarou! Allah koubarou!* (Allah ist mächtig.) Allah mutet dir diese Strapazen nicht ohne Grund zu. Er lässt dich auf Erden leiden, um dich zu läutern und dir morgen das Paradies zu gewähren, das ewige Glück. (AK 17)

Für die Großmutter sowie einige andere mythisch eingestellte Protagonisten im Roman rührt die Erkrankung der Tochter von einer Vorbestimmung her und ist insofern weder mit Opfergaben an Gott noch an die Ahnen abwendbar. „Allah und die Manen der Ahnen", so meint der synkretistisch gesinnte Stiefvater des Ich-Erzählers,

> nehmen nicht immer unbedingt alle Opfer an. [. . .] Allah macht, was er will; er muss nicht unbedingt den armen Menschen alle Bitten gewähren. Auch die Manen machen, was sie wollen; sie müssen nicht unbedingt den Betenden alle dringenden Wünsche erfüllen. (AK 21)

Als die Tochter später an ihrem Geschwür stirbt, macht die Großmutter Gott allein für diesen Tod verantwortlich: „Großmutter beteuerte, Allah ganz allein habe Bafitini mit ihrem Geschwür getötet und mit den zu vielen Tränen, die sie vergossen habe." (AK 28) Ebenso sieht die Großmutter im unerwarteten Frühtod des Vaters des Ich-Erzählers einige Jahre zuvor die Verantwortung des allmächtigen Gottes. (Vgl. AK 31)

Der Imam vertritt zwar dieselbe Meinung wie die Großmutter, er relativiert aber seine Auffassung durch eher rational klingende Argumente und widerlegt dabei die Theorie, der zufolge die chronische Krankheit sowie der Tod der Mutter des Ich-Erzählers auf die Hexerei zurückzuführen seien:

> Meine Mama ist gestorben, weil Allah es so wollte. Der gläubige Muslim darf Allah nichts vorwerfen, hat der Imam gesagt. Er fügte hinzu, dass meine Mama an ihrem Geschwür gestorben sei und nicht durch Hexerei. Ihr Bein sei immer weiter verfault, weil es nach dem Tod der Beschneiderin und ihres Sohnes niemanden mehr gab, der sie hätte heilen können, und weil ihre Krankheit keine Krankheit war, die in einer Krankenstation der Weißen behandelt werden konnte. Auch weil die Zeit, die Allah ihr auf Erden gewährt hatte, zu Ende gewesen sei. (AK 31 f.)

Ferner werden im Roman bestimmte, während des Stammeskriegs in Liberia und Sierra Leone durch Waffen bedingte Todesfälle auf Hexerei oder

Tabubruch zurückgeführt. Auch wenn z. B. der Kindersoldat Kid offensichtlich bei einer Schießerei während einer Verkehrskontrolle getötet worden ist (vgl. AK 53), meint der örtliche Rebellenführer Colonel Papa le Bon, dass der Junge eher verhext worden sei, und zwar von einer alten Frau, die seine Seele gegessen haben soll: „Gegen vier Uhr morgens wankte er gut abgefüllt zum Kreis der Frauen und packte heftig eine Alte, die halb eingeschlafen war. Sie sei es und keine andere, die die Seele des tapferen Kindersoldaten Kid gefressen habe." (AK 65)

Insofern wird für strukturelle Übel, die im Roman den Krisen inhärent sind, eine irrational-mythische Erklärung erfunden. Im Folgenden wird versucht zu zeigen, ob und inwiefern solche Deutungsmuster resilienzfördernd sind.

### *2.3 Die Inszenierung der Resilienz im Roman*

Trotz ihrer Behinderung bemüht sich die Mutter des Ich-Erzählers, ihren häuslichen Pflichten nachzukommen. Grundsätzlich lamentiert sie nicht über ihren Gesundheitszustand, auch wenn sie ab und zu schluchzen bzw. weinen muss, vor allem, wenn das Geschwür ihr weh tut. Selbst in diesem letzteren Fall fasst sie sich alsbald wieder, sobald ihre Mutter ihr tröstend erklärt, dass ihre Erkrankung von Allahs Willen herrührt und dass sie eher beten sollte, um Allah zu danken: „Meine Mama hat sich die Tränen getrocknet, die Schluchzer hinuntergeschluckt und zusammen mit Großmutter Gebete gesprochen. Und Mama und ich fingen an zu spielen." (AK 18) Abgesehen von dieser psychischen Resilienz, hilft die mythisch-religiös geprägte Auffassung der Krankheit als Ergebnis einer Verhexung oder einer göttlichen Vorsehung den Protagonisten nicht weiter. Im Gegensatz dazu hindert dieser Glaube sie daran, auf die wirksamste und verfügbare Therapie zurückzugreifen. Diese wäre die vom „weißen" Arzt vorgeschlagene Therapie gewesen, die in der Ablation des verfaulten Beins besteht. Die Einheimischen aber sind anderer Meinung. Der schwarze Stabsanitäter hilft deswegen den Verwandten der Patientin, dem „weißen" Arzt zu entkommen und dabei die Operation zu verhindern, denn der einheimische Stabsanitäter ist der Meinung, dass

> Ihre Krankheit keine Krankheit für Weiße sei, sondern eine Krankheit für schwarzafrikanische Ureinwohner. Mit der Medizin und der Wissenschaft der Weißen könnte sie niemals geheilt werden. „Nur die Hexenkunst eines afrikanischen Heilers kann deine Wunde schließen. Wenn der Hauptmann dein Bein operiert, wirst du sterben, komplett sterben, verenden wie ein Hund", sagte der Stabssanitäter. Er war Muslim und konnte nicht lügen. (AK 25)

Die Therapie durch die wissenschaftlich-moderne Medizin erscheint in dem vorgegebenen Kontext als die geeignetste, vor allem wenn man die Tatsache in Betracht zieht, dass das Verfaulen des Beins irreversibel ist. Außerdem hat sich die Therapie durch traditionelle Heilkunst, der sich die Patientin und ihre Familienangehörigen zuwenden, letztendlich als unwirksam erwiesen. Zudem ist die alte Beschneiderin, die aus der Perspektive der Einheimischen allein die Patientin retten könnte, nicht mehr am Leben. Deren Sohn will das aus Rache auch nicht tun, denn die Patientin hatte einst als Jungfrau seinen Heiratsantrag abgelehnt. (Vgl. AK 24) Wissenschaftlich belegbare Faktoren, die das Beinulkus der Patientin begünstigt haben, sind in der Tat u. a. ihre Hämophilie (vgl. AK 12, 24 f.) sowie ihre Schwangerschaft (vgl. AK 24). Wenngleich beide Faktoren als naturgegeben und deshalb so gut wie unvermeidlich betrachtet werden können, könnte doch vermieden werden, dass sie zu einem Beinulkus führen, das der Patientin drei Jahrzehnte lang Schmerzen und Leiden zufügt und sie schließlich das Leben kostet. Allen Betrachtungen nach ist mit Recht davon auszugehen, dass mit einer rechtzeitigen Zuwendung zur modernen Medizin – etwa während der Schwangerschaft der Patientin das Ulkus hätte verhindert werden können.

Die psychische Resilienz hilft also der Patientin lange nicht aus ihrer Krise heraus. Ihrem Sohn, dem Ich-Erzähler, hilft die psychische Resilienz der Mutter ebenso wenig weiter. Er ist nach wie vor ein Straßenkind, nachdem er als Kindersoldat in Kriegsgebieten gedient hat. Die Tatsache, dass der 12-jährige Knabe es vermag, seine Lebensgeschichte satirisch zu erzählen, kann als Hinweis auf eine gewisse psychische Resilienz angesehen werden. In der Tat weist Birahimas Lebenssituation mehrere resilienzhemmende Faktoren auf. Er ist durchaus ein vulnerables Kind. Durch den Verlust des Vaters und die chronische Krankheit der Mutter, die er zudem als Hexe betrachtet, verfügt er über keine feste Bezugsperson mit enger emotionaler Bindung. Selbst Balla, sein Mentor und Stiefvater, vermag das Kind nicht gebührend in der Kulturtradition seines Stammes zu sozialisieren. Das Kind hat ein sehr niedriges Bildungsniveau und es mangelt ihm an sozialer Unterstützung. Weder in seiner Heimat noch in Liberia und Sierra Leone findet er eine soziale, für seine Entfaltung günstige Umgebung. Zudem hat er kein „erfreuliches Bild" (AK 12) von sich selbst, etwa wenn er sich als „Straßenkind ohne Furcht und Tadel" (AK 221) beschreibt, das ein „verdammt beschissenes Leben" (AK 12) führt. Er erklärt aber sich selbst für schuldig für diese Situation, die er einerseits auf sein irrtümliches Verleugnen der Mutter zurückführt:

> Und sechstens ... es stimmt ... bin ich nicht nett und niedlich, sondern verflucht, denn ich habe meiner Mutter wehgetan. Wenn du als schwarzafrikanischer Eingeborener deine Mama wütend gemacht hast und sie mit dieser Wut im Herzen stirbt, dann verflucht sie dich und du trägst für immer diesen Fluch. Dann geht alles schief in deinem Leben. (AK 12)

Er macht andererseits auch seine Verbrechen als Kindersoldat verantwortlich für seinen Misserfolg im Leben: „Und ich habe viele Unschuldige getötet, in Liberia und Sierra Leone, wo ich Kindersoldat war, wo ich am Stammeskrieg teilgenommen und harte Drogen genommen habe. Die Gnamas verfolgen mich, daher geht in meinem Leben alles schief." (Ebd.)

Folglich ist Birahima nicht realistisch-optimistisch eingestellt, denn er ist fest davon überzeugt, dass er es im Leben zu nichts bringen kann: „Ich würde nichts Gutes auf Erden erreichen. Ich würde niemals etwas wert sein auf dieser Erde." (AK 28 f.) Er nimmt ganz stoisch sein Schicksal als eine göttliche Vorsehung in Kauf, auch wenn er dieses ungerecht findet. Dadurch, dass er – genauso wie seine Großmutter – die Auffassung vertritt, dass Allah mitnichten dazu verpflichtet ist, hienieden in allen Dingen gerecht zu sein, hindert ihn das daran, die so betrachteten „göttlichen Ungerechtigkeiten", deren Äußerungsformen die Krisensituationen im Roman sind, effizient zu bekämpfen. Wenn angenommen werden könnte, dass Birahima als verwundbares und minderjähriges Kind nicht in der Lage ist, richtige Verantwortung bei der Lösung seiner eigenen Krisensituationen zu übernehmen und dass er überwiegend auf ein soziales Netzwerk angewiesen wäre, um seine Opferrolle zu verlassen, so erweist sich sein soziales Netzwerk (kranke Mutter, überforderte Großmutter, unpassender Mentor, dunkle Geschäftsleute, Betrüger, Rebellenführer, Kindersoldaten, etc.) gerade als ungünstig und unwirksam. Die Tatsache, dass er keine erkennbaren Zukunftspläne vorweisen kann, spricht dafür, dass er, einmal zurück in seine Heimat, weiterhin als Straßenkind fungieren wird. Denn dass sein Cousin, Dr. Mamadou Doumbia, der als gelungenes Beispiel für Resilienzentwicklung zu gelten hat (vgl. AK 210–223), und der ihn auf der Rückfahrt ins Heimatdorf auffordert, ihm von seinen Lebenserfahrungen zu erzählen (vgl. AK 223), dem Ich-Erzähler eine bessere Zukunftsperspektive anbieten wird, bleibt reine Spekulation. Auf jeden Fall ist eine solche Interpretation nicht im Roman naheliegend. Selbst das resilienzfördernde Potenzial des Erzählens der eigenen Lebensgeschichte scheint sich hier in nichts Anderem zu äußern als in der Verstärkung des Selbstbewusstseins und somit der Persönlichkeit des Ich-Erzählers.

### *3. Zur Zusammenwirkung von Krisen, Theodizee und Resilienz im Roman*

Die in Kouroumas Roman dargestellten Krisen sind eigentlich Polykrisen und sie liegen so gut wie alle einem moralischen bzw. strukturellen Übel zugrunde, das aber von den religiös stark geprägten Protagonisten ohne Weiteres als natürliches Übel begriffen wird. Dabei entwickeln sie eine Form von Resilienz, die ihnen zwar ermöglicht, ihre schwierige Lebenssituation psychisch zu ertragen, die ihnen aber nicht weiterhilft, dieser Situation zu entkommen und eine sichere und nachhaltige Zukunft aufzubauen. Die Krisen bleiben dauerhaft (wie beim Ich-Erzähler) oder enden mit dem Tod des Protagonisten (wie bei der Mutter des Ich-Erzählers).

Die Polykrisen wirken sich besonders auf den Ich-Erzähler aus, weil er als Minderjähriger, Ungebildeter und Waisenkind besonders vulnerabel ist. Dazu kommt die Tatsache, dass er in einer sozialen Umgebung lebt, in der die erfahrenen Lebenskrisen unkritisch als von Gott, Ahnen oder Hexen bedingt betrachtet werden. Dies führt zu einer stoischen Akzeptanz der Krise, ohne jedoch die Auswahl passender und dauerhafter Bewältigungsstrategien zu begünstigen. Unter diesen Bedingungen bleibt jegliche Resilienz aus. Ob religiöser oder volkstümlicher Natur, der Glaube ist in der Tat ein wichtiger Faktor der mentalen Resilienz, denn er trägt nicht nur dazu bei, krisenhafte Situationen zu verkraften, sondern er schafft auch einen günstigen Rahmen für die Bildung eines sozialen und solidarischen Netzwerks in Krisensituationen.

Aus den vorangehenden Ausführungen lässt sich festhalten, dass die Anerkennung des Ursprungs bzw. der Ursache einer Krise sehr ausschlaggebend bei der Entwicklung von Resilienzstrategien ist. Dabei sollte man unvermeidbare und vermeidbare Krisenfaktoren voneinander trennen und jeweils entsprechende Lösungsstrategien entwickeln. Hier greift die Vorsehungs- bzw. Verhexungstheorie allzu oft zu kurz. Manche Krisensituationen können wohl durch natürliche, unvermeidliche Faktoren ausgelöst werden, es ist aber nicht resilienzfördernd, nicht zu versuchen, die verheerenden Auswirkungen zu bewältigen mit der Begründung, dass die Krise selbst eine fatale Gegebenheit sei. Die Resilienz wird im Endeffekt nicht lediglich durch ideologische, philosophische oder konfessionelle Einstellungen gefördert, sondern durch einen komplexen Mechanismus, der aus dem Zusammenwirken mehrerer unterschiedlicher Faktoren entsteht.

### *Abschließende Bemerkungen*

Durch die Lebenserfahrungen der Hauptfigur seines Romans veranschaulicht Kourouma einleuchtend, wie in Krisensituationen bestimmte Einstellungen zur Theodizee-Frage den Rückgriff auf wirksame resilienzfördernde Strategien beeinträchtigen können. Und da diese Einstellungen nicht individuell, sondern religiös und mithin sozio-kulturell bedingt sind, wird im Roman die besondere Rolle der sozialen und kulturellen Umgebung bei der Entwicklung von resilienzstärkenden Faktoren im Kindes- und Jugendalter ans Tageslicht gebracht.

Der Ich-Erzähler ist von Kind auf multiplen Krisen und Polykrisen ausgesetzt, die ihn als besonders verwundbar hervortreten lassen. Die undurchdachte, weitgehend im sozio-kulturellen Kontext der Erzählwelt geltende Auslegung solcher Krisen als Fatalität bzw. als Gottes Vorsehung oder als unaufhebbaren Fluch hindert daran, auf geeignete und verfügbare Strategien zurückzugreifen, um aus der Belastungssituation herauszukommen. Folglich führen eingenommene Lösungsstrategien in exponentieller Weise zu weiteren Krisen oder zur Zuspitzung der entstehenden Krise.

Die umfassend nachhaltige Effizienz einer Strategie zur Bewältigung von krisenträchtigen Lebenserfahrungen, so lässt sich aus den vorangehenden Ausführungen folgern, beruht weniger darauf, wie sich der Leidende und sein soziales Netzwerk ideologisch oder religiös zu diesen Erfahrungen stellen, als vielmehr darauf, ob diese Einstellungen dazu führen, angemessene Bewältigungsmittel anzuerkennen, an sie heranzukommen und sie zielgerichtet anzuwenden.

## *Literaturverzeichnis*

Brantschen, B. Johannes: *Warum gibt es Leid? Die große Frage an Gott.* Freiburg in Breisgau: Verlag Herder 2009.

Bürgin, Dieter / Steck, Barbara: Resilienz im Kindes- und Jugendalter. In: *Schweizer Archiv für Neurologie und Psychiatrie*, 159, 8 (2008), S. 480–489.

Görgün, Tahsin: „Leid als Teil der Welt und des Lebens. Gibt es ein Theodizeeproblem aus islamischer Perspektive?“, In: Alexander Loichinger / Armin Kreiner (Hrsg.): *Theodizee in den Weltreligionen.* Paderborn: Schöning 2010, S. 210–224. (= UTB)

Günther, Horst: *Das Erdbeben von Lissabon erschüttert die Meinungen und setzt das Denken in Bewegung.* Berlin: Wagenbach Verlag 1994.

<https://de.wikipedia.org/wiki/Krise> [Abruf 07.09.2022].

<https://de.wikipedia.org/wiki/Resilienz_(Psychologie)> [Abruf 07.09.2022].

<https://www.deutschlandfunk.de/soziologiekongress-der-begriff-krise-ist-eigentlich-100.html> [Abruf 07.09.2022].

Ibrahima, M. Talib: *Die Darstellung von Naturkatastrophen in der Literatur des 18. und 19. Jahrhunderts.* Marburg: Tectum Verlag 2011.

Knoche, Hansjürgen: *Die schlechteste mögliche Welt? Versuch einer Weiterführung der Theodizee.* Münster: Lit Verlag 2002.

Kourouma, Ahmadou: *Allah muss nicht gerecht sein,* aus dem afrikanischen Französisch von Sabine Herting. München: Goldmann 2004.

Lauer, Gerhard: „Das Erdbeben von Lissabon: Ereignis, Wahrnehmung und Deutung im Zeitalter der Aufklärung.“ In: Bernd Herrmann (Hrsg.): *Beiträge zum Göttinger Umwelthistorischen Kolloquium 2007–2008.* Göttingen: Universitätsverlag 2008, S. 223–236.

Leibniz, Wilhelm Gottfried: *Die Theodizee.* Neuausgabe mit einer Biographie des Autors. Hg. v. Karl-Maria Guth. Berlin: Hofenberg 2017.

Loichinger, Alexander / Kreiner, Armin (Hrsg.): *Theodizee in den Weltreligionen. Ein Studienbuch.* Paderborn: Ferdinand Schöning 2010. (= UTB 3420)

Nohlen, Dieter / Schulze, Reiner-Olaf / Schüttemeyer S. Suzanne (Hrsg.): *Lexikon der Politik, Band 7.* München: C. H. Beck 1998.

Roman, Marcel: *Wovon leben wir? Die zwei Bäume im Paradies – Von Eden bis Corona*, Xanten: GloryWorld-Medien 2021.

Schmidt, Manfred G.: *Wörterbuch zur Politik.* Stuttgart: Kröner Verlag 2010.

Schneider, Martin: *Mit Resilienz durch die Krise*, <https://www.erzbistum-muenchen.de/erwachsene/mit-resilienz-durch-die-krise?gclid=EAIaIQobChMI6tD3i_rP-QIVtOHmCh3twQGoEAAYAiAAEgJizPD_BwE> [Abruf 07.09.2022].

Stosch, Klaus von: *Theodizee.* Paderborn: Wilhelm Fink 2013. (= UTB Theologie, Religionswissenschaft, Philosophie 3867)

Wirth, A. Markus (Hrsg.): *Dorsch. Lexikon der Psychologie.* 19., überarbeitete Auflage. Bern: Hogrefe Verlag 2020.

# Resilienz in weiblicher Gestalt. Eine Analyse von Goethes Drama *Stella*

*Franck Dovonou*

*Zusammenfassung*: Das heute interdisziplinär viel aufgegriffene Thema der Resilienz findet als begriffliche Umschreibung der psychologischen Widerstandskraft eine musterhafte Widerspiegelung in Goethes *Stella* insbesondere in der Cäcilie-Figur. Die vorliegende Studie stellt eine analytische Reflexion zu dieser Gestalt als weiblicher Codierung von Resilienz im goetheschen Drama an. Mit Hilfe der Rezeptionsästhetik wird aufgezeigt, inwiefern das Konzept von Resilienz als motivisch-ästhetisches Moment des untersuchten Dramas fungiert und als solches ganz besonders am Auftritt von Cäcilie im Handlungsverlauf erfahrbar wird.

*Schlüsselwörter*: Goethe, Stella, Krisen, Resilienz, weibliche Gestalt

*Abstract*: The theme Resilience, currently widely discussed, finds as conceptual depiction of the mental ability to recover quickly from misfortune, an exemplary portrayal in Goethe's play *Stella*, especially in the character Cäcilie. The present paper analyses the said character as female embodiment of Resilience as displayed in the aforementioned play. While operating with the 'Reception Esthetics Approach', the study demonstrates to which extent the concept of Resilience reflects as an esthetic feature in the play and how this shows especially with regard to Cäcilie's appearance across the plot.

*Keywords*: Goethe, Stella, crises, resilience, female character

## *Einleitung*

Das ausgesprochen vielgestaltige Repertoire des dichterischen Werks Goethes weist insofern noch Aktualität auf, als es durch interessante Thematisierungsmuster für den Diskurs zu vielthematisierten Konzepten sowie Werten im heutigen Kontext weltweit vorherrschender Krisen und Konflikte eine interessante Reflexionsgrundlage darstellen kann. Neben Konzepten bzw. Werten wie Humanität[1], menschlicher Gottähnlichkeit[2], harmoniestiftendem Dialog[3], Bereitschaft zur (unvoreingenommenen) Fremdwahrnehmung/-akzeptanz[4], Patriotismus[5] – um nur einzelne klassische Beispiele anzuführen – ist auch das Konzept von Resilienz, ein mittlerweile trendig gewordenes Forschungsthema[6], in der Thematik Goethe'scher Dichtung präsent. Für Letzteres mag das Stück *Stella*[7] maßgeblich anschaulich stehen. In diesem Drama erscheint Resilienz in weiblicher Gestalt, und Cäcilie verkörpert dort das Konzept.

Wie lässt sich das Konzept von Resilienz anhand des Handlungsverlaufs (re)konstruieren? Wie wird es am Auftritt der Cäcilie-Figur überhaupt

1 Das Konzept wird etwa in der Iphigenie-Figur (vgl. Johann Wolfgang Goethe: *Iphigenie auf Tauris. Ein Schauspiel.* Stuttgart: Phillip Reclam 2001) ebenso idealtypisch ästhetisiert wie die Zivilcourage (hierzu vgl. Franck Dovonou: „Zivilcourage und dramaturgisch couragiertes Engagement bei und von Goethe im Reflex seiner ‚Iphigenie auf Tauris' ". In: *Immo Irikisi*, 8. (2016), S. 67–76.

2 Vgl. Ders.: „Das Göttliche". In: *Goethes Schriften.* Hrsg. von Georg Joachim. Bd. 8. Leipzig: Göschen 1789, S. 215–218.

3 Vgl. Ders.: *Unterhaltungen deutscher Ausgewanderten.* Stuttgart: Phillip Reclam 1991.

4 Vgl. Ders: *West-östlicher Diwan.* Stuttgart: Cotta 1819.

5 Vgl. Ders.: „Götz von Berlichingen mit der eisernen Hand. Ein Schauspiel". In: *Johann Wolfgang Goethe. Der junge Goethe. 1757–1775.* Hrsg. von Gerhard Sauder. Band 2. München: Carl Hanser 1987, S. 279–389). Ausführlicher hierzu: Wilhelm Große: *Johann Wolfgang Goethe, „Götz von Berlichingen". Interpretationen.* Bd. 62. München: Oldenburg 1993; Dieter Borchmeyer (Hrsg.): *Johann Wolfgang Goethe. Dramen 1765–1775.* Frankfurt am Main: Deutscher Verlag 1985, u. a.

6 Bezeichnend liegt inzwischen ein relativ intensives Forschungsbetrieb um das Konzept vor (vgl. Klaus Fröhlich-Gildhoff / Maike Rönnau-Böse: *Was ist Resilienz und wie kann sie gefördert werden?.* <https://www.google.com/url?sa=t&source=web&rct=j&url=https://www.br-online.de/jugend/izi/deutsch/publikation/televizion/31_2018_1/Froehlich-Gildhoff_Roennau-Boese-Resilienz.pdf&ved=2ahUKEwjW3Iy2ssD2AhUDxoUKHRUaDa4QFnoECCEQAQ&usg=AOvVaw1kQ_t8CT7FStBHF2ln2icB> (dort insb. S. 4) [Abruf 12.03.2022].

7 Die 1776 „mit der Gattungsbezeichnung ‚Ein Schauspiel für Liebende' " erschienene und „in neuerer Zeit als Bühnenstück entschieden bevorzugte erste Fassung" (vgl. Georg-Michael Schulz: „Stella". In: *Goethe Handbuch.* Hrsg. von Theo Buck. Band 2. Stuttgart / Weimar: J. B. Metzler 1996, S. 123–141, hier S. 123 und S. 137) eignet sich aufgrund des stückabschließenden „Happy End" bestens für die Untersuchung. Herangezogen wird hier wesentlich die online frei zugängliche *Freeditorial*-Fassung unter: <https://freeditorial.com/en/books/stella/related-books> [Abruf 02.03.2022]. Im Folgenden zitiert als SSL.

erfahrbar? Was beinhaltet eine solche analytisch-interpretatorische Erschließung an Innovativem im Sinne einer aktualisierenden Neurezeption des untersuchten Dramas?

Die vorliegende Studie verfolgt das Ziel, in analytischer Auseinandersetzung mit der – hier zentral zu thematisierenden – Cäcilie-Figur[8] die oben formulierten Fragestellungen zu beantworten. In dieser Hinsicht soll das Konzept von Resilienz unter Einsatz einer rezeptionsästhetisch gestalteten Vorgehensweise reflektiert werden.

Zuerst wird, der dreiteiligen Aufsatzgliederung entsprechend, anhand der vorhandenen einschlägigen (Forschungs-)Literatur das Konzept von Resilienz aus einer allgemeinen Perspektive dargestellt. Anschließend soll es am Auftritt der Cäcilie-Figur mit Blick auf den Handlungsverlauf beleuchtet werden, und schließlich wird in diesem Zusammenhang hervorgehoben, welche neue(n) Rezeptionsperspektive(n) sich für das studierte Drama ergibt/ergeben.

## *1. Zum Resilienz-Begriff*

Der Begriff Resilienz ist sprachgeschichtlich lateinischen Ursprungs. Zugrunde liegt das lateinische Verb „*resilire* = zurückspringen bzw. abprallen".[9] Er weist standard- und fachsprachlich verschiedene Gebrauchszusammenhänge auf,[10] wobei die Idee von krisen- und belastungsbewältigender Widerstandsfähigkeit grundlegend bzw. das Wort „Fähigkeit"/"Kraft" (i. d. R. assoziativ mit „Widerstand") begrifflich leitmotivischen Charakters ist.[11]

Von Resilienz wird in der vorliegenden Studie vorwiegend unter Berufung auf den psychologischen Resilienz-Begriff die Rede sein. Vor näherer Präzisierung des in der Untersuchung konkret zu operationalisierenden Resilienz-Begriffs lohnt sich dementsprechend zunächst erst ein beiläufiger Blick auf die

8 Damit zeichnet sich die Untersuchung als originaler Ansatz aus, indem sie das tendenziell auf die Titelfigur gerichtete Augenmerk verschiebt und dabei die Figur Cäcilie verstärkt in den Fokus rückt.

9 Vgl. u. a. *Duden* unter: <https://www.duden.de/rechtschreibung/Resilienz> [Abruf 10.07.2022].

10 Neben dem standardsprachlich angepassten Sprachgebrauch tritt der Begriff als *terminus technicus* in den verschiedensten fachsprachlichen Verwendungskontexten mit jeweils fachspezifischem Bedeutungsinhalt in der Soziologie, den Ingenieurwissenschaften, der Ökologie, der Medizin, der Energiewissenschaft, der Metallurgie, Ökonomie... und in der Psychologie auf.

11 Anschaulich hierfür etwa die *Duden*-Wortbestimmung: „Psychische Widerstandskraft, Fähigkeit, schwierige Lebenssituationen ohne anhaltende Beeinträchtigung zu überstehen". *Duden,* (wie Anm. 9).

psychologische Forschungsdiskussion zu Resilienz. Schon eingangs gelte als Vorbemerkung der folgende Befund: eine absolut konsensfähige operationale Begriffsbestimmung für Resilienz gibt es noch nicht, eben wie Liu *et al.* mit Folgendem explizit zum Ausdruck bringen: „There is no current consensus on operational definitions of resilience. Instead, researchers often debate the optimal approach to understanding resilience."[12] In der psychologisch ausgerichteten Resilienzforschung heben sich, was die Begrifflichkeit von Resilienz anbelangt, tendenziell zwei Richtungen ab. Diesbezüglich weisen Liu *et al.*[13] auf diese Tendenz hin, Resilienz als ein „Merkmal oder eine Eigenschaft einer Person" zu betrachten versus jene Tendenz, der jüngere Strömungen in der Resilienzforschung korrespondieren, welche darin übereinstimmen, dass Resilienz als ein „Prozess" zu verstehen ist. Als repräsentativ für den letzteren definitorischen Ansatz mögen hier Fröhlich-Gildhoff & Rönnau-Böse[14] exemplarisch in Betracht kommen. „Resilienz wird", erklären Fröhlich-Gildhoff & Rönnau-Böse, „als – erworbene – Fähigkeit verstanden, Krisen und Belastungen so zu bewältigen, dass das Individuum nicht zerbricht, sondern gestärkt daraus hervorgeht".[15] Die hier angesprochene Fähigkeit ist psychologischer Art. In diesem Sinne wird Resilienz mit dem Begriff „Fähigkeit der seelischen Widerstandskraft[16] umschrieben. In Anlehnung an die Resilienzforschung betonen sie ferner, es handle sich bei Resilienz um „eine dynamische Kapazität, die sich über die Zeit im Kontext der Mensch- und Umweltinteraktion entwickelt".[17] Dieser letztere Resilienz-Begriff setze sechs „personale Resilienzfaktoren" voraus, die von besonderer Bedeutung seien, „um Krisensituationen [. . .] zu bewältigen".[18] Von besonderer Bedeutung für die spätere Reflexion von Resilienz unter Bezugnahme auf die Cäcilie-Figur ist v.a. das Konzept der sozialen Kompetenz, aber in gewissem Maße auch das

12 Jenny Liu *et al.*: *Comprehensive meta-analysis of resilience interventions.* <https://pubmed.ncbi.nlm.nih.gov/33045528> [Abruf 13.03.2022].

13 Ebd.

14 Fröhlich-Gildhoff / Rönnau-Böse, *Was ist Resilienz und wie kann sie gefördert werden?* (wie Anm. 6).

15 Ebd., S. 4.

16 Ebd.

17 Ebd., zitiert nach Franz Petermann *et al.*: *Entwicklungswissenschaft. Entwicklungspsychologie – Genetik – Neuropsychologie.* Berlin / Heidelberg: Springer 2004, S. 345.

18 Ebd., S. 5. Diese sechs Faktoren seien „Selbst- und Fremdwahrnehmung" (1), „Selbstwirksamkeit" (2), „soziale Kompetenz" (3), „Selbstregulation" (4), „Problemlösefähigkeiten" (5) und „aktive Bewältigungskompetenzen" (6).

der Selbst- und Fremdwahrnehmung. Diesem in der jüngeren Forschungsdiskussion vielfach aufgegriffenen Resilienz-Konzept steht die Annahme gegenüber, Resilienz sei eine „individuelle Eigenschaft"/Fähigkeit[19] und als solche „weitestgehend angeboren".[20] In dieser konzeptuellen Perspektive gilt derjenige als resilient, der nach dem Erleben eines Traumas bzw. einer Widrigkeit o. Ä. nicht aufgibt. Stattdessen hat er die Fähigkeit, das Erlebnis zu überwinden und weiterzumachen.[21] Er beweist die sogenannte „interne Kontrollüberzeugung", indem er im Bewusstsein, dass er selbst über sein eigenes Schicksal entscheiden soll, nicht resigniert, sondern einem eigeninitiativ-aktiven Verhalten zugeneigt ist. Er tritt insofern als der Antipode zum „vulnerablen" Menschen auf, der eher leicht durch äußere Einflüsse seelisch zu verletzen ist und psychischen Erkrankungen kaum standzuhalten vermag.

Die Arbeit maßt sich nicht an, neben den gerade dargelegten Konzepten von Resilienz diese neu zu definieren. Der Begriff Resilienz wird hier *sensu lato* gebraucht zur Umschreibung der psychologische Widrigkeiten überwindenden Widerstandsfähigkeit und zwar unabhängig davon, ob diese Fähigkeit als angeborene Eigenschaft oder als Endzustand eines Prozesses gälte. Nichtsdestotrotz schafft das Verständnis von Resilienz als Persönlichkeitseigenschaft für die anschließende praktische Untersuchung des Stücks eine prinzipielle – allerdings nicht exklusive – begriffliche Grundlage.

## 2. *Cäcilie als Inbegriff der Resilienz in Goethes* **Stella**

An dieser Stelle wird beleuchtet, wie der oben dargestellte Resilienz-Begriff in Cäcilie eine (weibliche) Verkörperung erfährt. Hierzu soll am Auftritt der Figur durch den Handlungsverlauf die Fähigkeit veranschaulicht werden, jenseits schwierigster Prüfungen des Lebens, weiterhin standzuhalten. Zuerst wird – neben anderen – die Protagonistin als eine schwer geprüfte Frau vorgeführt und anschließend ihre musterhafte psychische Widerstandskraft verdeutlicht.

19 Vgl. Ann S. Masten: „Resilience in Individual Development. Successful Adaption Despite Risk and Adversity". In: *Educational Resilience in inner city America: Challenges and Prospects.* Hrsg. von Margaret Wang / Edmund Gordon. Hilsdale: Routledge 1994, S. 3–25.

20 Vgl. Kosuke Niitsu *et al.*: „A Concept Analysis of Resilience Integrating Genetics." In: *Issues in Mental Health Nursing.* Hrsg. von Sandra Thomas. Bd. 38. London 2017, S. 896–906.

21 Tianqiang Hu / Dajun Zhang / Jinliang Wang: *A meta-analysis of the trait resilience and mental health.* <https://zdb-katalog.de/list.xhtml?t=iss%3D%220191-8869%22&key=cql> [Abruf 13.03.2022].

*2.1. Schwer geprüfte Frauen und insbesondere Cäcilies widrige Lebenserfahrungen*

In vielfacher Hinsicht tritt Cäcilie als ein schwer geprüfter Mensch auf. Ebenso trifft dies aber auch auf andere weibliche Figuren auf, nämlich Stella und die als Postmeisterin Anonymisierte.

Unglücksfällen begegnet Stella in der doppelten Eigenschaft als Frau und Mutter. Als Frau hat sie die traurige Erfahrung gemacht, in der Blüte ihrer Jahre, nämlich mit kaum 24 Jahren (SSL 6), von dem Mann verlassen zu werden, den sie „glühend" liebt und dessen Liebe quasi den Sinn ihrer Existenz bildet. Die mitteilsame Postmeisterin eröffnet manches diesbezüglich: „Ihr Herr ist vor drei Jahren weg [. . .]. Und sie hat ihn geliebt über alles." (SSL 5) – eine große Trauer für Stella, über die sie sich nicht hinwegzutrösten weiß. Allein die Erinnerung an diese Erfahrung gibt Anlass zum Weinen vor lauter Leid und macht aus ihr, der „Liebeskranken" (SSL 29), einen fast untröstlichen Menschen, wie die Postmeisterin weiter verrät (vgl. SSL 90). Kurzum: sie tritt als eine verlassene Frau auf, die, schmerzlichsten Liebeskummer erleidend, tiefster Verzweiflung preisgegeben ist. Noch intensiver wirkt das Erlebnis solchen existenziellen Unbehagens, wenn – wie es der Zufall wollte – ihr unerwartet die schreckliche Wahrheit just im Augenblick bewusst wird, als die verlorene Liebe und das einstige Glück wiedergefunden zu werden scheinen – und zwar, dass sie diejenige ist, die am Elend der armen Frau schuldig ist, die sie gerade in Schutz nimmt und mit der sie inzwischen ein starker Schwesternbund verbindet; sie, der „Engel" (SSL 8 u. a.), ist es eben, die unwillentlich für die – an späterer Stelle noch ausführlicher vorzuführende – tragische Situation Cäcilies und ihrer Familie verantwortlich ist. Ihre Reue, ihr Schmerz aber, freilich, auch ihre Verzweiflung sind umso größer, wie dies aus ihren Selbstzeugnissen als untröstliche selbstbewusste „Schuldige" (SSL 33) hervorgeht. Besonders frappant wirkt, wie der Dichter durch das stilistisch wiederholte Setzen des Ausrufezeichens der Intensität der Emotionalität eine besondere Akzentuierung verleiht! Bezeichnenderweise belässt Stella es nicht bei bloßen Worten, sondern findet die Aufrichtigkeit ihrer Gefühle in entsprechendem körpersprachlichem Gestus auch eloquenten Ausdruck. So die Regieanweisung: „Sie wirft sich auf die Knien [Vergebung erflehend]" (ebd.). Zudem trifft Stella, diesmal als Mutter, eine andere Widrigkeit der ebenso qualvollsten Wirkung: der Verlust ihres Kindes. Die Postmeisterin liefert hierzu den folgenden Bericht: „[POSTMEISTERIN.] Sie [Stella] hat für ihr Alter Betrübnis genug erfahren. Sie hatte ein Kind, es/ starb ihr bald; im Garten ist sein Grab [. . .] und seit der Herr weg ist, hat sie [. . .] ihr Grab dazu bestellen lassen" (SSL 6). Nicht ohne tiefstes Leid schafft es Stella, Cäcilie dies anzuvertrauen, als Letztere sie fragt, ob sie ein Kind habe. Sie beginnt mit dieser – Jammer ausdrückenden – Apostrophe: „[STELLA.] O Gott, du hattest mir diese Seligkeit auch nur zu kosten/ gegeben, um mir einen bitteren Kelch auf mein ganzes Leben zu bereiten" (SSL 15). Stella ist, wie die Postmeisterin ebenfalls kundgibt und dies in ihrem eigenen Selbstzeugnis im Gespräch mit Cäcilie (im 2. Akt, etwa auf S. 15)[22] bestätigt wird, Kindern in ganz besonderer Weise zugeneigt. So muss, selbstverständlich, die Erinnerung an und mehr noch die Erzählung von dieser „schrecklichen"– wie sie ihn selbst beschreibt – Erfahrung des Verlusts ihres Kindes eine besonders große Prüfung sein. Diese schildert sie ergreifend so:

> [STELLA.] Es [das Kind] lag vor mir [. . .] und ich stand versteinert im innersten Busen ohne Schmerz ohne Bewusstsein [. . .]. Da nahm die Wärterin das Kind auf, drückte es an ihr Herz, und rief auf einmal:/ Es lebt! Ich fiel [. . .] mit tausend Tränen auf das Kind ihr zu Füßen/ Ach, und sie hatte sich betrogen! Tot lag es da, und ich neben ihm in wütender, gräßlicher Verzweiflung. (SSL 15)[23]

Was die Postmeisterin anlangt, ist sie durch den allzu frühzeitigen Tod ihres Mannes geprüft worden, „den", teilt sie mit, „[sie] vor drei Monaten verlor" und mit dem sie „nicht gar drei Jahre zusammen gelebt" habe (SSL 4). Diese schwierige Erfahrung jüngeren Datums scheint sie aber überstanden zu haben, wie dies Cäcilie nicht entkam (ebd.). Sie tritt ihrem Unglück zum Trotz als „eine junge, heitere, thätige Witwe"[24] auf. Insofern lässt sich in Bezug auf sie wohl auch von Resilienz sprechen. Diese weibliche Figur hat es – zumindest scheinbar – geschafft, ihre Prüfung durch ihre große Geschäftigkeit zu überwinden.[25] Im Kontrast zu Stella bleibt sie nicht bei einer resignativen Haltung des ständigen Weinens und Trauerns um den Verlorenen. Stattdessen zeigt sie – auch bei allem Bedürfnis nach einem Mann, um „das Pack in Ordnung zu halten" (SSL 1) – eine gewisse seelische Widerstandskraft, wovon ihre Umtriebigkeit gewiss zeugen kann. Aber anders als dies bei Cäcilie der Fall ist, lässt

22 Da gibt Stella fortführend bekannt: „[STELLA.] Wenn so ein / Bauerkind auf dem Spaziergange barfuß mir entgegenläuft, und mit den großen / unschuldigen Augen mir eine Kusshand reicht, es durchdringt mir Mark und Gebeine! [. . .] Ich heb es ängstlich liebend in die Höhe, küß es / hundertmal [. . .]" (SSL 15).

23 Eine Verzweiflung, die bei der schwierigen Erfahrung der Erinnerung ans Geschehene dann noch bei Stella in der Niedergeschlagenheit echoet, wie diese symbolisch durch ihr anschließendes „Sich-Werfen in den Sessel" (so die Regieanweisung, SSL 15) wohl signalisiert wird.

24 Zitiert wird hier nach Schulz, „Stella" (wie Anm. 7), S. 127.

25 Hierzu spricht Pikulik zutreffend von einer „Postmeisterin, die in Alltag und Arbeit so völlig aufgeht, daß sie nicht einmal die Zeit findet, um über ihren vor drei Monaten verstorbenen Mann zu trauern". Lothar Pikulik: „Stella. Ein Schauspiel für Liebende". In: *Interpretationen: Goethes Dramen*. Hrsg. von Walter Hinderer. Stuttgart: Phillip Reclam 1992, S. 88–115, hier S. 96.

sich ihre bloß punktuell im expositorischen Akt kurz vorgeführte Erfahrung durch den Handlungsverlauf ebenso wenig verfolgen wie das Konzept von Resilienz auf Stella applizierbar wäre, obwohl Letztere ungeachtet ihres inneren Schmerzens einen immer freundlichen, immer angenehmen Auftritt zu zeigen weiß (vgl. SSL 8). Bei ihr (Stella) bleibt nämlich die mögliche Rede von Resilienz eher in der Ambivalenz der Schlussfassung suspendiert.[26]

Als hart geprüfte Frau findet Cäcilie hinsichtlich der Liebeserfahrung ihr Pendant in Stella. Ihre quasi spontane empathische Teilnahme am Leid der – noch nicht kennen gelernten – Stella wirkt hier vielsagend. Beim Zuhören der von der Postmeisterin enthüllten widrigen Liebeserfahrung Stellas mutete es ihr an, als hörte sie ihre eigene Erfahrung erzählen. Sie erkennt sich als „unglücklichliebendes Herz" (vgl. SSL 15) sofort in Stella: „[MADAME SOMMER.] *vor sich.* Ein Bild meines ganzen Schicksals!" (SSL 6). Die „Unglückliche!" (SSL 5), wie sie Stella mitfühlend nennt, ist auch sie, in der Stella bei der späteren Begegnung entsprechend ein Alter Ego zu erkennen scheint: „[STELLA.] Sie haben geliebt! O Gott sei Dank! Ein Geschöpf, das mich versteht!/ das Mitleid mit mir haben kann! das nicht kalt zu meinen Schmerzen dreinblickt!" (SSL 13). Ganz bezeichnend für den empathischen Grundton ist der anschließende Anredewechsel zur „Wir"-Form: „[. . .] Wir/ können ja doch einmal nichts, dafür, daß wir so sind! [. . .]" (ebd.). Dass Cäcilie Stella verstehen kann, darf nicht besonders verwundern. Denn sie hat, wie Stella, auch die unglückliche Erfahrung gemacht,[27] von ihrem Mann, dem sie inbrünstige Liebe entgegenbrachte, verlassen zu werden, und zwar nach erst kürzerem ehelichem Zusammenleben. Dadurch gerät sie in eine schwierige Situation – nicht nur psychologisch – intensivster Krise. Ihr ist das Leben elend geworden. Vom zutiefst empfundenen Schmerz des unerwarteten Abschieds des Gatten und damit des verlorenen Lebensglücks weiß sie sich auch nicht zu erholen. Dies wird deutlich in dieser ihrerseits ausgehenden Replik auf der Ermahnung der Tochter, den weggegangenen Mann endlich zu vergessen:

26 In der „als Skandal betrachtete erste und glückliche Schlussfassung" [, so charakterisiert Pikulik unter Verweis auf die „damalige *Stella*-Kritik" die frühere Schlussfassung mit „Happy End",] scheint Stella durch die Einwilligung in die trinäre Ehe ihre psychische Prüfung bewältigt zu haben, während es sich bei der späteren tragisch ausgehenden Schlussfassung ganz anders verhält. (Vgl. ebd., S. 89–91).

27 Interessanterweise kommentiert Schulz: „Wirkliches Verstehen setzt eine Gleichartigkeit der Erfahrungen voraus." Schulz, „Stella" (wie Anm. 7), S. 132.

> [[LUCIE.] Es ist nun einmal Zeit, ihn zu vergessen.] [MADAME SOMMER.] Weißt du, was das heißt: Vergessen! [. . .] du hast, Gott/ sei Dank! noch nichts verloren, das nicht zu ersetzen gewesen wäre. Seit dem Augenblick/ da ich gewiß ward, er habe mich verlassen, ist alle Freude meines Lebens dahin. Mich/ ergriff eine Verzweiflung. Ich mangelte mir selbst; ein Gott mangelte mir. (*SSL* 3)

Ihr Schmerz ist dermaßen tief,[28] dass es ihr kaum glückt, die qualvolle Erfahrung der verlorenen Liebe aus dem Gedächtnis zu schaffen. Ein Schmerz, an dem auch nicht einmal der Zahn der Zeit zu neigen weißt.[29] Wo fände sie, so Lucies rhetorische Frage,[30] überhaupt „nicht Stoff, sich zu quälen?" (ebd.). Nach menschlichem Maßstab gemessen, lässt sich ihre „Qual" wohl nahvollziehen solchergestalt, dass die lebensfreudige Lucie, die dem Vaterverlust gegenüber dezidiert indifferent zu stehen scheint (vgl. SSL 11 u. a.), einige Rechtfertigung für den Zustand der Mutter im Folgenden zum Ausdruck gelangen lässt:

> [LUCIE.] Leider ist sie [meine Mutter], die verliert, [. . .] sie die alle Hoffnung des Lebens/ auf ihn [meinen Vater] gesetzt, ihm den Flor ihrer Jugend aufgeopfert hatte, und nun verlassen, auf einmal/ verlassen. Das muß was Entsetzliches sein, sich verlassen zu fühlen! (ebd.)

Gravierend ist auch noch dabei, dass sie im Moment verlassen wird, als ihr Kind kaum sieben Jahre alt, also noch ein kleines Kind, und sie – *ipso facto* als alleinerziehende Mutter – sich selbst überlassen ist. Umso mehr, als sie durch einen erlittenen Betrug nun mittellos ist. Ein erstes Indiz für den finanziellen Ruin Cäcilies liefert Lucies folgende Rede: „[LUCIE.] [. . .] ich [. . .] saß und weinte [. . .] Es war in der grünen Stube, [. . .] Die [. . .] hat mir am wehsten/ getan, da wir das Haus verkaufen mußten" (SSL 3). Die Erfahrung des „Betrogenseins" lässt sich insofern als eine schwierige Prüfung, ja gar eine große Widrigkeit betrachten, als sie für Cäcilie nicht nur pekuniäre Prekarität, sondern gar so gut wie gesellschaftlichen Untergang, ja ein „miserables Leben

28 Die Tiefe des Schmerzens tritt, beispielsweise, in der – *sit venia verbo* – pathologisch anmutenden Anfälligkeit fürs „Weinen" zum Vorschein, wovon auch Lucie nach so vielen Jahren etwas noch gegenwärtig bleibt – „[LUCIE.] Auch ich weiß nichts mehr, als daß ich auf Ihrem Bette saß und weinte, weil Sie weinten" (SSL 3).

29 Hier gelte ein Verweis auf die Szene, in welcher Cäcilie ihre schmerzliche Erfahrung bilderhaft vergegenwärtigt, dabei den „Ach"-Ausruf ihr Reden rhythmisieren lässt und dadurch bezeichnenderweise ihrem Leid Ausdruck verleiht (vgl. SSL 24).

30 Cäcilies Replik – „ [MADAME SOMMER.] Und wo nicht Ursache dazu?" (SSL 3) – sagt in dieser Hinsicht viel.

im Verdrängtsein in soziale Anonymität" (vgl. SSL 21)[31] nach sich zieht.[32] Sie bringe, so ein in Fernandos Mund gelegter (Boten-) Bericht, „in der Ferne durch eigene und ihrer Tochter Handarbeit ein kümmerliches Leben durch" (ebd.). Die ganze Lebenstragik Cäcilies, der „Elenden" (SSL 25), die vornehmlich mit dem Verlassen-Sein ursächlich zu verknüpfen ist, wird resümierend (mit ihren eigenen Worten) folgendermaßen geschildert:

> [MADAME SOMMER.] Er verließ mich. Das Gefühl meines Elends hat keinen Namen! All/ meine Hoffnungen in dem Augenblick zugrunde! [. . .] verlassen! verlassen! Alle Stützen des/ menschlichen Herzens: Liebe, Zutrauen, Ehre, Stand, täglich wachsendes Vermögen,/ Aussicht über eine zahlreiche, wohlversorgte Nachkommenschaft, alles stürzte vor mir zusammen [. . .] Ein toter/ Kummer folgte auf die wütenden Schmerzen, und das ausgeweinte, durchverzweifelte Herz/ sank in Ermattung hin. (Ebd.)

Diese schwierige Situation findet, ferner, in so etwas wie einer Identitätskrise eine gewisse Zuspitzung. Als solche schlägt sie sich pointiert in einer Art Selbstnegation nieder, wobei Cäcilie pflegt, die Wahrheit zu ihren familiären Verhältnissen zu verheimlichen und damit ihre Identität quasi lügend verleugnet.[33] Bezeichnend verwendet die Tochter, Lucie, die sich offensichtlich mit der Situation nicht länger abfinden will, das Wort „Märchen" zur Erwähnung dessen, was (täuschend) als Wahrheit gelten sollte, die sie um der Mutter willen systematisch wiederholen muss: „[LUCIE.] [. . .] Mein Vater war ein Kaufmann, ist nach Amerika, ist tot; und/ dadurch sind unsere Umstände. Lassen Sie mich nur; ich hab das Märchen ja schon oft/ genug erzählt" (SSL 7). Diese letztere weibliche Figur „Sturm-und-Drang"-haften Temperaments

31 Man könnte genauer – mit Pikulik – auch von einem „Kontaktverlust mit der Gesellschaft" reden, eben als Resultat dessen, dass sie „um ihr Vermögen betrogen und ihrer gesellschaftlichen Stellung beraubt wurde." (vgl. Pikulik, „Stella" [wie Anm. 25], S. 96).

32 Einem textinternen Hinweis zufolge soll sie sogar hinsichtlich der Subsistenz auf ihre Tochter angewiesen sein – [[FERNANDO.] Und Sie sind so ohne Hülfe, ohne Schutz?] / [LUCIE.] Was braucht's das? Unser Vermögen ist alle Tage kleiner worden [. . .] und mir ist's nicht bange, meine Mutter zu ernähren. (SSL 11)]. Zurecht bezeichnet sie Schulz als „die verarmte Adlige" (Schulz, „Stella" [wie Anm. 7], S. 128). Der von Cäcilie erlittene Betrug bzw. die „traurige Geschichte des Verlustes ihres Vermögens" (so Fernando, SSL 26) wird in der Handlung durch eine in Fernandos Mund gelegte, auf S. 21 befindliche Teichoskopie ausführlicher vergegenwärtigt.

33 Nicht überraschend trägt sie den Decknamen „Madame Sommer", der erst infolge der Anagnorisis in den eigentlichen Namen „Cäcilie", nämlich beim erstmaligen Erwähnen des Letzteren durch Fernando, umbenannt wird (vgl. SSL 25).

ist, wie schon betont, eher lebenslustig. Gerade dieser charakterlichen Eigenschaft hat sie gewissermaßen ihren ungewöhnlichen „Mut“ (vgl. SSL 11) zu verdanken. Kaum einmal tritt sie, selbst als vaterlose Jugendliche, als ein erschütterter Mensch auf. Nicht übertrieben wäre deshalb zu behaupten, dass sich Cäcilie und Lucie zum Verlust des Gatten bzw. Vaters charakterlich strikt antithetisch verhalten. Cäcilie, so lässt sich abschließend auch mit Pikulik konstatieren, „ist [. . .] ähnlich wie Stella, die sowohl ihren Liebhaber wie ihr Kind verloren hat, doppelt geschlagen, eine Verlassene und Vertriebene, und daß sie zu Beginn des Stücks deprimiert, ja starr und trübsinnig erscheint, ist nicht verwunderlich.“[34]

Im weiteren Verlauf der Handlung nimmt aber ihr Zustand eine gewisse Wende – hin zum Positiven: „Cäcilie wird das anfänglich schwach und gedruckt Scheinende bald hinter sich lassen und als eine freie Gemüts- und Verstandesheldin vor uns im größten Glanz erscheinen“.[35]

Dies wird im Folgenden im Sinne der Beleuchtung ihrer Resilienz näher verdeutlicht.

### *2.2. Cäcilies seelische Widerstandskraft*

Als Begleiterin ihrer Tochter, die sich der „Baronesse“ als Gesellschafterin in den Dienst stellen will, tritt Cäcilie im Zuge des Aufzugswechsels (von Akt 1 zu Akt 2) in Kontakt mit Stella. Von da an scheint es, als komme sie wieder zu Kräften. Triftig kommentiert Pikulik: „[E]rst in der belebenden Nähe Stellas beginnt sich ihre Gedrücktheit zu lösen“.[36] Hiervon kann Cäcilies folgender Ausruf zeugen: „[MADAME SOMMER.] Ach und mein Herz! Wie geht es auf! Wie schwillt’s vor Ihnen!“ (SSL 13). Zunächst einmal wirkt sich Stellas Gegenwart auf ihre Moral gewissermaßen therapeutisch aus. Anders hätte es wohl auch nicht sein können. Stella, der „Engel“[37] ist für ihr nächstes Umfeld eine glückbereitende Gesellschaft: „Wer um [sie] lebt“, bezeugt die Postmeisterin, „ist glücklich“; man müsste, wie sie weiter ausführt, „einen sonderbaren Geschmack haben, wenn [einem] der Umgang mit der gnädigen

34 Pikulik, „Stella“ (wie Anm. 25), S. 96.

35 Hier wird zitiert nach Pikulik, selbst Goethe nachzitierend (ebd., S. 98, insb. Anm. 8).

36 Ebd.

37 So Stellas Beiname aufgrund nicht nur ihrer Schönheit, sondern vielmehr auch ihrer renommierten einzigartigen Liebenswürdigkeit. Dieser ihr Ruf war ihr schon bei Cäcilie noch in der Ferne vorausgegangen: „[[POSTMEISTERIN.] Unserer Frau Baronesse. Eine allerliebste Frau.] [MADAME SOMMER.] Mich freut’s, daß ich von einer Nachbarin bestätigen höre, was man uns in einer weiten Ferne beteuert hat“ (*SSL* 4).

Frau nicht gefiele“ (ebd.). Diese anmutige Natur Stellas lässt Cäcilie freilich nicht unberührt und doch täuscht sie über die große emotionale Vulnerabilität Stellas nicht hinweg. Im Gegenteil: Bald wird ihr bewusst, wie sehr seelisch gebrechlich Stella durch ihre widrigen Lebenserfahrungen ist und fühlt sich entsprechend zur Pflicht berufen, mütterlich-fürsorgend einzugreifen. Intuitiv müsste Cäcilie als erfahrene Mutter begriffen haben, dass Stella diesen Eingriff ihrerseits erwartete, indem sie ihr beim erstmaligen Anreden anvertraute, was Cäcilie für sie „im ersten Anblick“ widerspiegelte, nämlich „Vertrauen und Ehrfurcht“ (SSL 12). Stella erkennt in Cäcilie nämlich sofort eine „Vertraute“, der sie sich anvertrauen kann, ja gar einen gesandten „Engel“ (vgl. SSL 13), der sie von der Last des Kummers und insbesondere des schmerzlichen Geheimnisses lösen würde. Der in Stellas Nähe erlebte (wechselseitige) Einfluss sowie die Einwirkung der wohltuenden Reiseerfahrung und vor allem der Natur[38] hinsichtlich der Lösung ihrer Gedrücktheit sind – *en passant* – äußere Auslöser zur Manifestation der Resilienz bei Cäcilie, die erst dann stärker zu werden beginnt.[39]

Die emotionale Fragilität Stellas rührt Cäcilie immer mehr in dem Maße, wie sich diese im Laufe des Schicksalserzählens stärker spüren lässt. Ein solcher Umstand bewirkt, dass Cäcilie eine ständig größere Sensibilität für Stellas Schicksal entwickelt und umgekehrt über ihre eigene Situation allmählich Oberhand zu gewinnen scheint. Dabei erweisen sich, wie angedeutet, ihre Reife und Lebenserfahrenheit als größter Vorteil. Mut schöpfend wechselt sie entsprechend vom Zustand des jammernden Schicksalsopfers zu dem der Mut-Machenden. Sie steht nunmehr der noch psychologisch sehr affizierten Stella, wohl im Namen des inzwischen eingegangenen „Solidaritätsbund“ (vgl. SSL 14), als Rückhalt, mit Zurede und Trost zur Seite.

Cäcilie beweist eine ungewöhnlich große seelische Stärke darin, dass sie ihr Schicksal quasi verharmlost, indem sie für den „Vagabunden“, ihren „flatterhaften“ Gemahl, Fernando (vgl. SSL 19), sogar selbstkritisch mildernde Umstände findet, wie ihr auf Seite 25, kurz vor der Anagnorisis-Szene

38 Anschaulich hierfür die folgende Figurenrede: „[MADAME SOMMER.] Diese Reise in den Frühlingstagen, die/ abwechselnden Gegenstände und diese reine, segensvolle Luft, die sich so oft für/ mich mit neuer Erquickung gefüllt hat, das wirkte alles auf mich so gut, so freundlich, daß/ ich einen Widerschein der goldenen Zeiten der Jugend und Liebe in meiner Seele aufdämmern sah“ (SSL 13).

39 Hierin findet sich die – im ersten Teil angeführte – Konzeption von Resilienz als eine „dynamische Kapazität, die sich [. . .] im Kontext der Mensch- und Umweltinteraktion entwickelt“ (vgl. Petermann *et al.*, Entwicklungswissenschaft [wie Anm. 17], S. 345), bekräftigt.

befindliches Zugeständnis bezeugen kann.[40] Nicht zuletzt übersteht sie „in diesem fürchterlichen/ Augenblicke" (SSL 26) die Kummer heraufbeschwörende direkte Konfrontation mit Fernando ruhig-bravourös, ihre Würde dabei bewahrend.[41]

Die fürsorgende Disposition Cäcilies reicht gar so weit, dass sie um der bemitleideten Stella willen ihre Liebe zu Fernando sogar aufzuopfern sinnt. Sie sieht in seiner Wiederfindung nicht die Gelegenheit, Stella egoistisch-schonungslos abzunehmen, was ihr gehört, ihren Mann. Sie handelt eher in edler, moralethisch lobenswerter Weise: „[CÄCILIE.] Du gehörst einer andern,/ der ich dich nicht rauben kann" (*SSL* 26). Ebenso geht sie sprachlich bei der späteren Auseinandersetzung mit Stella (vgl. Akt 4) rücksichtsvoll-tröstend um, wie dieses Zitat zeigen kann: „[CÄCILIE.] Schwester! meine Schwester! erhole dich! [. . .] Glaube, daß, der in unser Herz diese Gefühle legte, die uns oft so elend machen, auch Trost/ und Hilfe dafür bereiten kann." (SSL 33). Ihr fürsorgender Auftritt reicht noch weiter: „Statt sich", heißt es zutreffend bei Pikulik, „an der Niederlage der Nebenbuhlerin zu weiden, hebt sie sie auf, schließt sie in ihre Arme und spendet Trost".[42]

Interessanterweise lässt der Dichter in diesem Moment höchster Not kein *Deus ex Machina* direkt eingreifen. Wie in seiner *Iphigenie*, lässt er eher die Protagonistin handeln[43] – zunächst einmal hilfesuchend betend: „[CÄCILIE.] Sieh herab auf deine Kinder, und/ [. . .]ihr Elend! [. . .] Stärke mich! Und kann der Knoten/ gelöst werden, heiliger Gott im Himmel! Zerreiß ihn nicht." (SSL

40 Sie entschuldigt ihn – „[[FERNANDO.] Der Schuldige!] [. . .] [MADAME SOMMER.] Er ist's nicht!" (SSL 25). Denn: Männer seien unberechenbar. Fernando soll mehr als ihre Liebe gebraucht; soll wie ein „Gefangener" gewesen sein und sie zwar eine „redliche Hausfrau aber keine unterhaltende Gesellschafterin" gewesen, so „daß er mit der Lebhaftigkeit seines Geistes [ihren] Umgang notwendig schal finden mußte." Ebd. Vgl. auch: Schulz, „Stella" (wie Anm. 7), S. 128.

41 Entsprechend heißt es: „[MADAME SOMMER.] „Ich danke dir, Gott, daß du in diesen/ Augenblicken meinem Herzen so viel Stärke gegeben hast! Bin ich's? die Zerschlagene!/ die Zerrissene! die in der bedeutenden Stunde so ruhig, so mutig ist? Guter, ewiger/ Vorsorger, du nimmst unserm Herzen doch nichts, was du ihm nicht aufbewahrst, bis zur/ Stunde, wo es dessen am besten bedarf" (SSL 23).

42 Pikulik, „Stella" (wie Anm. 25), S. 97. „Hier zeigt sich", so Pikuliks weitere Ausführungen, „daß Cäcilie in ihrem Element ist, wenn sie Schutz und Beruhigung gewähren kann." (Ebd.)

43 Diesbezüglich ausführlicher vgl. Franck Dovonou: *Gewalt und Gewaltlosigkeit bei Goethe. Eine exemplarische Studie unter besonderer Berücksichtigung seiner dramatischen Produktionen vom „Goetz" zur „Iphigenie"*. Saarbrücken: SVH 2018 [insb. S. 265–267].

33), danach eigenständig praktisch agierend. Anders gesagt bleibt Cäcilies Handeln nicht im *vita contemplativa* suspendiert, sondern setzt sich im *vita activa* fort. In diesem Sinne beweist sie große Stärke, ja „Mut und Charakter" (SSL 21), indem sie unter Berufung auf die Legende des Grafen von Gleichen (vgl. SSL 37 f.) Fernando, aber dann auch Stella den Vorschlag einer Dreierbeziehung macht (vgl. Akt 5).

Ja, die im Schlussakt auftretende Cäcilie ist jetzt Herrin über ihr Schicksal derart, dass sie es nun ist, die für die weitere Entwicklung – ja, gar den Ausgang des Konflikts! – den Ausschlag gibt. Der Ausgang der ganzen Handlung ist, eben analog zur Frau des legendären Grafen, von einer bei ihr liegenden Entscheidung abhängig. Diese schwerwiegende Verantwortung entgeht ihr nicht. Und die unter den gegebenen Umständen gebotene Gescheitheit bleibt ihrerseits ebenso nicht aus. Das große Dilemma, vor das sie sich gestellt sieht,[44] löst sie couragiert[45] in einer allen zugutekommenden Weise, nämlich durch dieses altruistische Angebot des ehelichen Verhältnisses zu dritt.[46] Diese, so eine gerechtfertigte gängige These, utopische, gleichwohl poetisch motivierbare Lösung[47] stellt das längst vermisste Lebensglück, gewissermaßen symbolisiert durch die stückabschließende Versöhnungsumarmung, ja das „Happy End", wieder her und besiegelt somit die Überwindung der langjährigen Widrigkeit.

44 Grob skizziert: Sollte sie Fernando verlassen, würde sie wohl die Nebenbuhlerin, Stella, zwar glücklich machen, bliebe, wie wahrscheinlich auch Fernando, aber selbst unglücklich. Andernfalls fände sie zwar das verlorene Liebesglück wieder, würde allerdings Stella ins Unglück stürzen, von der sie wohl weiß, sie würde es nicht überleben und trüge ggf. die Schuld an dem tragischen Ende dieser mit ihr schwesterlichen Bund teilenden „Unschuldigen".

45 Entsprechend lässt sie den inzwischen erwogenen Fluchtplan nicht zur Ausführung kommen und folglich auch nicht die hilflose Stella in ihrem Elend sich selbst überlassen.

46 Bezeichnend dafür ist ihre selbstartikulierte Bereitschaft [zur Abwendung der Katastrophe], aus Liebe ihrer eigenen Liebe um Fernandos und Stellas willen zu entsagen (vgl. SSL 36). Ausführlicher zur uneigennützigen Liebesdisposition Cäcilies Schulz, „Stella" (wie Anm. 7), 140, aber auch Pikulik „Stella" (wie Anm. 25), S. 97.

47 Die Poesie vermag es nämlich, wie es sich in Pikuliks aufsatzabschließender Formel andeutet, „uns in das Reich der ungeahnten Möglichkeiten zu entführen." Pikulik, „Stella" (wie Anm. 25), S. 114.

### *Abschließende Betrachtungen*

Als neue Lesart von Goethes *Stella* bindet diese Untersuchung durch eine kritische Heranziehung früherer, größtenteils klassisch dargestellter rezeptorischer Ansätze[48] das Drama in einen sehr aktuellen Diskurs ein. Sie aktualisiert die Werkrezeption aus heutiger Perspektive, indem sie uns vor Augen führt, dass dieses Werk über Jahrhunderte hinweg gegenwärtig noch immer von Relevanz ist und zwar als Baustein des Resilienz-Diskurses, der als geistige Reaktion auf die heutige krisen- und konfliktbefallene Entwicklung der Welt fungiert.

Aus der Auseinandersetzung mit der Handlung, insbesondere unter Fokussierung der weiblichen Figur der Cäcilie, ergibt sich ein neues Frauenbild, das sich von bisherigen Paradigmen in signifikantem Ausmaß abzeichnet. Auch bei aller Beibehaltung „typischer" Charaktermerkmale wie Mütterlichkeit, erotische Anziehungskraft, Empfindsamkeit, Liebe(s)/-anfälligkeit (re)konstruiert dieser Untersuchungsansatz in Cäcilie einen neuartigen weiblichen Charakter, der es – angesichts erlittener Widrigkeiten trotz der vermeintlich naturinhärenten Gebrechlichkeit[49] – nicht bei einer resignativen Postur belässt. Vielmehr zeichnet er sich durch tugendhaftes Agieren aus und gewinnt durch bewiesene Widerstandskraft die Oberhand.

Veranschaulicht wird somit an diesem weiblichen Charakter die Goethe spezifische Philanthropie,[50] aber diesmal unter dem Aspekt des Lobens der menschlichen Fähigkeit, bei erlittenen Widrigkeiten die eigene seelische Widerstandskraft unter Beweis zu stellen.

Moraldidaktisch lässt sich in diesem Zusammenhang dem Stück das Verdienst zuerkennen, dass es zugleich an den Menschen appelliert, in Zeiten schwieriger Prüfungen Resilienz zu zeigen.

Angesichts der heute durchaus konflikt- und krisengeprägten Weltlage und der damit verbundenen Widrigkeiten, die wir erfahren – ob individuell oder kollektiv –, erweist sich solch ein Appell heute mehr denn je als umso sinnvoller, ja willkommener.

48 Schulz, „Stella" (wie Anm. 7) und Pikulik, „Stella" (wie Anm. 25) u. a. geben in ihrer jeweiligen umfassenden Studie zur „Stella" jüngeren Datums einen interessanten Überblick über diese Ansätze.

49 Wie diese an der Stella-Figur exemplarisch veranschaulicht worden ist.

50 Sprich „die menschensympathische und -lobende Einstellung von Goethe". Ausführlicher vgl. Dovonou, *Gewalt und Gewaltlosigkeit bei Goethe* (wie Anm. 43), insb. S. 270–277.

*Literaturverzeichnis*

Borchmeyer, Dieter (Hrsg.): *Johann Wolfgang Goethe. Dramen 1765–1775.* Frankfurt am Main: Deutscher Verlag 1985.

Dovonou, Franck: „Zivilcourage und dramaturgisch couragiertes Engagement bei und von Goethe im Reflex seiner ‚Iphigenie auf Tauris' ". In: *Immo Irikisi* 8 (2016), S. 67–76.

Dovonou, Franck: *Gewalt und Gewaltlosigkeit bei Goethe. Eine exemplarische Studie unter besonderer Berücksichtigung seiner dramatischen Produktionen vom „Goetz" zur „Iphigenie"*. Saarbrücken: SVH 2018.

Fröhlich-Gildhoff, Klaus / Rönnau-Böse, Maike: *Resilienz.* München: Ernst Reinhardt [6]2019.

Goethe, Johann Wolfgang: „Das Göttliche". In: *Goethes Schriften.* Hrsg. von Georg Joachim. Bd. 8. Leipzig: Göschen 1789, S. 215–218.

Goethe, Johann Wolfgang: *West-östlicher Diwan.* Stuttgart 1819.

Goethe, Johann Wolfgang: „Götz von Berlichingen mit der eisernen Hand. Ein Schauspiel". In: *Johann Wolfgang Goethe. Der junge Goethe. 1757–1775.* Hrsg. von Gerhard Sauder. Band 2. München: Carl Hanser 1987, S. 279–389.

Goethe, Johann Wolfgang: *Unterhaltungen deutscher Ausgewanderten.* Stuttgart: Phillip Reclam 1991.

Goethe, Johann Wolfgang: *Iphigenie auf Tauris. Ein Schauspiel.* Stuttgart: Phillip Reclam 2001.

Große, Wilhelm: *Johann Wolfgang Goethe, „Götz von Berlichingen". Interpretationen.* Bd. 62. München: Oldenburg 1993.

Masten, S. Ann: „Resilience in Individual Development. Successful Adaption Despite Risk and Adversity". In: *Educational Resilience in inner city America: Challenges and Prospects.* Hrsg. von Margaret Wang/Edmund Gordon. Hilsdale: Routledge 1994, S. 3–25.

Niitsu, Kosuke *et al.*: „A Concept Analysis of Resilience Integrating Genetics". In: *Issues in Mental Health Nursing.* Hrsg. von Sandra Thomas. Bd. 38. London [11]2017, S. 896–906.

Petermann, Franz *et al.*: *Entwicklungswissenschaft. Entwicklungspsychologie – Genetik – Neuropsychologie.* Berlin / Heidelberg: Springer 2004.

Pikulik, Lothar: „Stella. Ein Schauspiel für Liebende". In: *Interpretationen: Goethes Dramen.* Hrsg. von Walter Hinderer. Stuttgart: Phillip Reclam 1992, S. 88–115.

Schulz, Georg-Michael: „Stella". In: *Goethe Handbuch.* Hrsg. von Theo Buck. Band 2. Stuttgart / Weimar: J. B. Metzler 1996, S. 123–141.

*Elektronische Ressourcen*

Duden unter: <https://www.duden.de/rechtschreibung/Resilienz> [Abruf 10.07.2022].

Fröhlich-Gildhoff, Klaus / Rönnau-Böse, Maike: *Was ist Resilienz und wie kann sie gefördert werden?* <https://www.google.com/url?sa=t&source=web&rct=j&url=https://www.br-online.de/jugend/izi/deutsch/publikation/televizion/31_2018_1/Froehlich-Gildhoff_Roennau-Boese-Resilienz.pdf&ved=2ahUKEwjW3Iy2ssD2AhUDxoUKHRUaDa4QFnoECCEQAQ&usg=AOvVaw1kQ_t8CT7FStBHF2ln2icB> [Abruf 12.03.2022].

Goethe, Johann Wolfgang: „Stella. Ein Schauspiel für Liebende", unter: <https://freeditorial.com/en/books/stella/related-books> [Abruf 02.03.2022].

Hu, Tianqiang / Zhang, Dajun / Wang, Jinliang: *A meta-analysis of the trait resilience and mental health.* <https://zdb-katalog.de/list.xhtml?t=iss%3D%220191-8869%22&key=cql> [Abruf 13.03.2022].

Liu, Jenny *et al.*: *Comprehensive meta-analysis of resilience interventions.* <https://pubmed.ncbi.nlm.nih.gov/33045528> [Abruf 13.03.2022].

# Neokolonialismus und autokratische Herrschaft in Afrika. Untersuchung zu Christoph Nix' Roman *Lomé. Der Aufstand*

*Boaméman Douti*

*Zusammenfassung*: Literatur als Kunst hat sich seit ihrer Entstehung immer mit den sozialen Problemen beschäftigt, die das menschliche Leben bedingen, mit dem Anliegen, sie zu korrigieren. Vor diesem Hintergrund schildert Christophe Nix, ein deutscher Gegenwartsautor, in seinem Roman *Lomé. Der Aufstand* die gesellschaftspolitischen und wirtschaftlichen Probleme, die die meisten Länder Afrikas südlich der Sahara seit den Unabhängigkeiten bis heute durchlaufen. Anhand vom sozialgeschichtlichen Ansatz der Literatur zeigt der vorliegende Aufsatz, dass Nix mit seinem Roman für die Etablierung demokratischer Regime, die frei von westlichen Einflüssen sind und die sich mit den Grundfreiheiten und dem Bevölkerungswohl befassen, in diesen Ländern plädiert.

*Schlüsselwörter*: Neokolonialismus, Autokratie, Armut, Afrika, Demokratie.

*Abstract*: Since its creation, literature as art has always dealt with the social problems that condition human life, with the aim of correcting them. With this background, Christoph Nix, a contemporary German author, depicts in his Novel *Lomé. Der Aufstand* the socio-political and economic problems that most of the countries of Africa south of the Sahara since the independent are going through. Based on the socio-historical approach of literature, this study shows that Nix pleads through his text for the establishment of democratic regimes, free from Western influences and concerned with fundamental freedoms and the well-being of the population in these countries.

*Keywords*: Neocolonialism, Autocracy, Poverty, Africa, Democracy.

## *Einleitung*

Die aktuellen politischen Gegebenheiten in einigen frankophonen afrikanischen Ländern, nämlich in Burkina-Faso, Guinea und Mali zeigen, dass die militärischen Putsche, die seit den erkämpften Unabhängigkeiten bis zum Aufkommen der demokratischen Bewegungen in den afrikanischen Staaten herrschten, wieder da sind. Daher kann man zweifelsohne behaupten, dass die meisten afrikanischen Staaten sich in einem Kreislauf von politischen Missständen befinden, welche die wirtschaftliche Lage dieser Länder verschlimmern. Dazu schreiben Vasu Gounden und Senzo Ngubane in ihrem gemeinsamen Beitrag zum 2001 erschienenen *Afrika-Jahrbuch* Folgendes:

> Viele afrikanische Länder sind in einem unendlichen Kreislauf von schlechter politischer und wirtschaftlicher Führung gefangen, mit der Folge eines wirtschaftlichen Niedergangs, was dann zu gesellschaftlicher Spaltung führt, die ihrerseits Konflikte zur Folge hat, so dass derselbe Kreislauf sich fortsetzt. Die gegenwärtige Lage Afrikas kann nicht einem einzelnen spezifischen Faktor zugeschrieben werden. Es gibt eine Vielzahl von Faktoren, die Afrika in seine gegenwärtige Verfassung gebracht haben. Kolonialismus [. . .] und die schlechte und korrupte Regierungsführung afrikanischer Eliten haben alle dazu beigetragen.[1]

Diese Passage drückt sowohl die schlechte politische und wirtschaftliche Lage als auch deren Ursachen und Folgen in den afrikanischen Ländern aus. Unter den Ursachen betonen die Autoren den Kolonialismus und die schlechte Regierungsführung der afrikanischen Machthaber. Die beiden Missstände sind miteinander verbunden, insofern, als die koloniale und neokoloniale Ausbeutungsstrategie der ehemaligen Kolonialmächte, darin besteht, die meisten afrikanischen Führer zu ihren Marionetten zu machen.[2] Dieser Marionettenstatus führt die Letzteren unvermeidlich zu einer schlechten Regierungsführung ihrer Staaten. Der an der Universität Duisburg-Essen lehrende Politikwissenschaftler und Expert für Afrikapolitik Peter Meyns stellt in seinen Auseinandersetzungen mit den Regierungsformen in den afrikanischen Staaten nach dem Wind der Demokratie fest, dass es in den meisten dieser Staaten autokratische Regierungsformen gibt, die hinter der Fassade demokratischer Institutionen weiter herrschen, sodass eine wirkliche demokratische Transition eine Utopie bleibt.[3] Er schreibt:

> An dem einen Ende des Spektrums ist die Gruppe von Ländern zu finden, die als *funktionierende Demokratien* bezeichnet werden können. Zu ihnen gehören Länder wie Botswana, Mauritius, die seit der Unabhängigkeit Mehrparteiensysteme sind und sich insoweit vor der zweiten Befreiung auf dem Weg der Demokratie befanden [. . .]. Am anderen Ende des Spektrums befinden sich die Staaten Afrikas, die der Form nach Parteien zulassen und Wahlen abhalten, bei denen aber fortdauernde autokratische Züge dominieren und sicherstellen, dass die

1 Vasu Gounden / Senzo Ngubane: „Afrikanische Lösungen für afrikanische Probleme. NEPAD und die afrikanische Renaissance". In: *Afrika-Jahrbuch. Politik, Wirtschaft und Gesellschaft in Afrika südlich der Sahara* (2001), S. 40–47, hier S. 40.

2 Vgl. Boaméman Douti / Mantahèwa Lebikassa: „Politische und kulturelle Herausforderungen Afrikas in den Globalisierungsprozessen. Eine Untersuchung zu Volkhard Brandes ‚Den letzten Calypso tanzen die Toten. Eine tropische Revolutions-Romanze'". In: *RILALE. Revue Internationale de Linguistique Appliquée, de Littérature et d'Éducation* 4 (2021), Nr. 3, S. 216–227.

3 Vgl. Peter Meyns: „Afrika zwischen Autokratie und Demokratie". In: *Aus Politik und Zeitgeschichte* 32–33 (2006), S. 3–8, hier S. 6.

> Macht der herrschenden Partei und ihres Präsidenten unangetastet bleibt. Sie können als *autokratische Wahlsysteme* bezeichnet werden. Togo wäre hier zu erwähnen, wo die herrschende Elite, insbesondere das Militär, nach dem Tode des Langzeit-Präsidenten Eyadema 2005 nur auf Druck der westafrikanischen Staaten und der internationalen Gemeinschaft Wahlen abgehalten hat, um die Ernennung von Eyademas Sohn zum neuen Präsidenten zu legitimieren.[4]

Aus dieser Passage kann man schließen, dass autokratische Herrschaftsformen in den afrikanischen Staaten sogar vom Vater zum Sohn weitergereicht werden können. Die Benennung Togos als Fallbeispiel in dieser Passage ist aufschlussreich. Togo gehört zu jenen frankophonen afrikanischen Ländern, in denen das Gebot der dritten Amtszeit des Präsidenten missachtet wird, sodass dieser bis zum Tod an der Macht bleiben kann, solange die Interessen Frankreichs nicht bedroht werden. In Togo sind Reformunwillen, Menschenrechtsverletzungen, Korruption und Unterschlagung der staatlichen Gelder keine Anomalie mehr. Diese Regierungsform verursacht wirtschaftliche Stagnation und prekäre Lebensumstände der Bevölkerung, was zu ständigen öffentlichen Protestbewegungen und blutigen Repressionen führt. Diese politischen Krisen in den frankophonen afrikanischen Staaten im Allgemeinen und in Togo im Besonderen bedürfen Lösungsperspektiven aus den unterschiedlichen wissenschaftlichen Disziplinen. Seit ihrer Entstehung gilt Literatur als das beste Reflexionsmedium der gesellschaftlichen Krisen.[5] Die Schriftsteller*innen haben sich immer kritisch mit sozialen Spannungsfeldern auseinandergesetzt, mit dem Anliegen, die Leser*innen zu motivieren, aus den stilisierten Spannungsverhältnissen Strategien zu dekodieren, die ihnen ermöglichen, eine bessere Welt zu konstruieren. Dazu schreibt Paul Ricœur:

> Ce qui est en effet à interpréter dans un texte, c'est une *proposition de monde*, d'un monde tel que je puisse l'habiter pour y projeter un de mes possibles les plus propres. C'est ce que j'appelle le monde du texte [...]. [Was eigentlich in einem Text zu interpretieren ist, ist ein Vorschlag der Welt, einer bewohnbaren Welt, in der ich leben kann, um eine meiner möglichst Besten zu entwerfen. Das nenne ich die Welt des Textes].[6]

Ricœur weist hier darauf hin, dass der Leser bzw. die Leserin aus seiner bzw. ihrer Auseinandersetzung mit dem Text Vorschläge zur Verbesserung seiner

4 Peter Meyns: „Afrika zwischen Autokratie und Demokratie" (wie Anm. 3), S. 5 f.

5 Vgl. Douti / Lebikassa: *Politische und kulturelle Herausforderungen* (wie Anm. 2), S. 216–227.

6 Paul Ricœur: *Du texte à l'action. Essais d'herméneutique*. Paris 1986, S. 115. [Übersetzung von mir B.D. Hervorh. im Orig.]

bzw. ihrer Gesellschaft bringen kann. Aus diesem Grund beschäftigt sich der vorliegende Aufsatz mit Christoph Nix Roman *Lomé. Der Aufstand*[7] mit dem Anliegen, Wege zur Implementierung von demokratischen Prinzipien und sozialen Transformationen in Afrika im Allgemeinen und in den frankophonen afrikanischen Staaten im Besonderen zu entwerfen. In diesem zum ersten Mal 2020 bei Transit Buchverlag erschienenen Roman setzt sich Nix kritisch mit den gesellschaftspolitischen und wirtschaftlichen Verfehlungen des gegenwärtigen Regimes von Togo und mit der gegenwärtigen Außenpolitik der ehemaligen westlichen Kolonialmächte auseinander. Im Mittelpunkt des Textes steht die Geschichte des deutschen Theaterleiters Michael Menz, der nach Lomé fliegt, um den Mörder einer seiner Schauspieler Hans Keuthen ausfindig zu machen. Letzterer wird während der Tournee einer deutsch-togoischen Theatergruppe im Norden Togos vom homophoben Militär ermordet. Während seiner Recherchen ist Menz Zeuge der blutigen Repressionen des gegenwärtigen Regimes von Togo. Er ist vor allem Zeuge der prekären Lebensumstände der Bevölkerung und der neokolonialen Praktiken einiger europäischer Länder, die aufgrund eigener wirtschaftlicher Interessen ihre Augen bei Menschenrechtsverletzungen und in Hinblick auf die Armut der Bevölkerung verschließen. Anhand des sozialgeschichtlichen Ansatzes der Literatur, der die Interpretation eines literarischen Textes „[. . .] im Hinblick auf [. . .] [seine] Wechselverhältnisse zum gesellschaftlichen Prozess [. . .]“[8] fordert, wird im vorliegenden Beitrag untersucht, wie Nix' Text als Plädoyer für Völkersouveränität und Verankerung der demokratischen Prinzipien in den westafrikanischen Staaten gelesen werden kann. Folgenden Punkten wird nachgegangen: Erstens wird herausgearbeitet, wie Nix mit seinen künstlerischen Mitteln die Verfehlungen des gegenwärtigen autokratischen Regimes von Togo, die die andauernden prekären Lebensumstände der Bevölkerungsmehrheit verursachen, kritisch auf den Punkt bringt. Anschließend wird herausgearbeitet, wie der Autor die Besitznahme des größten Teils der Bodenschätze der meisten afrikanischen Länder von den ehemaligen Kolonialherren und den neuen Profitjägern wie den Chinesen anprangert.

## *1. Autokratisches Regime als Faktor prekärer Lebensumstände*

Im Nachwort seines Romans schreibt Nix:

7 Christoph Nix: *Lomé. Der Aufstand.* Berlin 2020. Im Folgenden zitiert mit der Sigle (LA) und Seitenbelege im Text.

8 Sabina Becker / Christine Hummler / Gabriele Sander: *Grundkurs. Literaturwissenschaft.* Stuttgart 2006, 239.

Natürlich sind alle Personen, bis auf die Ereignisse um Heinrich Lübke und Syvio Olympio frei erfunden. Zu Beginn des Jahres 2019 behaupteten die Diktatoren in Burundi und Togo, sie wollten bald ihre Macht abgeben. Aber mehr ist nach dieser Ankündigung nicht geschehen. In Burundi [und Togo] herrscht offener Terror. (LA 158)

Wer sich mit der Geschichte Togos auskennt, erkennt an der zweiten Figur Syvio Olympio den ersten Präsidenten Togos Sylvanus Olympio, der 1963 in einem militärischen Putsch ermordet wurde. Dieses geschichtliche Ereignis, das die Verbindung zwischen Politik und Gewalt in Togo in den ersten Jahren seiner Unabhängigkeit zum Ausdruck bringt, bildet den Stoff des Romans. Nix zeigt in diesem Nachwort vor allem, dass er in seinem Roman Kunst und Realität verschmilzt und lädt den Leser dadurch dazu ein, seinen Text als Kunstwerk zu lesen. Für Pierre Bourdieu ist ein Kunstwerk ein symbolisches Gut, das durch den Umweg der Auslegung anzueignen sei.[9] Da Nix die politischen Missstände von Togo in seinem Text stilisiert, möchte ich in diesem Abschnitt herausarbeiten, welche Botschaft er bezüglich der Politik in den afrikanischen Ländern im Allgemeinen und in Togo im Besonderen kommunizieren will, denn wie er selbst in den Mund seines Erzählers legt, ist ihm die Geschichte der afrikanischen Staaten „nicht mehr gleichgültig." (LA 10)

Der Autor wählt für seinen Roman einen Er-Erzähler, der sich ab und zu in Form von Kommentaren zum Erzählten in die Geschichte einmischt. Durch seine Kommentare lockt er den Leser in die Geschichte ein und weckt seine Sympathie. Aus seiner Perspektive erfährt der Leser, wie Togo von einem autokratischen Regime, das vom Vater zum Sohn übergeht, „[f]ast vierzig Jahre [. . .] das Land, dessen Bewohner unter ärmlichsten Bedingungen leben mussten, [führt]" (LA 10). Dieses Regime übt einen gewaltsamen Druck auf die Bevölkerung durch blutige Repressionen der öffentlichen Protestbewegungen aus. Im zweiten Kapitel des Romans berichtet der Erzähler von folgenden Gräueltaten des togoischen Militärs gegenüber den Demonstranten im Norden des Landes:

Zwei Tage später fuhr das Ensemble mit einem Bus in den Norden, um auch dort aufzutreten, aber schon am nächsten Tag waren Unruhen gegen das korrupte Regime ausgebrochen. Das Militär wollte die Proteste im Keim ersticken, es wurde gewalttätig. Die euphorische Stimmung in der Theatergruppe schlug um, sie bekamen Angst [. . .]. Dann kam das Militär, schoss in die Luft und in die Menge, einfach so, als wären es Wasserpistolen. Menschen fielen um, darunter sechs Schüler aus dem Lycée supérieur [. . .]. Abas, einer der Anführer der neuen

9 Vgl. Pierre Bourdieu: *Zur Soziologie der symbolischen Formen*. Frankfurt am Main 1970.

> demokratischen Bewegung, saß da einfach und trank Bier. Asmara und unsere togolesischen Schauspieler kamen dazu, alles junge, hoffnungsvolle Leute, denen Abas aus der Seele sprach. (LA 28)

Proteste zielen ab, nach mehr Freiheit und Perspektiven zu verlangen. Repressionen aber hindern daran, dass dieses Ideal der Mehrheit der Bevölkerung erreicht wird. Der Zusammenstoß dieser Gegenkräfte verursacht Chaos im Land:

> [I]m Zentrum [des Landes] herrschte Chaos. Eine kleine Gruppe von Demonstranten hatte sich [...] versammelt, als plötzlich Militäreinheiten über die Menschen hergefallen waren. Sie hatten wahllos in die Menge geschossen, einzelne Männer und Frauen waren von maskierten Soldaten abgeführt worden. Junge Leute versuchten Straßensperren zu errichten, Steine und Mauerbrocken lagen herum. Immer wieder wurden sie von den Soldaten verfolgt und durch die Straßen gehetzt. (LA 76)

Die Darstellung von zunehmenden politischen Repressionen steht im Mittelpunkt von Nix Roman. Der Romanuntertitel „Der Aufstand" weist schon auf eine Revolution, ja eine Krisensituation hin. In ihren gemeinsamen Ausführungen über die Stabilisierungsmethoden der autokratischen Regime meinen Gero Erdmann und Christian von Soest:

> Prinzipiell stehen autoritären Regimen in Afrika, wie auf anderen Kontinenten auch, verschiedene Mittel der Herrschaftssicherung zur Verfügung. Zentrale Stütze ist zumeist ein breit gefächerter Repressionsapparat, der die Armee, eine brutal agierende Polizei, die Geheimpolizei, Spitzelnetzwerke, paramilitärische Schlägertrupps, eine willfährige Justiz und Staatsverwaltung umfasst wie auch staatlich kontrollierte Medien, die für Indoktrination, Falschinformation und Propaganda sorgen.[10]

Die oben angeführten Romanpassagen bestätigen diese These von Gero Erdmann und Christian von Soest. Sie zeigen deutlich, dass die Repression, bei der das Militär eine wichtige Rolle spielt, als Mittel zur Aufrechterhaltung des autokratischen Regimes von Togo ist. Das Militär erweist sich als Handlanger des Autokraten, dessen Brutalität und Willkür es vollstreckt. Das ist zum Beispiel der Fall bei folgendem Angriffsplan des Generals Yotmani, der die „militärische Bewältigung von Krisenzeiten" (LA 151) studiert hat, und des Präsidenten der Republik Felix, dessen Vater fast vierzig Jahre mittels der Gewalt (vgl. LA 10) das Land regiert hat, auf die Zivilbevölkerung:

10 Gero Erdmann /Christian von Soest: „Diktatur in Afrika". In: *GIGA Focus Afrika* 8 (2008), S. 1–7, hier S. 4.

> [...] Felix und sein General Yotmani trieben weiterhin ihr Unwesen. Sie konnten nicht ertragen, die Menschen frei zu sehen. Einer musste sich opfern. Seit gestern wissen wir, was die Offiziere planen. Sie wollen alles vernichten, was sich wehrt und aufbegehrt. (LA 152 f.)

Offiziere gehören zu Gefolgsleuten des Autokraten. Dazu kommen die hochrangigen Staatsbeamten wie die Minister*innen und Direktor*innen. Der autokratische Herrscher besetzt alle Bereiche des Staatsapparats mit solchen Leuten und das ermöglicht ihm, ein Maß an Handlungsfähigkeit zu haben. Diese Mitarbeiter*innen des Autokraten bilden den kleinen Kreis von Individuen, die Interesse daran haben, dass es keinen Machtwechsel gibt. Dies, weil das Staatsamt die Quelle der öffentlichen Güter ist, die sie ohne Furcht und Skrupel entwenden. Sie rauben den größten Teil dieser Gelder und investieren sie sie in In- oder Ausland. Der Kommunikationsminister von Togo, der die Niederschlagung von Massenprotesten in den Medien rechtfertigt, wird folgendermaßen beschrieben:

> Die Bilder des togoischen Staatssenders zeigten einen smarten Regierungsmann mit kariertem Anzug: Guy Lorenzo, Kommunikationsmister von Togo. Er warf den Demonstranten vor, sie seien an ihrem Unglück selbst schuld, da sie faul und unbelehrbar seien, Demokratie brauche manchmal auch Druck, wie man selbst in Deutschland gesehen hätte, als es noch eine Mauer gab. „Wir sind eine Demokratie“, rief er aus, „aber mit patriarchalen Zügen.“ Minister Lorenzo war eine der schillerndsten Persönlichkeiten im Karussell der Korruption in Togo. Früher war er Broker in einer von Dollores Versicherungsgesellschaften gewesen [...]. Als Sportminister hatte er die Gelder, knapp eine Million Euro, für den Bau von sechs Fußballstadien unterschlagen, und in China sollte er angeklagt werden wegen Computerkriminalität. (LA 76 f.)

Die Passage belegt zur Genüge, dass die Gefolgsleute des togoischen autokratischen Regimes eigene Interessen zuungunsten der Völkerlebensverbesserung verfolgen. Dieses korrupte und ausbeuterische Verhalten verursacht die prekären Lebensumstände des größten Teils der Bevölkerung. Durch seine Erzählweise kann Nix' Roman der Unterhaltungsliteratur zugeordnet werden. Der Erzähler teilt dem Leser Gefühle und Eindrücke mit, die ihm das prekäre Leben der Bevölkerung in diesem Land vermitteln. Bei einem Stadtrundlauf wird Folgendes aus der Perspektive der Hauptfigur berichtet:

> Menz [...] sah dort Mütter, Großmütter und Väter, die ihre bitter ersparten Centimes hinlegen, um ihrem Kind ein Schulheft zu kaufen und einen billigen Bleistift. Ihre Kinder sollten es besser haben, das war ihre Hoffnung, Schule und Bildung waren die einzige Möglichkeit, der Armut zu entkommen. Zugleich spürte er, wie sie schon jetzt ahnten, dass alles vergeblich war, da das Geld nie reichen

würde, dass die Geschichte sich immer wiederholte. Wer arm war, blieb arm [. . .]. (LA 36 f.)

In diesem Romanabschnitt legt der Erzähler den Fokus auf die weit verbreitete Armut der Bevölkerung, die von politischer Stagnation und tiefgreifender Korruption der Regierenden verursacht wird. Die Konsequenzen dafür sind die schlechteren Bildungschancen der Bevölkerungsmehrheit. Ohne Bildung hat diese Mehrheit eine geringe Arbeitsmöglichkeit. Laut UNESCO kommt die Hälfte der Kinder der Welt, die keinen Zugang zur Schule hat, aus den Staaten Afrikas südlich der Sahara.[11] Dass die Kinder der armen Familien in den meisten afrikanischen Ländern keinen Zugang zur Bildung von Qualität haben, ist unumstritten. Der Erzähler berichtet, dass die Mehrheit „[. . .] der Väter und Mütter [in Togo] nicht in der Lage sind, [. . .] [ihren Kindern] eine bessere Zukunft zu bieten [. . .]." (LA 101). Die Folgen dieser fehlenden Möglichkeit an Bildung ist die Verstärkung sozialer Ungleichheiten zwischen Reichen und Armen, in denen die Armen in einem Armutskreis in Form von sozialer Ausgrenzung leben. Diese Prekarität und vor allem die Perspektivlosigkeit führen zu Migrationswellen und gar zum Kinderhandel mit seinen schweren Konsequenzen:

> Seit vielen Jahren werden Eltern entweder überredet, ihre Kinder in reiche Familien in Nigeria, Mali oder Saudi-Arabien zu schicken. Man erzählt ihnen, sie hätten es gut, bekämen Bildung, aber in Wirklichkeit werden viele wie Sklaven gehalten. Sie werden als Landarbeiter, sogar als Minenarbeiter oder Sexsklaven missbraucht. Manchmal gelingt dem einen oder anderen die Flucht aus Nigeria oder Mali zurück, aber in Saudi-Arabien sind sie verloren [. . .]. Hier machen sie mit, bis in die Regierung. Es ist ein Geschäft [. . .]. Es ist ein mieses Geschäft mit wehrlosen Menschen, die es gibt, mit Kindern. (LA 72 f.)

Kinder, die eigentlich künftige Arbeitskraft einer Gesellschaft sind, verschwinden durch diesen Handel oder werden dadurch in ihrer körperlichen Befähigung gelahmt:

> Die Jungs kamen zurück, die Getränke wurden verteilt. Später zeigt einer der jungen Männer Menz seinen verstümmelten Fuß und erzählte ihm, dass sein früherer Herr, dessen Sklave er gewesen war, mit einer Schaufel das Fersenbein abgetrennt hatte. (LA 78)

Alle diese Missstände frustrieren die Bevölkerung und führen sie dazu, ihren Machtwechselwunsch durch regelmäßige Demonstrationen zu äußern. Indem

11 Vgl. <https://astelus.com/de/Probleme-in-Afrika/Prekarit%C3%A4t-von-Schulgeb%C3%A4uden-in-Afrika/> [Abruf 11.08.2022].

Nix seinen Erzähler den Fokus auf die geringen Bildungschancen der Kinder und ihren Handel legen lässt, will er die Aufmerksamkeit der afrikanischen Leser*innen auf die Bildung eines produktiven Humankapitals als Verbesserungspotenzial der Lebensumstände in den afrikanischen Ländern lenken. Die Bildung entwickelt die Talente der Bürger*innen, mit denen sie in der Gesellschaft einen Mehrwert erzeugen können, damit das Wachstum generiert wird. Dies ist nur möglich, wenn die demokratischen Prinzipien in den afrikanischen Ländern verwurzelt sind. Die Etablierung der Volkssouveränität und der Meinungsverschiedenheiten in den autokratischen Ländern Afrikas wird einen Zusammenschluss von Initiativen und Visionen aller Akteure der Gesellschaft ermöglichen, wobei jede Bürgerin und jeder Bürger mit ihren bzw. seinen Talenten als schöpferische Kraft am Prozess der gesellschaftlichen Gestaltung teilnimmt. Daher kann eine eigene Entwicklungsdynamik innerhalb der afrikanischen Länder gefördert werden. Daraus können Länder gebaut werden, die sich auf Kooperation statt auf Konfrontation gründen. Die Kritik von Nix am autokratischen und diktatorischen Regime von Togo zielt darauf ab, soziales Handeln für Demokratie und mehr Volksemanzipation in Togo anzuregen, denn autokratische Regime dulden keine alternativen Ideen. Diese Regime ersticken individuelle Initiative, die jeder Bürger oder jede Bürgerin für die Verbesserung der Gesellschaft mitbringen könnte. In seinen Überlegungen zu Systemtransformationen bringt Wolfgang Merkel dieses partizipationsfeindliche Verhalten der autokratischen Regime folgendermaßen zum Ausdruck: „Im Vergleich zu Demokratien sind autokratische Systeme partizipationsfeindlich, geschlossen, unflexibel, adaptions- und innovationsträge."[12] Analog zu Merkels These vertritt der ehemalige deutsche Staats- und Verfassungsrechtler Karl Loewenstein die Meinung, dass nur Befehl und Gehorsam in den autokratischen Regimen gälten.[13] Aus den beiden Thesen kann man schließen, dass die Partizipationsmöglichkeiten der Bürger*innen mit hohen Talenten wie die Intellektuellen zum Beispiel, die sich ein Reflexionspotenzial erworben haben, womit sie sich mit anspruchsvollen Problemen ihrer Gesellschaft beschäftigen können, an der Machtverwaltung ihrer Länder in einem autokratischen System unmöglich oder gering sind. Diejenigen, die daran teilnehmen, folgen nur Befehlen und können daher keine eigene Initiative nehmen, wobei sie ihre Talente und Kenntnisse im Dienst der gesellschaftlichen Fortschritte einsetzten können. Dem Erzähler zufolge wird ein Agrarwissenschaftler von Togo ins Gefängnis geworfen und schließlich ermordet, weil er sich weigert, den Privatinteressen des autokratischen Präsidenten zu dienen. Er will eher seine

12 Wolfgang Merkel: *Systemtransformation. Eine Einführung in die Theorie und Empirie der Transformationsforschung.* Wiesbaden 2010, S. 59.

13 Karl Loewenstein: *Verfassungslehre.* Tübingen 2000, S. 29 f.

Kenntnisse für die Verbesserung der armseligen Lebensumstände der Bevölkerung einbringen:

> Menes wollte Menz das Grab seines Vaters zeigen. Sein Vater hatte in den USA Agrarwissenschaften studiert, und als er zurückgekommen war, war Antoine Nanguibe, der alte Nanguibe, der Tyrann und gute Freund von Franz-Josef Strauß, an der Macht und wollte, dass Francois die Oberaufsicht über seine Parks und Gärten übernimmt. Aber das war nicht das, was François wollte. Er wollte den Hunger besiegen, forschen und die Landwirtschaft produktiver arbeiten lassen. Als François sich weigerte, kam er ins Gefängnis und wurde dort zu Tode gefoltert. (LA 86)

Aus diesem Zitat geht hervor, dass die Intellektuellen, die in einem autokratischen Regime eigene Initiative zugunsten des Wohlstands der Bevölkerung ergreifen wollen, vernichtet werden. Die Kommentare des Erzählers bringen aber implizit zum Ausdruck, dass diese ausgebildeten Eliten in Afrika ein Vorteil für die Entwicklung sind. Ihnen die Möglichkeit zu geben, eigene Initiativen zu unternehmen, ist ein Weg für bessere Zukunft, in der alle Bürger*innen am allgemeinen Wohlstand teilhaben.

In seinem Text kritisiert Nix nicht nur die diktatorischen und autokratischen Regime in den afrikanischen Ländern am Beispiel von Togo, sondern auch die neokoloniale Präsenz der westlichen Mächte in diesen Ländern. Im Folgenden wird diesem Punkt nachgegangen.

### *2. Ausbeutungsstrategien „alter und neuer Kolonialisten“ in Togo*

Dass Afrika zu den an Bodenschätzen reichsten Kontinenten gehört, ist unumstritten. Die afrikanische Bevölkerung profitiert aber nicht genug von diesen Bodenschätzen. Diese Einkommensquelle der meisten afrikanischen Staaten wird von ehemaligen Kolonialherren und den neuen Kolonialisten mit der Komplizenschaft der afrikanischen Regierenden geplündert. Die Kumpanei der westlichen Mächte mit dem autokratisch diktatorischen Regime in Afrika ist, wie bereits gesagt, der Grund warum, diese Ersteren ihre Augen in Bezug auf Menschenrechtverletzungen und die schlechte Regierungsführung in den meisten afrikanischen Ländern verschließen. Der Erzähler macht die Franzosen und die Deutschen dafür verantwortlich, dass eine einzige Familie in Togo das Land seit fast einer Jahrhunderthälfte regiert:

> Menz musste lachen. Was wusste er schon von diesem Land? Er wusste nur, dass bis heute sowohl Frankreich als auch Deutschland dafür verantwortlich waren, dass diese korrupte Familie Nanguibe ein ganzes Land regierte, als wäre es ihr Gutshof. (LA 92)

In seinen Beweisführungen legt der Erzähler den Schwerpunkt einerseits auf das Verhältnis zwischen dem togoischen autokratischen und diktatorischen Präsidenten Felix Nanguibe mit dem französischen Geschäftsmann Charles Dellore und andererseits auf die Freundschaft zwischen der Familie Nanguibe mit dem deutschen Politiker Franz-Josef Strauß. Diese Kumpanei versteckt, so der Erzähler, „[. . .] nur äußerst dürftig die engen personellen und wirtschaftlichen Bande zwischen dem Regime und den Vertretern des deutschen [und französischen] Staates." (LA 145). Man kann aus dem Zitat schließen, dass die westlichen Mächte am Beispiel von Frankreich und Deutschland aufgrund eigener wirtschaftlicher Interessen das im Roman präsentierte Regime von Togo unterstützen. Sie haben Interesse an der ewigen Machtaufrechterhaltung des Präsidenten.[14] Die politische und wirtschaftliche Komplizenschaft zwischen dem togoischen Präsidenten Felix und dem französischen Geschäftsmann Charles Dellore zum Beispiel wird folgendermaßen beschrieben: „Dellore begann ungeduldig zu werden. Wo blieb Felix? Zum ersten Mal befürchtete er, Nanguibe könnte ihn verraten, ihn ans Messer liefern. Aber wie liefert ein afrikanischer Despot einen europäischen Mogul ans Messer?" (LA 113). Dellore steht hier repräsentativ für Frankreich. In der Konstellation zwischen ihm und Felix kann der eine den anderen nicht verraten, weil sie ein geheimes Interessenbündnis geschlossen haben. Dellore unterstützt Felix, damit dieser lange an der Macht bleibt und dieser gibt ihm die Genehmigung, die Ressourcen seines Landes auszubeuten. An einer Textstelle kommentiert der Erzähler, wie der Hafen von Lomé der Privatbesitz von Dellore geworden ist:

> Charles Dellore achtete nicht auf die schwarzen Arbeiter. Ihm gegenüber saß Alfred Lugner, der für den Ausbau des Hafens zuständige Ingenieur einer großen deutschen Firma. Er hatte tiefe Falten im Gesicht [. . .]. Ein freundliches Gesicht, das über die Skrupellosigkeit, mit der er in Afrika Geschäfte machte, hinweg täuschte [. . .]. „Wir haben es geschafft, Alfred", sagte Dellore, [. . .] „Der Hafen von Lomé ist der größte Containerhafen von West- und Zentralafrika", fuhr er fort, „[. . .] er ist im Privatbesitz der Familie Dellore, nichts und niemand kann ihn streitig machen." / „Doch", antwortete Lugner knapp, „eine Revolution, das müsstest du als Franzose doch wissen." (LA 63)

Vom Zitat kann der Leser dekodieren, dass die wichtigen Ressourcen der meisten frankophonen afrikanischen Länder am Beispiel von Togo in den Händen der Franzosen bleiben. Die Erwähnung der deutschen Firma in der Passage ist ein Beweis dafür, dass die Deutschen auch an dieser Ressourcenausbeutung teilhaben. Die Anspielung auf die Revolution bedeutet, dass der Umsturz

14 Vgl. Helmut Schmidt: *Demokratie in Subsahara-Afrika. Eine Analyse ihrer Entstehung und Wirkung auf Recht und Wirtschaft.* Hamburg 2022.

von Felix den Verlust der französischen und auch der deutschen Privilegien mit sich bringen wird, denn die Protestbewegungen zielen nicht nur darauf ab, die autokratischen Regime umzustürzen, sondern auch die neokoloniale Ausbeutung der westlichen Mächte zu beenden. Da diese Ausbeutung, die der Erzähler „[...] krumme Geschäfte [...]" (LA 65) nennt, die Wirtschaft der westlichen Mächte verstärkt, unterstützen sie die autokratischen und diktatorischen Regime in Afrika. Dem Leser wird vermittelt, wie Charles Dellore mit den Journalisten, die Menschenrechtsverletzung und Korruption in Togo denunzieren, umgeht:

> Charles-Henrich Dellore hatte sich verabredet. Ein Artikel in der *Libération* vom Wochenende hatte seine Frau aufgeschreckt. „Die behaupten, du seist in Menschenrechtsverletzungen in Togo involviert. Was ist da dran, erkläre mir das bitte. Ruf' mich in den nächsten Tagen an." Sie klang energisch, legte auf [...]. Dellore unterschätze nicht die Gefahr, die von einer Journalistin ausging, die offenbar seine Finanzgeschäfte in Togo recherchiert hatte. Er sah sein Bild über dem Artikel, es war nicht sehr vorteilhaft. Er sah alt aus, so alt, wie er war. „Diesem Mann gehören das Land, der Hafen und das Meer, und er schreckt nicht davor zurück, Journalisten, die die Korruption in Togo bekämpfen, umbringen zu lassen", stand da. *Sie sind und bleiben Idioten, die ihren Staat nicht in der Hand haben, und sie brauchen Leute wie mich, damit aus ihrem Land etwas wird*, dachte Dellore. (LA 93, Hervorh. im Orig.)

An anderer Textstelle wirft der Erzähler Deutschland vor, zur Stabilisierung des autokratischen und diktatorischen Regimes von Togo beizutragen:

> Diese Vielzahl von Gesellschaften und undurchsichtigen Verflechtungen kaschieren nur äußerst dürftig die engen personellen und wirtschaftlichen Bande zwischen dem Regime und Strauß, der CSU und den Vertretern des deutschen Staates. Ein Zustand, der schon damals fragwürdig erschien. Suspekt ist auch das Engagement. So leistete der deutsche Staat durch Militär- und Polizeihilfe ab dem Ende der Sechzigerjahre einen essentiellen Beitrag zur Stabilisierung der Diktatur Nanguibes. Die Seidel-Stiftung rühmte sich bald, *die gesamte Beamtenschaft* in Togo auszubilden. Ein Unterfangen, das nach vierzig Jahren Diktatur, Korruption und Vetternwirtschaft auf allen staatlichen Ebenen bestenfalls als gescheitert betrachtet werden darf [...]. Sollte man annehmen, dass der Tod von Strauß und die Suspendierung der Kooperation mit Togo 1993 bis Ende 2007, wegen fundamentaler Verletzungen der Menschenrechte durch Nanguibe-Regime, dem ein Ende gesetzt hätte, so sieht man sich getäuscht. Nach der Machtübernahme von Felix Nanguibe, dem [...] Sohn Antoines, ist es ein CSU-geführtes Entwicklungsministerium, das die deutsche Entwicklungszusammenarbeit unter dem Titel *Frühling der deutsch-togoischen Entwicklungszusammenarbeit* ab 2012 wieder aufnimmt und seitdem intensiviert. Der Geschäftsführer der Bayerisch-Togoischen Gesellschaft und ehemalige Bundesvizepräsident, Johannes Singhammer, schreibt in einem

> Zeitungsartikel 2016, nur ein Jahr nach der öffentlich manipulierten Wiederwahl von Felix, dass Togo *auf dem Weg zum Musterland Afrikas sei.* (LA 145 f., Hervorh. im Original)

Dieses ambivalente Verhalten der westlichen Mächte, die angeben, gegen Menschenrechtsverletzungen und Korruption in Afrika im Allgemeinen und in Togo im Besonderen zu kämpfen, aber gleichzeitig diktatorische und autokratische Regime anerkennen und unterstützen, wird im Roman als „europäische Doppelmoral" (LA 104) bezeichnet. Dem Erzähler zufolge haben zum Beispiel die deutschen Politiker die gewaltsame Repression der togoischen Bevölkerung während der öffentlichen Proteste von 2017 passiv beobachtet:

> Während in Togo Tausende inhaftiert waren und die Armee in Sokodé den Ausnahmezustand verhängte, ließen sich deutsche Politiker Orden umhängen und gaben Festbankette. Das ist deutsche Afrikapolitik", resümierte Sundheim und schaute Menz an „und so Typen wie ihr stört dabei. (LA 110)

Die Doppelmoral der Europäer*innen wird mit dem ernsten Verhalten der Chinesen verglichen, die keine Ahnung von demokratischen Prinzipien haben und die im Text als neue Kolonialisten von Afrika erscheinen (vgl. LA 11). Diese laufen nur nach Interessen, ohne sich in die politischen Umstände einzumischen:

> [E]s war gut, dass die chinesischen Kollegen nicht unentwegt auf Menschenrechtsfragen herum ritten. Ihre Auffassung von Ethik der Macht war ihm [Felix] näher als die europäische Doppelmoral. Hatte Dellore jemals an Menschenrechte gedacht, als sie mit Zwangsarbeitern den Hafen auszubauen beginnen? Sie hatten verdient, alle, die Afrikaner mit Abstand am wenigsten. Das gilt im Übrigen auch für Drogengeschäfte. (LA 104)

Die neokoloniale Ausbeutung von Afrika ist eine neue Form der Sklaverei. Wie bei der vergangenen Sklaverei stützen sich die Kolonialherren auf die Afrikaner*innen, die ihre Brüder und Schwestern wegen des Interesses der Ersteren misshandeln:

> Nichts hatte sich verändert in all den Jahren, Schwarze quälen Schwarze, Weiße ließen Schwarze quälen [. . .]. Im Portugiesischen Fort von Ouidah, gelegen zwischen den Hauptstädten Lomé und Cotonou, findet man bis heute Folterwerkzeuge, die Brandstätten, die Orte der bösen Geister, an denen die Sklaven gebrandmarkt, getötet oder für immer verschifft wurden. (LA 101)

Es kann aus vorhergehenden Ausführungen festgehalten werden, dass Nix die Ausbeutung und den Ausverkauf des öffentlichen Eigentums in den afrikanischen Ländern kritisch auf den Punkt bringt. Ausdrücklich meint der

Erzähler, dass „[e]s [. . .] nicht richtig [ist], dass ein Mann aus Frankreich alle Häfen in Westafrika besitzt. Es ist wider Natur und die Menschlichkeit.“ (LA 135) Die Passage versteht sich als Aufschrei des Autors, die neokoloniale Ausbeutung zu beenden, damit die afrikanische Bevölkerung endlich von ihren Ressourcen profitiert. Damit dieser Wunsch des Autors erfüllt wird, sind eine Etablierung der guten Regierungsführung und eine Durchsetzung von wirtschaftlichen und gesellschaftlichen Reformen in den afrikanischen Ländern im Allgemeinen und in Togo im Besonderen vonnöten. Diese Reformen müssen die Bedürfnisse der Bevölkerung in den Vordergrund stellen, damit eine gute Umverteilung der Ressourcen (vgl. LA 40) endlich etabliert wird. Dies ist ein unvermeidlicher Weg, effektiv das Elend in Afrika zu bekämpfen und einen nachhaltigen Entwicklungsstart zu machen.

## *Abschließendes*

Nix zeigt mit seinem Roman, wie die autokratischen Regime in den westafrikanischen Ländern am Beispiel von Togo und das dort herrschende neokoloniale Ausbeutungssystem der westlichen Mächte die endemischen prekären Lebensumstände der Bevölkerung verursachen und aufrechterhalten. Diese Missstände führen zur Frustration der Bevölkerung, die sie durch öffentliche Protestbewegungen, bei denen das Militär mit brutaler und mordlustiger Härte gegen Demonstranten vorgeht, ausdrückt. Durch Kommentare des Erzählers, in denen er Stellung zugunsten der unter Armut, Elend und Gewalt leidenden Bevölkerung nimmt, bringt Nix diese sozio-politischen und wirtschaftlichen Missstände kritisch auf den Punkt. Diese kritische Stellungnahme ist mit dem Anliegen verbunden, dagegen anzugehen. Somit macht Nix seinen Text zum Medium, wodurch nach umfassender Souveränität und mehr Demokratie für das Volk der westafrikanischen Staaten verlangt wird. Demokratie und Völkersouveränität in Westafrika werden nicht nur einen Raum für kontroverse Fragen und neue Perspektiven bieten, sondern auch günstige Bedingungen schaffen, in denen jede Bürgerin oder jeder Bürger ihr bzw. sein Potenzial befreit, um prosperierende Länder zu bauen, deren Entwicklung von den Potenzialen der eigenen Bevölkerung vorangetrieben wird.

## *Literaturverzeichnis*

Becker, Sabina / Hummler, Christine / Sander, Gabriele: *Grundkurs. Literaturwissenschaft*. Stuttgart 2006.

Bourdieu, Pierre: *Zur Soziologie der symbolischen Formen.* Frankfurt am Main 1970.

Douti, Boaméman / Lebikassa, Mantahèwa: „Politische und kulturelle Herausforderungen Afrikas in den Globalisierungsprozessen. Eine Untersuchung zu Volkhard Brandes *Den letzten Calypso tanzen die Toten. Eine tropische Revolutions-Romanze*." In: *RILALE. Revue Internationale de Linguistique Appliquée, de Littérature et d'Éducation* 4 (2021), Nr. 3, S. 216–227.

Erdmann, Gero / Soest, Christian: „Diktatur in Afrika." In: *GIGA Focus Afrika* 8 (2008), S. 1–7.

Gounden, Vasu / Ngubane, Senzo: „Afrikanische Lösungen für afrikanische Probleme. NEP AD und die afrikanische Renaissance." In: *Afrika-Jahrbuch. Politik, Wirtschaft und Gesellschaft in Afrika südlich der Sahara* (2001), S. 40–47.

Iser, Wolfgang: *Der Akt des Lesens. Theorie ästhetischer Wirkung.* München 1994.

Loewenstein, Karl: *Verfassungslehre.* Tübingen 2000.

Merkel, Wolfgang: *Systemtransformation. Eine Einführung in die Theorie und Empirie der Transformationsforschung.* Wiesbaden 2010.

Meyns, Peter: „Afrika zwischen Autokratie und Demokratie." In: *Aus Politik und Zeitgeschichte* 32–33 (2006), S. 3–8.

Nix, Christoph: Lomé. *Der Aufstand.* Berlin 2020.

Ricœur, Paul: *Du texte à l'action. Essais d'herméneutique.* Paris 1986.

Schmidt, Helmut: *Demokratie in Subsahara-Afrika. Eine Analyse ihrer Entstehung und Wirkung auf Recht und Wirtschaft.* Hamburg 2022.

*Internetquelle*

<https://astelus.com/de/Probleme-in-Afrika/Prekarit%C3%A4t-von-Schulgeb%C3%A4uden-in-Afrika/> [Abruf 11.08.2022].

# Soziale Ungerechtigkeiten als kausale Grundlage für Krisen und Konflikte. Zu Kleists *Michael Kohlhaas* und Oyonos *Der alte Mann und die Medaille*

*Mantahèwa Lebikassa*

*Zusammenfassung*: Soziale Ungerechtigkeiten liegen meistens den gesellschaftlichen Krisen und Konflikten zugrunde. In ihrem Buch *Über Ungerechtigkeit* versteht die US-amerikanische Politologin Judith Nisse Shklar die Ungerechtigkeit als Verletzung guter Gesetze, Bruch von Versprechen, Weigerung, gültige Ansprüche anzuerkennen, Verdienste zu belohnen, Verbrechen zu bestrafen und parteiisch bei der Schlichtung der Streitfälle zu sein. Sowohl der afrikanisch-frankophone Roman *Der alte Mann und die Medaille* als auch die deutsche Novelle *Michael Kohlhaas* behandeln jeweils von zeit- und gesellschaftsspezifisch zwischenmenschlichen Konflikten und Krisen, die aufgrund erlebter Ungerechtigkeiten entstehen. In Kleists Novelle wird der Titelheld Michael Kohlhaas, ein edler Bürger, zum Anführer der Terroranschläger und Mörder, nachdem ihn sein Staat ausgetrickst und ihm Gerechtigkeit verweigert hat. Im Namen einer falschen Freundschaft rauben die Landes- und Kirchenherren der männlichen Figur Meka in Oyonos Roman sein ganzes Vermögen weg, bis er am Abend seiner vermeintlichen Ehrung von ihnen verhöhnt und im Kommissariat gefoltert wird; aus den gestrigen Freunden sind von jenem Augenblick an echte Feinde geworden. Der fromme und gutgläubige Christ Meka wird zum Apostaten und Kämpfer der kolonisierenden französischen Gemeinschaft. Ziel des vorliegenden Beitrags ist literatursoziologisch nachzugehen, wie soziale Ungerechtigkeiten und Duplizität in den beiden Texten als Grundlage für Beeinträchtigung zwischenmenschlicher Beziehungen und gesellschaftlicher Kooperationen fungieren und schwerwiegende Konflikte und Krisen verursachen.

*Schlüsselwörter*: soziale Ungerechtigkeit, gesellschaftliche Krise, gesellschaftliche Zusammenarbeit, Gesellschaftsvertrag, Duplizität

*Abstract*: Social injustice usually underlies social crises and conflicts. In her book *Über Ungerechtigkeit*, US political scientist Judith Nisse Shklar understands injustice as breaking good laws, breaking promises, refusing to recognise valid claims, rewarding merit, punishing crime and being partial in settling disputes. Both the African Francophone novel *Der alte Mann und die Medaille* and the German novella *Michael Kohlhaas* each deal with time- and society-specific interpersonal conflicts and crises that arise because of experienced injustices. In Kleist's novella, the title character Michael Kohlhaas, a noble citizen, becomes the leader of terrorist attackers and murderers after his state tricks him and denies him justice. In the name of a false friendship, the rulers of the country and the church rob the male character Meka in Oyono's novel of his entire fortune until he is mocked by them on the evening of his supposed honour and tortured in the commissariat; yesterday's friends have become real enemies from that moment on. The pious and credulous Christian Meka becomes an apostate and a fighter for the colonising french community. The aim of this paper is to trace, from a literary sociological point of view, how social injustice and duplicity in the two texts function as a basis for impairing interpersonal relations and social cooperation and cause serious conflicts and crises.

*Keywords*: Social injustice, Social crisis, Social cooperation, Social contract, Duplicity

## *Einleitung*

Allgemeiner Einschätzung zufolge liegen der Existenz des Menschen die Existenz der Welt und die vieler anderer Lebewesen in ihren jeweiligen Gemeinschaften zugrunde. Im derlei vielfältigen Lebensraum zeichnet sich der Mensch durch sein leichtsinnigeres gemeinschaftliches Lebensfeingefühl aus. Hierzu lohnt es sich, auf Aristoteles zu verweisen, der seit dem IV. Jahrhundert vor Christus den Menschen von Natur aus als politisches bzw. staatliches Lebewesen bestimmt hat.[1] Aus solch einem Naturtrieb gestalten die Gemeinschaftsmitglieder ihr Zusammenleben dementsprechend zu einer optimaleren Bewältigung eventueller Lebensschwierigkeiten und -missverständnisse. Trotz aller betroffenen Maßnahmen entstehen dennoch immer wieder soziale Ungerechtigkeiten in der Gesellschaft und beeinträchtigen vehement als sonst die Kooperation der Akteure, sei es zwischen Staat und Bürger oder zwischen einzelnen Mitgliederinstanzen innerhalb einer (über-/inter-/intra)regionalen Partnerschaft. Sich der Gefährlichkeit der sozialen Ungerechtigkeiten bewusst machend, bestimmt infolgedessen die US-amerikanische Politologin Judith Nisse Shklar in ihrem Buch *Über Ungerechtigkeit* die Ungerechtigkeit als Verletzung guter Gesetze, Bruch von Versprechen, Weigerung, gültige Ansprüche anzuerkennen, Verdienste zu belohnen, Verbrechen zu bestrafen und parteiisch bei der Schlichtung der Streitfälle zu sein.[2] Den Ausführungen der Politologin könnte entnommen werden, wie zwar die Beachtung der von Shklar aufgelisteten Werte und dergleichen nach wie vor das Gesellschaftsleben zusammenhält, aber auch implizit welche unvorhergesehenen schwerwiegenden Konflikte und Krisen im Falle der Bagatellisierung jener Werte entstehen

1 Vgl. Wolfgang Kullmann: „Der Mensch als Politisches Lebewesen bei Aristoteles". In: *Hermes* 108, 3 (1980), S. 419–443. <https://www.jstor.org/stable/4476177> [Abruf 20.04.2022].

2 Judith N. Shklar: *Über Ungerechtigkeit. Erkundungen zu einem moralischen Gefühl*. Berlin: Matthes & Seitz 1992, S. 36.

könnten. Denn diese Werte tauchen als Credo zum sorgenfreien Zusammenleben aller an der Kooperation beteiligten Akteure auf. Anhand einer Untersuchung von Heinrich von Kleists Novelle *Michael Kohlhaas*[3] und Ferdinand Oyonos Roman *Der alte Mann und die Medaille*[4] setzt sich die vorliegende Reflexion diese These zum Ziel.

Kleists Novelle geht auf die Geschichte des nach der Rechtsstaatsgesetzgebung lebenden Titelhelden Michael Kohlhaas ein, der mehrere Ungerechtigkeiten seitens der Mitbürger erlebt, wobei der Rechtsstaat ihm wider Erwarten Gerechtigkeit weigert. Daraufhin verwandelt er sich zum Terroranschläger und zieht rasend durch das ganze Land, indem er seiner Gesellschaft ungeheure schwerwiegende Mensch- und Sachverluste zufügt. In den Mittelpunkt Oyonos Romans wird der einheimische Greise Meka gestellt, der längst in einer freundschaftlichen und christlichen Kooperation mit der kolonisierenden Gemeinschaft aus der fiktiven Stadt Doum lebt. Im Namen ihrer Kooperation rauben die Kolonialherren Meka arglistig sein ganzes Vermögen, seine Grundstücke sowie seine lieben beiden Söhne, die im Krieg für die Freunde ihres Vaters fallen. Infolgedessen entscheiden sich die Kolonialherren Meka mit einer Medaille zum Entgelt zu ehren. Am Abend seiner Ehrung wird der alte Meka aber von seiner Freundesgemeinschaft verhöhnt und letztendlich im Kommissariat ungerecht und gesetzwidrig gefoltert. Als Folge verwandelt sich der leutselige, fromme und gutgläubige Christ Meka zum Apostaten und Kämpfer der kolonisierenden Gemeinschaft aus Doum. Den beiden Werken könnte entnommen werden, einerseits wie sowohl Kohlhaas als auch Meka seitens ihrer jeweiligen Vertrauensinstanzen bzw. -leute offensichtliche und ungenierte Ungerechtigkeiten erleiden, und andererseits wie diese Ungerechtigkeiten zur Krise und zum Konflikt zwischen den direkt beteiligten Akteuren führen, und wie deren Auswirkungen katastrophal auf die ganze Umgebung zutreffen. Ziel des vorliegenden Beitrags ist es insofern, anhand von den beiden literarischen Werken literatursoziologisch nachzugehen, wie soziale Ungerechtigkeiten und Duplizität in der Menschengesellschaft als Grundlage für Beeinträchtigung zwischenmenschlicher Beziehungen und gesellschaftlicher Kooperationen fungieren und schwerwiegende Konflikte und Krisen verursachen.

3 Heinrich von Kleist: *Michael Kohlhaas. Aus einer alten Chronik*. In: Helmut Sembdner (Hrsg.): *Heinrich von Kleist, Sämtliche Werke und Briefe*. München: dtv 1977, S. 9–102. Im Folgenden als (MK) zitiert.

4 Ferdinand Oyono: *Der alte Mann und die Medaille. Roman. Aus dem Französischen von Katharina und Heinrich Arndt*. Berlin: Volk und Welt 1972. Im Folgenden als (AM) zitiert.

Wie angekündigt, ist zum Erreichen des besagten Untersuchungsziels ein Bedarf nach literatursoziologisch-theoretischen Ansätzen lohnenswert. Grob betrachtet, behandeln literatursoziologische Ansätze die Widerspiegelung gesellschaftlicher Realität in literarischen Texten.[5] Denn literarische Texte entstehen nicht *ex nihilo*. Sie sind meist ein Abbild der Welt bzw. der Wirklichkeit, des Alltags. Hierzu schreibt der Theoretiker Jürgen Schutte Folgendes: „Das Lesen von literarischen Texten erweist sich als eine spezifische Form der Aneignung der Realität, der Welt und des Selbst, auf dem Weg der ästhetischen Erfahrung."[6] In demselben Zusammenhang gibt Jean-Louis Joubert zu bedenken, dass die Bestimmung des Romans als kritische Widerspiegelung der Gesellschaft zu erfassen sei. Er schreibt: „Le roman a vocation à se poser en miroir critique d'une société".[7] Aus den Erläuterungen der zitierten Theoretiker lässt sich feststellen, dass der Leser zum guten Verstehen des literarischen Textes die erzählte Handlung mit dem Alltag zu konfrontieren braucht. Beim Lesen eines literarischen Werkes erarbeitet der Leser zuvor die Handlung, dann stellt er sie sich in der Wirklichkeit vor und findet dabei die Bedeutung des Textes heraus oder schafft sich selbst eine neue Deutung.

Die Untersuchung widmet sich global zwei Inhaltspunkten: Im ersten Teil wird simultan erörtert, wie die staatlich-mitbürgerlichen Ungerechtigkeiten an Kohlhaas bzw. die Duplizität der Gemeinschaft der Kolonialherren gegen Meka entstehen. Im zweiten wird untersucht, wie die entstandenen Ungerechtigkeiten den Kooperationsprozess gefährden und aus Kohlhaas ein tödliches Monster und aus Meka einen Aufwiegler und Apostaten machen.

## *1. Staatlich-mitbürgerliche Ungerechtigkeiten an Kohlhaas und Duplizität der Kolonialherren gegenüber Meka*

Die Ungerechtigkeiten an der Figur Kohlhaas erfolgen erstmal in Zwischenfällen mit einem Mitbürger, dem Junker Wenzel von Tronka. Auf dem Weg von Brandenburg nach Leipzig, wo der Pferdehändler Michael Kohlhaas seine Pferde zu verkaufen pflegt, erleidet er bei einer staatlichen Ritterburg, der Tronkenburg, auf sächsischem Gebiet vermehrende offensichtliche Ungerechtigkeiten seitens seines Mitbürgers Junker Wenzel von Tronker: Erstens die

5 Vgl. Christine Magerski / Christa Karpenstein-Eßbach: *Literatursoziologie. Grundlagen, Problemstellungen und Theorien.* Wiesbaden: Springer VS 2019.

6 Jürgen Schutte: *Einführung in die Literaturinterpretation.* Stuttgart: Metzler 1985, S. 5.

7 Der Roman soll als kritischer Spiegel einer Gesellschaft fungieren. [Übersetzt von mir M. L.]. Jean-Louis Joubert / Jacques Lecarme et al.: *Les Littératures francophones depuis 1945.* Paris: Bordas 1986, S. 40.

neu gesetzwidrige Errichtung des Wegezolls aus beliebigem Betrag, zweitens die demütigende und willkürliche Passforderung (vgl. MK 10), drittens die unverschämte Pferdepfandforderung (vgl. MK 12) und viertens die barbarische Folterung von Kohlhaas' Großknecht namens Herse, der für die verpfändeten Pferde sorgen sollte (vgl. MK 16–18).

Gegenüber den Ungerechtigkeiten bei der Tronkenburg seitens seines Mitbürgers greift Kohlhaas, dessen Rechtsgefühl einer Goldwaagegleicht (vgl. MK 9), zunächst weder auf Protest noch auf Gewalt zurück. Er wendet sich stattdessen an die Justizinstanzen seines Staats mit Hilfe eines Rechtsgelehrten, mit dem er eine Beschwerde, in welcher die Rechtssache in der Tat klar war und wo er, nach einer umständlichen Schilderung des Frevels bei der Tronkenburg, Folgendes verlangt: zunächst die gesetzmäßige Bestrafung des Junkers, dann die Wiederherstellung der Pferde in den vorigen Stand und schließlich den Ersatz des Schadens, den er selbst, als auch sein Knecht Herse, dadurch erlitten haben (vgl. MK 21). Aus der besonnenen Vorgehensweise von Kohlhaas enthält seine Klage keine Fehler, die zu ihrer eventuellen Unterschlagung führen könnten: „Kohlhaas ist bedächtig und besonnen vorgegangen und hat alle Mittel des Rechtsweges ausgeschöpft".[8] Darum kehrt er, nachdem er die Klage eingereicht hat, „völlig [. . .] über den Ausgang seiner Rechtssache beruhigt" (MK 21) bzw. „beruhigter über den Ausgang seiner Geschichte, als je" (MK 23) nach Hause zurück. Denn „Strafrecht ist der Teil der Rechtsordnung, der die Voraussetzungen und Folgen der mit einer Strafe oder Maßregel der Sicherung und Besserung bedrohten Verhaltensweisen regelt".[9]

Die zweite Phase bzw. Stufe der Ungerechtigkeiten an Kohlhaas besteht darin, dass er die gesetzmäßig verfasste Klage wiederholt einreicht und jedes Mal wird sie wider Erwarten vom Gericht ohne rechtmäßige Gründe unterschlagen: Der erste Klageversuch wird „auf eine höhere Insinuation, bei dem Dresdner Gerichtshofe, gänzlich niedergeschlagen" (vgl. MK 21); der zweite wird mit einer Resolution beantwortet, die Kohlhaas als „unnützen Querulanten" (vgl. MK 24) diffamiert; der letzte Klageversuch wird von Kohlhaas' Frau Lisbeth unternommen. Sie entschließt sich, selbst eine Petition dem Kurfürsten zu erreichen. Leider wird sie bei dieser Gelegenheit wegen etlicher ländlichen Unruhen schwer verletzt und stirbt wenig später davon. Gerade am Tag ihres Begräbnisses erhält Kohlhaas die „landesherrliche Resolution", die ihm unter Androhung einer Gefängnisstrafe alle weiteren rechtlichen Schritte untersagt: „[E]r solle die Pferde von der Tronkenburg abholen, und bei Strafe,

8 Erika Fischer-Lichte: *Heinrich von Kleist: Michael Kohlhaas.* Frankfurt am Main: Diesterweg 1991, S. 37.

9 Urs Kindhäuser et al.: *Klausurtraining Strafrecht: Fälle und Lösungen.* Baden-Baden: Nomos 2010, S. 24.

in das Gefängnis geworfen zu werden, nicht weiter in dieser Sache einkommen.“ (Vgl. MK 31)

Staatsgesetzlich gehört Kohlhaas zu den rechtschaffensten Menschen (vgl. 9). Er ist zudem ein gerechter Mann. Diese Erläuterung legt nahe, nicht nur dass Kohlhaas das Recht kennt, sondern auch dass seine Mitbürger ein gesetzmäßiges Leben führen. Das Rechtskonzept ist den Bürgern evident. Der von Kleist geschaffene Staat ist der Bestimmung der Novelle nach ein Rechtsstaat. Gesetzlich gedeutet, herrschen dort nicht nur rechtliche Grundsätze, die in Gesetzen formuliert sind, sondern auch Institutionen wie zum Beispiel Gerichtshöfe, Tribunals, Rechtsgelehrten bzw. Rechtsanwälte, die dazu befugt sind, die Auseinandersetzungen zwischen Bürgern dem Gesetz nach zu regeln. Denn der Staat wird gegründet, um Hab und Gut, Ehre, Recht und Freiheit als Rechtsgüter des einzelnen zu schützen. So hat jeder einzelne Bürger ein Recht auf den Schutz durch die Gesetze. Jede Verletzung dieses Prinzips stellt sich als eine Missachtung der dem Staat obliegenden Aufgabe dar.[10] Der Rechtsstaat verzichtet sozusagen auf alles, was im Stande ist, die interne Ordnung zu beeinträchtigen. Denn, so Claudia Dalbert, „[d]ie Gesellschaftliche Ordnung ist ein geheiligtes Recht, das allen anderen Rechten zur Grundlage dient. Gleichwohl entspringt es nicht der Natur; es ist also auf Vereinbarungen gegründet“.[11] Im Mittelpunkt eines Rechtsstaats steht also die gesellschaftliche Ordnung. Aufgabe des Staates ist auch „Beziehungen zwischen Individuen und zwischen sozialen Gruppen in den verschiedenen sozialen Bereichen zu regeln“.[12] Im Rechtstaat beachtet der Bürger die Gesetze und der Staat schützt ihn in seinen Rechten. Es entsteht daher eine Art vom Pakt zwischen dem Staat und seinen Bürgern. Für eine bessere Verwaltung und die Bewahrung der Ordnung innerhalb des Staats hat jeder seine Aufgabe im Umgang mit anderen. Hierbei ist die Rede vom Staatsvertrag, wo der Bürger und der Staat als Kooperationspartner fungieren. In ihrem Buch *Heinrich von Kleist: Michael Kohlhaas* erläutert Erika Fischer-Lichte das Wesen des Staatsvertrags mit Anlehnung auf die historische Theorie der Staatsverfassung von Thomas Hobbes[13] mit diesen Worten: „Um den Krieg aller gegen alle zu

10 Vgl. Serge Glitho: „Michael Kohlhaas – Ein Unterrichtsversuch an der Universität Lomé (Togo)“. In: Peter Ensberg / Hans-Jochen Marquardt: *Recht und Gerechtigkeit bei Heinrich von Kleist. II. Frankfurter Kleist-Kolloquium, 17.–18.10.1997.* Stuttgart: Heinz 2002, S. 125–137, hier S. 132.

11 Claudia Dalbert: *Über den Umgang mit Ungerechtigkeit: eine psychologische Analyse.* Bern: Huber 1996, S. 36.

12 Valentin Petev: *Das Recht der offenen Gesellschaft. Grundlegung einer Philosophie des Rechts.* Berlin: Duncker & Humblot 2001, S. 87.

13 Historisch vorgestellt gilt Thomas Hobbes als erster Theoretiker der modernen bürgerlichen Gesellschaft im England des 17. Jahrhunderts (vgl. Christoph

vermeiden, verzichtet der Bürger im Staatsvertrag auf seine politischen Rechte und erhält als Gegenleistung den Schutz des Herrschers für seine Person und sein Eigentum.“[14] Rousseau[15] entwickelt zum selben Zweck die Theorie des Gesellschaftsvertrags, wonach sich die Menschen darüber einigen, zum Zwecke friedlichen Zusammenlebens auf einen Teil ihrer angeborenen, natürlichen Rechte zu verzichten und sie in einem Vertrag auf das Gemeinwesen zu übertragen. Aus diesem Staatsvertrag erwachsen dann Rechte und Pflichten auf beiden Kooperationsseiten. Dem Staat kommt dabei das Recht auf das Gewaltmonopol und die Pflicht der Schutz der Bürger vor unrechtmäßigen Gewalttätigkeiten und Übergriffen zu.[16] Die Kooperation zwischen Kohlhaas und seinem Staat besteht insofern eindeutig darin, dass er in seinem Staat einen souveränen und Rechtsstaat findet, in dem jeder einzelne zugleich Glied des souveränen Zusammenschlusses und Untertan ist,[17] und wo der Staat dem Bürger die gesetzmäßige Gerechtigkeit garantiert. Wichtig bei der Kooperation beider Akteure – Kohlhaas und Staat – ist das Gegenleistungsprinzip.

Gegensätzlich zur Figur Michael Kohlhaas, der in einem Rechtsstaat lebt und deswegen aufgrund des zwischen Staat und Bürgern formell bestehenden Vertrags das Recht auf staatlichen Schutz beanspruchen kann, beruht die Kooperation zwischen Meka und der Gemeinschaft der Kolonisierenden im kolonialen Kontext auf keinem festgeschriebenen Vertrag. Die Zusammenarbeit erfolgt hier nach einer zwischenmenschlichen Sympathie, Anerkennung und dem Beistand, die die beiden Partner ehrlich und bereitwillig gegenüber einander zu leisten haben. Die Figur Meka bei Oyono hat es ausschließlich mit der kolonisierenden bzw. französischen Gemeinschaft der fiktiven Stadt Doum zu tun. Dieser Gemeinschaft kommt jedoch sowohl die politische als auch die kirchlich-christliche Macht in Doum zu. Die Franzosen von Doum behaupten immer wieder, dass Meka mehr als ihr Freund sei. Darum schließt Meka mit ihnen eine echte Kooperation, wovon beide Akteure profitieren sollen und gegenleistende Hilfe gegenüber einander bieten. Im Namen der geschlossenen

Helferich: *Geschichte der Philosophie. Von den Anfängen bis zur Gegenwart und Östliches Denken.* München: Metzler 1999, S. 162 f.).

14 Erika Fischer-Lichte: *Heinrich von Kleist: Michael Kohlhaas.* Frankfurt am Main: Diesterweg 1991, S. 52.

15 Der Franzose Jean-Jacques Rousseau ist in den Kontext der Aufklärungsphilosophie (18. Jahrhundert) einzuordnen (vgl. Helferich, *Geschichte der Philosophie* [wie Anm. 12]).

16 Vgl. Ingo Breuer: *Kleist-Handbuch. Leben-Werk-Wirkung.* Stuttgart [u. a.]: Metzler 2009, S. 99.

17 Vgl. Reinhard Brandt / Karlfriedrich Herb: *Jean-Jacques Rousseau: Vom Gesellschaftsvertrag – oder Prinzipen des Staatsrechts.* Berlin: De Gruyter 2000, S. 13.

Kooperation opfert Meka Vieles auf: seinen am besten getrockneten Kakao, sein ganzes Vermögen (vgl. AM 25), seine Ahnentradition bzw. seine wahre Identität (vgl. AM 102) sowie seine beiden Söhne im Krieg der Kolonialherren auf. Sein Grundstück in der Innenstadt verlässt Meka ebenso zu Gunsten der Kooperation und muss „eine elende kleine Hütte in dem Dorf, [...] am Rande des Friedhofes" (AM 14) bewohnen. Mit seiner Taufe verliert er auch seine bisherige Identität, denn er wird am selben Tag jenen Schädel des ersten fremden Eroberers seines Lands los, den er als Erbe bewahrt. Und er denkt im Nachhinein, dass er seither zum Sklaven geworden ist. (Vgl. AM 144 f.) Statt Entfaltung hat die Kooperation mit der kolonisierenden Gemeinschaft aus Meka unverschämt einen Sklaven gemacht. Er muss letztendlich nur noch erkennen, dass er selbst sein ganzes Leben verloren hat und deshalb wie folgt jammern: „‚Alles habe ich verloren... alles... ich bin allein, ganz allein auf dieser Welt'." (AM 127) Meka, der die Duplizität seiner Partner endlich durchschaut, bezeichnet sich selbst infolgedessen als letzter Dummkopf. Er sei in der Tat kein Akteur der Partnerschaft, sondern ein richtiger Sklave der kolonisierenden Gemeinschaft (vgl. AM 142). Wegen dessen, was er im Namen der Kooperation verloren hat, sollte nach den Vorstellungen Mekas und seiner Landsleute die Gegenleistung der kolonisierenden Gemeinschaft das Ende Mekas Frondienste und aller anderen Widerwärtigkeiten sein. (Vgl. AM 41)

Die Gegenleistung der kolonisierenden Gemeinschaft ist aber nur eine nichtige Medaille (vgl. AM 99), mit der die französischen Kolonialherren an ihrem Nationaltag ihren treuen Kollaborator Meka auszeichnen wollen (vgl. AM 25 u. 104). Die Absurdität einer Medaille-Anerkennung an Meka für seine Selbstaufopferung bei seiner Zusammenarbeit mit den Kolonialherren vermag Mekas Mitbewohnern nicht zu entgehen. Jacques Chevrier schreibt hierzu:

> Au cours de la cérémonie de remise des médailles, qui marque le point culminant du roman de Ferdinand Oyono, *Le vieux nègre et la médaille*, l'épouse de Meka, le héros, prend soudain conscience de l'absurdité et du ridicule de la situation. Elle se rend compte, en effet, que la médaille que le chef des Blancs est en train d'épingler sur la poitrine de son mari a coûté très cher : ses terres cédées à la mission catholique et ses deux fils tués à la guerre. Devant une disproportion aussi tragique, Kélara laisse éclater sa révolte.[18]

18 „Während der Medaillenverleihung, die den Höhepunkt von Ferdinand Oyonos Roman „Der alte Neger und die Medaille" darstellt, wird sich die Frau des Helden Meka plötzlich der Absurdität und Lächerlichkeit der Situation bewusst. Ihr wird bewusst, dass die Medaille, die der Anführer der Weißen ihrem Mann an die Brust heftet, einen hohen Preis gefordert hat: sein Land wurde an die katholische Mission abgetreten und seine beiden Söhne wurden im Krieg getötet. Angesichts dieses tragischen Missverhältnisses bricht es aus Kélara heraus." [Übersetzt von

Der Auszeichnungsverleihungstag erweist sich deshalb als der schlimmste im Mekas Leben: Er allein wird über eine Stunde der unerbittlichen Sonnenhitze ausgesetzt (vgl. AM 97) und ist deswegen in Schweiß gebadet (vgl. AM 93). Er leidet am ganzen Körper. (Vgl. AM 96) Auf dem Rückweg nach Hause wird Meka von dem französischen Kommissar, Herrn Varini bzw. Vogelkehle, die ganze Nacht eingesperrt, verhöhnt und misshandelt. Der Kommissar Vogelkehle „nahm seine Reitpeitsche und schlug Meka damit zwei-, drei-, zehnmal auf die Schulter, spuckte Meka ins Gesicht." (AM 141) Hierzu kommentiert der Interpret und Buchautor Achiriga Folgendes:

> Quand le matin, il est amené devant M. Varini, la déception est totale. Lui Meka, l'homme distingué la veille par une décoration, et vedette d'une cérémonie à laquelle tous les Blancs ont assisté, y compris le chef des Blancs, n'est pas même reconnu le lendemain par un Blanc.[19]

Zu bemerken ist, dass Meka ebenso wie Kohlhaas von seinen Kooperationspartnern offensichtlich im Stich gelassen wird. Infolgedessen werden beide Figuren grundsätzlich ungehorsam der Obrigkeit gegenüber. Der Erzähler bringt Mekas Enttäuschung über seine Zusammenarbeit mit den weißen Kolonialherren wie folgt auf den Punkt: „Er [Meka] wollte eine unsichtbare Schulter ergreifen, wie es seine Gewohnheit war, wenn er sich jemandem anvertraute, aber seine Geste ließ ihn nur das Gleichgewicht verlieren". (AM 137) Jene eklatante Kooperationsbetrügerei bzw. der Rechtsbruch kann eindeutig nicht ohne schwerwiegende Auswirkungen oder folgerichtige ungeheure Unordnung sein, denn, so Erika Fischer-Lichte:

> Wenn die Beachtung des geltenden Rechts als Minimalanforderung angesehen wird, die zur Sicherung und Aufrechterhaltung der Ordnung in Staat und Gesellschaft erfüllt sein muss, um den Rückfall in Barbarei und Chaos zu verhindern, dann zeugen Rechtsverweigerung und eklatanter Rechtsbruch nun in der Tat von einer „ungeheuren Unordnung" in der Welt. Die Rechtsverweigerung erzeugt einen Zustand der Rechtsunsicherheit.[20]

mir M. L.] Jacques Chevrier: *Littératures d'Afrique noire de langue française.* Paris: Nathan 1999, S. 210.

19 „Als er am Morgen vor Herrn Varini gebracht wird, ist die Enttäuschung vollkommen. Er Meka, der Mann, der am Vortag mit einem Orden ausgezeichnet wurde und der Star einer Zeremonie war, an der alle Weißen teilgenommen haben, einschließlich des Anführers der Weißen, wird am nächsten Tag nicht einmal von einem Weißen erkannt." [Übersetzt von mir M. L.] Jingiri J. Achiriga: *La révolte des Romanciers Noirs de langue française.* Ottawa: Naaman 1973, S. 84.

20 Erika Fischer-Lichte: *Heinrich von Kleist: Michael Kohlhaas.* Frankfurt am Main: Diesterweg 1991, S. 48.

### 2. *Werdegang der betrogenen Akteure in ungerechtem Kooperationsprozess: Monstrosität und Apostasie*

Der Evidenz der beliebigen Unterschlagung seiner Klage bewusst, möchte Kohlhaas auf keinen Fall etwas noch mit seinem Staat zu tun haben. Den Grund erläutert er wie folgt: „Weil ich in einem Lande, [. . .] in welchem man mich, in meinen Rechten, nicht schützen will, nicht bleiben mag." (MK 27) Daraus lässt sich mit dem deutschen Interpreten Thomas Gräff schlussfolgern, „Kohlhaas fühlt sich also nicht so sehr durch die Zugrunderichtung der Pferde in seinen Rechten angegriffen",[21] sondern mehr vom Staat, seinem Kooperationspartner, ausgestoßen. Jedoch können die Ausgestoßenen von gestern sehr wohl die revolutionären Rächer von morgen sein.[22] Aufgrund dieses Postulats der jüdisch-amerikanischen Politologin Judith Shklar entscheidet sich der Ausgestoßene Kohlhaas nunmehr für Rache gegen seinen Betrüger, seinen Staat, indem er sich echten „jämmerliche[n] Geschäfte[n]" (MK 34) hingibt. „Kohlhaas, der keine Freude mehr, weder an seiner Pferdezucht, noch an Haus und Hof, kaum an Weib und Kind hatte" (MK 24), besorgt sich Waffen, Geld und Pferde, kurz ein wahnsinnig richtiges Kriegsarsenal. Seine mörderischen Taten lassen sich wie folgt zusammenfassen: Mit sieben Knechten überfällt Kohlhaas das Schloss der Tronkenburg, wo er zugleich die ganzen Baracken in der Gegend anzündet und viele Opfer verursacht, unter ihnen Frauen und Kinder. (Vgl. MK 32 f.) Am Heiligen Abend vor Pfingsten brennt er circa neunzehn Häuser nieder, „worunter gleichwohl eine Kirche" (MK 37). Der „entsetzlich Wüterich" (*MK* 37) Kohlhaas, so später der alte Landvogt Otto von Gorgas, benimmt sich wie ein volksgefährlicher Sadist, der zugleich die Blasphemie gegen Gott selbst übt. Hierzu äschert Kohlhaas noch „eine Menge Häuser, und fast alle Scheunen der Vorstadt" (ebd.) ein. In Wittenberg lässt Kohlhaas in der dritten Nacht „in weniger als drei Stunden, zwei und vierzig Häuser, zwei Kirchen, mehrere Klöster und Schulen, und das Gebäude der kurfürstlichen Landvogtei selbst" (MK 38) in Schutt und Asche liegen. Aus all dem sei der Brandenburgische Pferdehändler Kohlhaas zu einer Gefahr für die etablierte Ordnung geworden.[23] In seiner Rache wird Kohlhaas für das ganze Land eine wirkliche Todesgefahr. Die riesigen ihm entgegengesetzten Truppen vernichtet er blitzschnell: fünfzig Mann vom Landvogt Otto von Gorgas, dann den von hundert und fünfzig Mann mit dem Landvogt selbst an der

21 Thomas Gräff: *Heinrich von Kleist-Michael Kohlhaas.* Stuttgart: Klett Lernen und Wissen 2009, S. 11.

22 Vgl. Judith N. Shklar: *Über Ungerechtigkeit. Erkundungen zu einem moralischen Gefühl.* Berlin: Matthes & Seitz 1992, S. 139.

23 Vgl. Rudolf Loch: *Kleist. Eine Biographie.* Göttingen: Wallstein 2003, S. 358.

Spitze, danach die von fünf hundert Mann mit dem Prinzen Friedrich von Meißen und erneut von drei hundert Mann vom Landvogt, weitere hundert und achtzig Landsknechten zum Schutz der Stadt und schließlich den Haufen von zwei tausend Mann, der vom Kurfürsten selbst gesandt wird. Er zündet weitere Städte wie Leipzig „mit einer Art von Verrückung" und ernennt sich blasphemisch „Statthalter Michaels, des Erzengels, der gekommen sei, an allen [...] mit Feuer und Schwert, die Arglist, in welcher die ganze Welt versunken sei, zu bestrafen". (MK 41)

Die Auswirkungen der Duplizität der kolonisierenden Gemeinschaft bei Ferdinand Oyono sind nicht waffenkriegerischer Natur, sondern eher identitäts- und glaubensrevidierenden Wesens. Der Erzähler schildert Mekas revoltierende und gottverleugnende Reaktion seinen Ahnentradition-Angehörigen gegenüber, kurz nachdem ihn die Kolonialherren und damit auch die weißen Missionare, seine Kooperationspartner, betrogen und im Stich gelassen haben, folgendermaßen:

> „Halt die Schnauze! Halt deine dreckige Schnauze!" [...] „Seht mich an!" [...] „Ihr da, ihr seid nur Männer, weil ihr ein Paar Eier habt! Die Weißen hätten mich beinahe umgebracht, und du, du redest vom Herrn. Obwohl du dich schon so lange mit Weihwasser bespritzt, sind deine Falten doch nicht verschwunden! Und so was redet vom Herrn!". (AM 155)

Sobald Meka ferner die Stimme des Katecheten Ignace Obebé hört, jagt er ihn von seiner Hütte weg mit einer ungewöhnlichen Gewalt. Folgendes berichtet der Erzähler hierüber: „‚Wer spricht hier wie Ignace Obebé?' fragte Meka und richtete sich nochmals auf dem Ellbogen hoch. ‚Er selbst', erwiderte Ignace. ‚Gelobt sei Jesus Christus!' ". (ebd.) Kaum hat der Katechet den Namen Jesus erwähnt, da springt Meka auf und schreit ihn brüllend an: „‚Lass mich in Frieden! Raus aus meiner Hütte!' ". (AM 156) Der Erzähler kommentiert weiter: „Keiner begriff, was mit Meka war. Er schien nicht mehr der alte [fromme Christ] zu sein. Wieso wollte ein guter Christ wie er nichts vom Herrn wissen?" (Ebd.)

Das ehemalige Vorbild des guten Christen in Doum (vgl. AM 15), der sich für die Kirche unerlässlich aufgeopfert hat, erhebt sich plötzlich gegen Gott und jagt weit weg von ihm alle, die noch an den Herrn glauben. Meka, das Kind Gottes, bekämpft nunmehr die Kirche, ihre Behörden und selbst den Herrn und erweist sich grundlegend als Apostat. Es handelt sich dabei, so Battestini und Mercier, um eine geistliche und moralische Metamorphose.[24]

24 Vgl. Monique Battestini / Roger Mercier: *Ferdinand Oyono. Ecrivain camérounais.* Paris: Nathan 1964, S. 56.

Mekas geistlich-rächende Umwandlung exemplifiziert Patrick Mérand mit dessen erneut traditioneller Anrufung der Ahnen.[25] Der Interpret Pius Ngandu Nkashama aber geht einen Schritt weiter und sieht eine Korrelation zwischen der Kernbedeutung von Oyonos Roman mit der Empörung bzw. dem Aufstand.[26] In seiner Rache fordert Meka seine Stammesgenossen dazu auf, auf jeden Fall allein ihren verstorbenen Vorfahren treu zu bleiben, es lebe allein der Geist der Ahnen.[27] Zufriedenstellend schließt der Interpret Jingiri Achiriga seine Ausführungen zu Mekas revoltierender Metamorphose mit folgenden Worten: „C'est la résignation qui va précéder une attitude de révolte ; un refus de l'ingratitude qui annonce une rupture totale avec ses amis blancs".[28] Nunmehr betrachtet Meka seine Kooperationsfreunde als Drohung, denn er fühlt sich bei ihnen nicht mehr in Sicherheit. Zugleich sieht er wieder in seinen Ahnen, denen er Jahrelang seit dem Anfang seiner Kooperation mit der kolonisierenden Gemeinschaft den Rücken gekehrt hat, die einzige Instanz, die ihm Sicherheit und Erlösung bereitstellt. Deshalb ist Jacques Chevrier zuzustimmen, wenn er Folgendes schlussfolgert:

> Enfin, il n'est pas inutile de rappeler l'épisode final du roman de Ferdinand Oyono, *Le vieux nègre et la médaille*, au cours duquel Meka, fraîchement décoré par le haut-commissaire et tout aussitôt passé à tabac par le féroce commissaire Gosier d'Oiseau, fait un retour spectaculaire et contrit vers l'univers de la tradition, manière d'échapper à la schizophrénie qui le guette.[29]

Den zitierten Ausführungen von Jacques Chevrier ist vor allem zu entnehmen, wie Meka dabei seine Identität wiederfindet. Dazu kommentiert der Erzähler

25 Vgl. Patrick Mérand: *La vie quotidienne en Afrique noire*. Paris: L'harmattan 1984, S. 206.

26 Vgl. Pius Ngandu Nkashama: *Littératures africaines*. Paris: Présence africaine 1984, S. 84.

27 Vgl. Monique Battestini / Roger Mercier: *Ferdinand Oyono* (wie Anm. 24), S. 28.

28 Es ist die Resignation, die einer Haltung der Revolte vorausgeht; eine Ablehnung der Undankbarkeit, die einen totalen Bruch mit seinen weißen Freunden ankündigt. [Übersetzt von mir M. L.] Jingiri J. Achiriga: *La révolte des Romanciers Noirs de langue française*. Ottawa: Naaman 1973, S. 85.

29 „Schließlich sei noch an die Schlussepisode in Ferdinand Oyonos Roman *Der alte Mann und die Medaille* erinnert, wo der von dem Oberkommissar frisch dekorierte Meka, gleich nachdem er von dem grimmigen Kommissar Vogelkehle richtig verprügelt worden ist, sogleich eine spektakuläre und zerknirschte Rückkehr in die Welt der Tradition vollzieht, um der drohenden Schizophrenie zu entgehen." Übersetzt von mir M. L. Jacques Chevrier: *Littératures d'Afrique noire de langue française*. Paris: Nathan 1999, S. 50.

Folgendes: „Alle diese [sic!] [...] [kulturtraditionellen] Vorstellungen waren wieder in seinem Hirn aufgetaucht und löschten wie eine Springflut die langen Jahre christlicher Unterweisung und Praxis aus". (AM 150) Diese Wiederkehr zur Urtradition, zur Identität bringt der Autor metaphorisch mit Folgendem zum Ausdruck:

> Der Geruch von totem Holz, von raschelndem Gestrüpp, von feuchter Erde und all den Ausdünstungen eines Waldes nach dem großen Regen tränkten die Luft. Diese Wohlgerüche, erfrischend wie der Duft einer Wasserliane, beschworen in seinen [Mekas] Gedanken die Hetzjagden herauf, da man das Stachelschwein mit einem kleinen Feuer an den Ausgang seines Grabens lockte und der Antilope den Spieß geschickt in die Seite stieß, da man das Warzenschwein aus seiner Höhle trieb und mit den dürren Zweigen vom letzten Palmsonntag ein Feuer im Busch anzündete, um eine gute Ernte zu bekommen...das ganze Leben der afrikanischen Erde wurde heraufbeschworen, das Meka gefehlt hatte, seit man ihn seiner Freundschaftsmedaille wegen vorgeladen hatte. Schon betrachte er genau die Spuren, die die Tiere im Grase hinterlassen hatten. Er war glücklich, als er sah, dass die Antilopen diesen Teil des Waldes wieder aufsuchten, und er taufte ihn sofort „Wald der Rückkehr". (AM 150 f.)

Als Fazit soll festgehalten werden, dass sich der früher zärtliche und fromme Christ Meka gegen seine ehemaligen Glaubensgenossen auflehnt. Er wird zu einem erbitterten Menschen, der sogar Gott verleugnet. Mekas Kooperationsvorstellung und die der kolonisierenden Gemeinschaft, seiner Partner, sind einander radikal entgegengestellt. Über Kleists Figur lässt sich mit dem schweizerischen Literaturwissenschaftler Beda Allemann sagen: „Kohlhaas ist kein völlig spezifischer Antizipationsheld, sondern wird erst durch die Fixierung auf ein geschehenes Unrecht zu einem der rechtschaffensten zugleich und entsetzlichsten Menschen seiner Zeit".[30] Derselben Ansicht ist Bernhard Greiner, wenn er die Beziehung der Wesens- und Werdegangscharakterzüge von Kohlhaas zueinander wie folgt analysiert:

> Betrachtet man Kohlhaas' Handeln isoliert, ohne Blick auf die Welt, in der sein Handeln dann gezeigt werden wird, erscheint es paradox, dass er „einer der rechtschaffensten zugleich und entsetzlichsten Menschen seiner Zeit" [...] gewesen sei. Nimmt man Kohlhaas' Handeln dagegen als Reagieren, setzt man mithin die vorfindliche oder fehlende Rechtlichkeit des Gemeinwesens als Bestimmungsgrund seines Handelns, löst sich die Paradoxie sehr einfach auf.[31]

30 Beda Allemann: *Heinrich von Kleist. Ein dramaturgisches Modell.* Bielefeld: Aisthesis 2005, S. 50.

31 Bernhard Greiner: *Kleists Dramen und Erzählungen: Experimente zum „Fall" der Kuns*t. Tübingen: Francke 2000, S. 331.

Die beiden Opferfiguren Kohlhaas und Meka sind abhängig von unglaubwürdigen Freunden bzw. Partnern, „die stets ihren eigenen Vorteil, nie aber das Wohl des Landes suchen.“[32] Daher ist dem Interpreten Dagmar Fischer zuzustimmen, dass die Rechtsgaranten nur *als-Ob* tun, sie seien auf der Seite des Rechts und der Wahrheit. Sie handeln in der Tat nach dem Motto „Recht hat der, der Recht behält“.[33] Mit Recht lässt es sich schlussfolgern, dass Kohlhaas ein guter Untertan und musterhafter Staatsbürger ist, den der Staat selbst aus dem Weg des Rechts in die Gesetzlosigkeit drängt. Demzufolge sei der ungerechte und rechtbrechende Staat schuldig, in dem dem Individuum keine andere Möglichkeit gewährt wird als zu resignieren oder zu revoltieren.[34] Denn:

> Michael Kohlhaas hat sein Leben dafür in die Waagschale geworfen, dass nicht nur der Untertan seine Pflicht gegenüber der Obrigkeit zu erfüllen habe, sondern auch die Obrigkeit ihre Pflicht gegenüber den Untertanen. [...] Er hat den Inhabern der Staatsgewalt nachdrücklich in Erinnerung gerufen, dass Verträge gehalten werden müssen.[35]

Zu den Ungerechtigkeiten an Meka und ferner seiner Revolte schreibt Jean Joubert Folgendes zum Ausklang: „Si l'on rit aux mésaventures de Meka, on souffre avec lui de l'humiliation dont il est victime, on comprend souvent pourquoi les ‘bons nègres’ peuvent devenir parfois des révoltés.“[36] Und Klaus-Michael Bogdal gibt über Kleists Michael Kohlhaas zu bedenken:

> Das Verhältnis von Rechtschaffenheit und Entsetzlichkeit ist oft als Bruch in der Entwicklung der Figur und als negative Wertung von Seiten Kleists missverstanden worden. In Wirklichkeit ist dieses „Entsetzen“ (etymologisch: „einen mit großem Erstaunen verbunden Schrecken in hohem Grade empfinden“) anders gemeint.

32 Ingeborg Scholz: *Königs Erläuterungen und Materialien. Heinrich von Kleist – Michael Kohlhaas, Robert Guiskard.* Hollfeld: Bange 1997, S. 52.

33 Dagmar Fischer: *Kants Als-Ob-Wendungen in Kleists und Kafkas Prosa. Aufklärung/Kategorischer Imperativ der Pflicht contra Passion/Juvenilität.* Frankfurt am Main [u. a.]: Lang 2009, S. 96.

34 Vgl. Glitho, *Michael Kohlhaas* (wie Anm. 10), S. 131 f.

35 Hans-Jörg Knobloch: „Die Auflösung des Gesellschaftsvertrages in Kleists Michael Kohlhaas“. In: Peter Ensberg / Hans-Jochen Marquardt (Hrsg.): *Recht und Gerechtigkeit bei Heinrich von Kleist. II. Frankfurter Kleist-Kolloquium, 17.–18.10.1997.* Stuttgart: Heinz 2002, S. 69–77, hier S. 75.

36 Selbst wenn man über Mekas Missgeschicke lacht, leidet man mit ihm unter der Erniedrigung, der er ausgesetzt ist, und man versteht dann oft, warum die „guten Neger“ manchmal zu Aufwieglern werden können. [Übersetzt von mir M. L.] Jean-Louis Joubert et al.: *Les Littératures francophones depuis 1945.* Paris: Bordas 1986, S. 60.

Kohlhaas verlässt die Sekurität der familiären Sphäre (Rechtschaffenheit), um in einen Konflikt zu geraten, von dem er weiß, dass er mit Gewalt und Leidenschaft bis hin zum Tode ausgetragen wird. „Entsetzlich“, d. h. außer Fassung zu sein, ist, wenn man außerhalb der Verfassung steht, nichts Negatives, dessen man sich zu schämen braucht.[37]

## *Schluss*

Der vorliegende Beitrag hat den Versuch unternommen, anhand von dem deutschen Autor Heinrich von Kleists Novelle *Michael Kohlhaas* und von dem kamerunischen Schriftsteller Ferdinand Oyonos Roman *Der alte Mann und die Medaille* die aus sozialen Ungerechtigkeiten resultierenden gesellschaftlichen Konflikte und Krisen zu untersuchen. Zusammenfassend lässt sich von der vorangehenden Untersuchung festhalten, dass sowohl Kohlhaas' Staat bei Kleist als auch die kolonisierende Gemeinschaft bei Oyono freche Ungerechtigkeiten jeweils an dem Bürger Michael Kohlhaas und dem Kollaborator Meka ausüben, indem sie den Gesellschaftsvertrag einseitig brechen: Einerseits widerstellt sich der Staat den gesetzmäßigen Entscheidungen und andererseits schließt aus Eigeninteresse die Kolonialherren in Doum eine unfaire und betrügerische Kooperationspartnerschaft mit Meka. Die Evidenz der Ungerechtigkeiten in den beiden Gesellschaften mit „Rechtsbruch“[38] und Betrügerei als Ursachen führen unbedingt zum Desaster, zur Monstrosität, zur Apostasie im Land. Infolgedessen begeht der rechtschaffene Kohlhaas ungeheure tödliche Ungerechtigkeiten und der damals fromme Meka wird zu einem Apostaten. Zugleich erweist sich die kolonisierende Gemeinschaft als schuldig an Mekas Apostasie. Zur Bewahrung zwischenmenschlicher Beziehungen sollten sich deshalb alle Kooperationspartner gegenüber einander fair und zuverlässig zeigen. Denn Verlässlichkeit geht Hand in Hand mit Ehrlichkeit, mit Wahrheitswesen. Darüber hinaus sollte jeder Gesellschaftsvertragspartner seine Aufgaben und Pflichten unparteiisch erfüllen, um sozialen Konflikten vorzubeugen und gesellschlichen Frieden aufrechtzuerhalten.

37 Klaus-Michael Bogdal: „Erinnerungen an einen Empörer. Heinrich von Kleist: Michael Kohlhaas (1810)“. In: Winfried Freund (Hrsg.): *Deutsche Novellen. Von der Klassik bis zur Gegenwart.* München: Fink 1993, S. 27–36, hier S. 27.

38 Serge Glitho: „Michael Kohlhaas – Ein Unterrichtsversuch an der Universität Lomé (Togo)“. In: Peter Ensberg / Hans-Jochen Marquardt (Hrsg.): *Recht und Gerechtigkeit bei Heinrich von Kleist. II. Frankfurter Kleist-Kolloquium, 17.–18.10.1997.* Stuttgart: Heinz 2002, S. 125–137, hier S. 134.

*Literaturverzeichnis*

Achiriga, J. Jingiri: *La révolte des Romanciers Noirs de langue française.* Ottawa: Naaman 1973.

Allemann, Beda: *Heinrich von Kleist. Ein dramaturgisches Modell.* Bielefeld: Aisthesis 2005.

Battestini, Monique / Mercier, Roger: *Ferdinand Oyono. Ecrivain camérounais.* Paris: Nathan 1964.

Bogdal, Klaus-Michael: „Erinnerungen an einen Empörer. Heinrich von Kleist: Michael Kohlhaas (1810)". In: Winfried Freund (Hrsg.): *Deutsche Novellen. Von der Klassik bis zur Gegenwart.* München: Fink 1993, S. 27–36.

Brandt, Reinhard / Herb, Karlfriedrich: *Jean-Jacques Rousseau: Vom Gesellschaftsvertrag – oder Prinzipen des Staatsrechts.* Berlin: De Gruyter 2000.

Breuer, Ingo: *Kleist-Handbuch. Leben-Werk-Wirkung.* Stuttgart [u. a.]: Metzler 2009.

Chevrier, Jacques: *Littératures d'Afrique noire de langue française.* Paris: Nathan 1999.

Dalbert, Claudia: *Über den Umgang mit Ungerechtigkeit: eine psychologische Analyse.* Bern: Huber 1996.

Fischer, Dagmar: *Kants Als-Ob-Wendungen in Kleists und Kafkas Prosa. Aufklärung/Kategorischer Imperativ der Pflicht contra Passion/Juvenilität.* Frankfurt am Main [u. a.]: Lang 2009.

Fischer-Lichte, Erika: *Heinrich von Kleist: Michael Kohlhaas.* Frankfurt am Main: Diesterweg 1991.

Glitho, Serge: „Michael Kohlhaas – Ein Unterrichtsversuch an der Universität Lomé (Togo)". In: Peter Ensberg / Hans-Jochen Marquardt (Hrsg.): *Recht und Gerechtigkeit bei Heinrich von Kleist. II. Frankfurter Kleist-Kolloquium, 17.–18.10.1997.* Stuttgart: Heinz 2002, S. 125–137.

Gräff, Thomas: *Heinrich von Kleist–Michael Kohlhaas.* Stuttgart: Klett Lernen und Wissen 2009.

Greiner, Bernhard: *Kleists Dramen und Erzählungen: Experimente zum „Fall" der Kunst.* Tübingen: Francke 2000.

Helferich, Christoph: *Geschichte der Philosophie. Von den Anfängen bis zur Gegenwart und Östliches Denken.* München: Metzler 1999.

Joubert, Jean-Louis et al.: *Les Littératures francophones depuis 1945.* Paris: Bordas 1986.

Kindhäuser, Urs et al.: *Klausurtraining Strafrecht: Fälle und Lösungen.* Baden-Baden: Nomos 2010.

Kleist, Heinrich von: „Michael Kohlhaas. Aus einer alten Chronik“. In: Helmut Sembdner (Hrsg.): *Heinrich von Kleist, Sämtliche Werke und Briefe.* München: dtv 1977, S. 9–102.

Knobloch, Hans-Jörg: „Die Auflösung des Gesellschaftsvertrages in Kleists Michael Kohlhaas“. In: Peter Ensberg / Hans-Jochen Marquardt (Hrsg.): *Recht und Gerechtigkeit bei Heinrich von Kleist. II. Frankfurter Kleist-Kolloquium, 17.–18.10.1997.* Stuttgart: Heinz 2002, S. 69–77.

Kullmann, Wolfgang: „Der Mensch als Politisches Lebewesen bei Aristoteles“. In: *Hermes* 108, 3 (1980), S. 419–443.<https://www.jstor.org/stable/4476177> [Abruf 20.04.2022].

Loch, Rudolf: *Kleist. Eine Biographie.* Göttingen: Wallstein 2003.

Magerski, Christine / Karpenstein-Eßbach, Christa: *Literatursoziologie. Grundlagen, Problemstellungen und Theorien.* Wiesbaden: Springer VS 2019.

Mérand, Patrick: *La vie quotidienne en Afrique noire.* Paris: L’harmattan 1984.

Ngandu Nkashama, Pius: *Littératures africaines.* Paris: Présence africaine 1984.

Oyono, Ferdinand: *Der alte Mann und die Medaille. Roman. Aus dem Französischen von Katharina und Heinrich Arndt.* Berlin: Volk und Welt 1972.

Petev, Valentin: *Das Recht der offenen Gesellschaft. Grundlegung einer Philosophie des Rechts.* Berlin: Duncker & Humblot 2001.

Scholz, Ingeborg: *Königs Erläuterungen und Materialien. Heinrich von Kleist – Michael Kohlhaas, Robert Guiskard.* Hollfeld: Bange 1997.

Schutte, Jürgen: *Einführung in die Literaturinterpretation.* Stuttgart: Metzler 1985.

Shklar, Judith N.: *Über Ungerechtigkeit. Erkundungen zu einem moralischen Gefühl.* Berlin: Matthes & Seitz 1992.

# Autokratie- oder Demokratieförderung durch Europa? Eine postkoloniale Lektüre von ausgewählten Werken der Afrika-Literatur

*Constant Kpao Sarè*

*Zusammenfassung*: Es ist mittlerweile ein offenes Geheimnis, dass autoritäre Systeme und Regime in Afrika nicht nur von Chinas Eintritt in die Weltwirtschaft profitieren, sondern auch von globalstrategischen Entwicklungen wie dem Kampf gegen Terrorismus und den wirtschafts- bzw. machtpolitischen Dynamiken Russlands in Afrika. Die Feststellung der gegenwärtigen allgemeinen Regression der Demokratie in Afrika führt zu einer zunehmend hörbaren Kritik, wonach externe Demokratieförderung und Förderung der Autokratie zwei Seiten derselben Medaille seien, denn Europa würde nicht wirklich Demokratie fördern, sondern Abhängigkeits- und Ausbeutungsverhältnisse der globalisierten Wirtschaft. Vor diesem Hintergrund findet die postkoloniale Kritik ihren herkömmlichen Angriffswinkel bestätigt, nämlich den afrikanischen Kontinent als Ort des Wettbewerbs zwischen westlichen und nichtwestlichen Interessen. Demokratiedefizite in Afrika werden als koloniale Hinterlassenschaft verstanden. Die in diesem Kontext formulierten Argumente werden auch, wie in diesem Beitrag zu zeigen sein wird, in den Texten der Afrika-Literatur inszeniert. Diese Texte von afrikanischen (kosmopolitischen) und europäischen Autor*innen spielen in Afrika und tragen dazu bei, die postkoloniale Literaturkritik an der Autokratieförderung zu formulieren.

*Schlüsselwörter*: Externe Demokratieförderung, Autokratieförderung, postkoloniale Kritik, Demokratiekritik, Afrika-Literatur

*Abstract*: It is now an open secret that authoritarian systems and regimes in Africa benefit not only from China's entry into the world economy, but also from global strategic developments such as the fight against terrorism and Russia's economic or power dynamics in Africa. The observation of the current general regression of democracy in Africa leads to an increasingly audible criticism, according to which external promotion of democracy and promotion of autocracy are two sides of the same coin, because Europe is not really promoting democracy, but rather dependency and exploitation relationships of the globalized economy. In this context of thinking, the postcolonial critique finds its conventional angle of attack confirmed, namely the African continent as a site of competition between Western and non-Western interests. Democratic deficits in Africa are understood as a colonial legacy. The arguments formulated in this context are also staged in literature on Africa, as will be shown in this paper. These texts by African (cosmopolitan) and European authors are set in Africa and contribute to formulating the postcolonial literary criticism of the promotion of autocracy in Africa.

*Keywords*: External democracy promotion , autocracy promotion , postcolonial literary criticism , democracy criticism , literature on Africa

## Einleitung

Auflagenstärkste Zeitungen, Zeitschriften und herausragende Studien über den Stand der Demokratisierung in Afrika kommen gegenwärtig alle zu folgender pessimistischer Prognose: „Afrikas Demokratien im Niedergang“.[1] In seiner kürzlich erschienenen Dissertation hat Helmut Schmidt herausgearbeitet, inwieweit Staaten von Afrika südlich der Sahara als stark defekte Demokratien oder Autokratien eingestuft werden können.[2] In der Forschungsliteratur herrscht nahezu Einigkeit darüber, dass die Probleme in Afrika hausgemacht sind und dass die korrupten afrikanischen (politischen) Eliten vor das Gericht der Geschichte gestellt werden müssen.[3] Allerdings, so die Ausgangsthese der vorliegenden Überlegungen, muss die bloße Feststellung des allgemeinen Rückgangs der Demokratie in Afrika auch als Eingeständnis des Versagens aller externen Demokratieförderer gewertet werden, da man noch in jüngster Zeit davon ausging, dass externe Unterstützung die Demokratie in Afrika stärken würde[4] und die Demokratieförderung die Grundlage für eine nachhaltige Entwicklung sei.[5] Die Diagnose dieser Erfolglosigkeit ist offensichtlich auch ein Grund dafür, dass das Thema „externe Demokratieförderung in Afrika“ auf institutioneller Ebene in Europa durch gegebene Studien evaluiert wird. Eine dieser Studien trägt den programmatischen Titel „EU-Demokratieförderung in Afrika: 10 Vorschläge für neue strategische Ansätze in Zeiten von Polarisierung“.[6] Die Vorschläge dieser Studie beruhen auf der Feststellung, dass

1 Elena Gadjanova: „Afrikas Demokratien im Niedergang.“ In: Max-Planck-Gesellschaft vom 4. September 2018: <https://www.mpg.de/12240526/niedergang-demokratie-afrika> [Abruf 01.09.2022].

2 Vgl. Helmut Schmidt: *Demokratie in Subsahara-Afrika: eine Analyse ihrer Entstehung und Wirkung auf Recht und Wirtschaft*. Hamburg: Verlag Dr. Kovac 2022.

3 Vgl. Markus Beckmann: „Governance durch politische Selbstbindung – Wider die Ausbeutungsspiele afrikanischer Eliten.“ In: *Zeitschrift für Politik* 55, 2 (2008), S. 199–220. Vgl. Rainer Tetzlaff / Cord Jakobeit: *Das nachkoloniale Afrika: Politik – Wirtschaft – Gesellschaft*. Wiesbaden: Springer 2OO5.

4 Vgl. Christian von Soest / Fabian Bohnenberger: „Externe Unterstützung stärkt die Demokratie in Afrika.“ In: *GIGA Focus Afrika*, Nummer 4, Oktober 2016.

5 Vgl. Frank Priess: „Demokratieförderung. Basis nachhaltiger Entwicklung: Der Beitrag der Politischen Stiftungen zur Entwicklungszusammenarbeit im 21. Jahrhundert.“ In: Hartmut Sangmeister / Heike Wagner (Hrsg.): *Die Entwicklungszusammenarbeit der Zukunft* Baden-Baden: Nomos 2019, S. 101–118.

6 Christine Hackenesch / Julia Leininger / Karina Mross: *What the EU should do for democracy support in Africa. Ten proposals for a new strategic initiative in time of polarisation*. Berlin: FES/DIE 2020: <https://www.fes.de/referat-afrika/neuigkeiten-referat-afrika7eu-demokratiefoerderung-in-afrika-10-vorschlaege-fuer-neue-strategische-ansaetze-in-zeiten-von-polarisierung> [Abruf 01.10.2020].

Europa noch keine angemessenen Antworten gefunden habe, um die Demokratieförderung in Afrika im Kontext des neuen geopolitischen Wettbewerbs anzugehen: „The economic success of China and the resultant new geopolitical competition make the international context for EU democracy support much more difficult",[7] heißt es. Es liegt jedoch auf der Hand, dass autoritäre Systeme und Regime in Afrika nicht nur von Chinas Eintritt in die Weltwirtschaft profitieren, sondern auch „von globalstrategischen Entwicklungen wie dem Kampf gegen Terrorismus"[8] sowie von Russlands wirtschafts- bzw. machtpolitischer Dynamik in Afrika.[9] In diesem Rahmen erscheinen Demokratiedefizite in Afrika nicht mehr nur als das Ergebnis lokaler Fehlentscheidungen, sondern vielmehr als koloniale Hinterlassenschaft. Der in Sudafrika lehrende Politikwissenschaftler Achille Mbembe verweist auf die kolonialen Ausbeutungsmechanismen und -verhältnisse, die Europas demokratischen Wohlstand ermöglicht haben und die heute das Entstehen des „kommenden Afrikas"[10] behindern würden. Durch eine ähnliche postkoloniale Demokratiekritik wird aus der Perspektive afrikanischer Intellektueller kritisiert, dass Europa nicht wirklich die Demokratie fördert, sondern vielmehr die Abhängigkeits- und Ausbeutungsverhältnisse der globalisierten Wirtschaft.[11] In diesem Gedankenzusammenhang ist in der postkolonialen Forschungsliteratur die Konstruktion „Autokratieförderung" als double für „Demokratieförderung" immer wieder zu hören. In der inter- und transdisziplinären Transformationsforschung hat sich die Forschung zu Autokratieförderung bereits etabliert. Die Sozialwissenschaftlerin Antje Kästner schreibt, die Auseinandersetzung mit

7 Ebd., S. 2.

8 Siegmar Schmidt: „Postkoloniale Transformationen im 20. Jahrhundert in Afrika." In: Raj Kollmorgen / Wolfgang Merkel / Hans-Jürgen Wagener (Hrsg.): *Handbuch Transformationsforschung.* Wiesbaden: Springer 2015, S. 371–387, hier S. 386.

9 Dazu Christoph Plate: „Russland und Afrika. Putins Propagandaoffensive in Afrika." In: *ZEIT ONLINE* vom 9. August 2022. <https://www.zeit.de/politik/ausland/2022-08/russland-afrika-propaganda-wladimir-putin> [Abruf am 12.09.2022]. Vgl. auch Dietmar Neutatz u. a.: „Die Rückkehr der Imperien? Putins Krieg und seine globalen Implikationen." In: *Journal of modern European history* 20, 2 (2022), S. 148–160.

10 Achille Mbembe: *Politik der Feindschaft.* Berlin: Suhrkamp 2017, S. 187.

11 Dazu Siegmar Schmidt: „The EU Democracy Assistance in Africa: The Cases of South Africa and the Democratic Republic of Congo". In: Anette Jünemann / Michèle Knodt (Hrsg.): *Externe Demokratieförderung durch die Europäische Union. European External Democracy Promotion.* Baden-Baden: Nomos 2007, S. 33–53; Stefan Brüne: „Testfall Äthiopien: Die neue Afrikastrategie der Europäischen Union." In: Ebd., S. 53–70; Gordon Crawford: „Assessing EU Democracy Promotion in Africa: The case of Ghana." In: Ebd., S. 71–94.

dieser Problematik sei umso notwendiger, als sie „wichtige Lektionen für die Verbesserung der Effektivität von Demokratieförderung und Entwicklungshilfe“[12] enthalte.

Diese Problematik findet ihren literarischen Niederschlag in der gegenwärtigen Afrika-Literatur. In diesen Werken wird der afrikanische Kontinent als Ort des Wettbewerbs zwischen westlichen und nicht-westlichen Interessen dargestellt. In fiktionalen Texten tauchen Motive wie Scheinentwicklungshilfe, Komplizenschaft mit Diktatoren, mangelnde Unterstützung für oppositionelle Kräfte, Missachtung der Zivilgesellschaft auf. Vor diesem Hintergrund wird hier der Versuch unternommen, die Demokratiekritik in ausgewählten Texten zu analysieren, mit dem Anliegen „die Produktivität von Literatur für die Konstruktion, Reflexion und gegebenenfalls Revision imperialer Ideologien nachvollziehbar“[13] zu machen. Bevor jedoch auf die vom Westen/Europa erwarteten literarischen Formen der Demokratieförderung eingegangen wird, soll ein literaturgeschichtlicher Abriss über die Funktion der Demokratiekritik in der Afrika-Literatur versucht werden.

### *1. Afrika-Literatur und postkoloniale Demokratiekritik*

Als relevanter Exkurs von der Debatte sei an dieser Stelle darauf hingewiesen, dass die Abwesenheit von starken oppositionellen Parteien und die Herrschaft von korrupten Staatsmännern als lokale Hindernisse für die Demokratisierung in der Afrika-Literatur häufig thematisiert werden. Um die endogenen Gründe der Demokratiedefizite in Afrika in den Vordergrund zu stellen, inszeniert Ryszard Kapuscinski in seinem Roman *König der Könige* (1986)[14] beispielsweise die politische Rückständigkeit der Regime in Äthiopien, einem Land, das nie von einer europäischen Macht kolonisiert worden ist. Dadurch wird die Idee in den Forderung gestellt, dass Demokratiedefizite nicht unbedingt etwas mit dem Erbe des Kolonialismus zu tun hätten. Ein anderer Text, der diese Argumentationslinie sichtbar macht, ist Moses Isegawas Roman *Abessinische*

12 Antje Kästner: „Autokratieförderung.“ In: Raj Kollmorgen / Wolfgang Merkel / Hans-Jürgen Wagener (Hrsg.): *Handbuch Transformationsforschung*. Wiesbaden: Springer 2015, S. 493–498, hier S. 498.

13 Birgit Neumann: „Methoden postkolonialer Literaturkritik und anderer ideologiekritischer Ansätze.“ In: von Vera Nünning / Ansgar Nünning (Hrsg.): *Methoden der literatur- und kulturwissenschaftlichen Textanalyse. Ansätze – Grundlagen – Modellanalysen*. Stuttgart: Metzler 2010, S. 271–292, hier S. 273.

14 Ryszard Kapuscinski: *König der Könige. Eine Parabel der Macht*. München: Piper 2009.

*Chronik* (2000).[15] Dort ist das Fehlen einer Grundlage für eine liberale Demokratie im westlichen Sinne darauf zurückzuführen, dass Familien, Kirchen und die Gesellschaft in Afrika keine oppositionelle Kraft mehr besitzen.

Diese beiden eingeführten Beispiele inszenieren nicht nur die endogenen Gründe der Demokratiedefizite in Afrika. Sie erklären auch zur Genüge, was unter Demokratiekritik in der Afrika-Literatur gemeint ist. Ryszard Kapuscinski (1932–2007) ist der bekannte Reporter und Autor aus Warschau, der für die polnische Nachrichtenagentur (PAP) oft nach Afrika reiste.[16] Isegawa ist ein in Uganda geborener und niederländisch schreibender Schriftsteller. Anhand dieser Beispiele wird deutlich, dass die traditionelle Klassifizierung wie afrikanische, deutschsprachige, anglophone, frankophone Literatur für die untersuchten Texte wenig Sinn macht. Denn es handelt sich nicht ausschließlich um afrikanische Autor*innen und Texte, die von Afrikanern geschrieben worden sind. Inszeniert werden sowohl afrikanische als auch kosmopolitische und westliche Erfahrungen. Unter Afrika-Literatur soll im Folgenden also auf der einen Seite Literaturen aus Afrika in verschiedenen europäischen (französisch, deutsch, englisch, portugiesisch, niederländisch ...) wie afrikanischen Sprachen (etwa bei Ngugi wa Thiong'o) verstanden werden. Diese Texte werden oft von kosmopolitischen Autor*innen verfasst, deren Zugehörigkeit zur afrikanischen Literatur, wie Manfred Loimeier treffend feststellt, „in der Regel von den betreffenden Schriftstellern selbst"[17] beantwortet werden kann. Darüber hinaus handelt es sich bei den untersuchten Texten um eine Literatur westlicher Autor*innen, die in Afrika Schauplätze für ihre Werke finden und dadurch die westliche Öffentlichkeit über postkoloniale Verhältnisse in Afrika sensibilisieren wollen. Wie im weiteren Verlauf der Arbeit gezeigt wird, konzentriert sich diese Art von Patchwork-Literatur – man nennt sie zu Recht auch Literatur über Afrika – auch auf die exogenen Ursachen der Demokratiedefizite in Afrika. Am Beispiel des Romanwerks des Theoretikers des Postkolonialismus und Gründervaters der englischsprachigen afrikanischen Literatur, Chinua Achebe, soll hier die allgemeinen Entwicklungslinien der Afrika-Literatur in Bezug auf Import der Demokratiemodelle aus dem Westen nachgezeichnet werden.

Mit seinem herausragenden Romanwerk beschreibt Achebe auf eine ausgezeichnete Art und Weise, wie Eckhard Breitinger schreibt, die Sozialgeschichte

15 Moses Isegawa: *Abessinische Chronik. Roman. Aus dem Niederländischen.* München: Karl Blessing 2000.

16 Vgl. Ryszard Kapuscinski: *Afrikanisches Fieber. Erfahrungen aus vierzig Jahren.* Frankfurt am Main. 13. Aufl., München: Piper Taschenbuch 2007.

17 Manfred Loimeier: *Literaturen aus Afrika. Aufbruch in ein neues Selbstbewusstsein.* Frankfurt am Main: Brandes & Apsel 2018, S. 7.

des „Versagen[s] der den Nigerianern auferlegten Westminster-Demokratie nach der Unabhängigkeit“.[18] Gemeint ist hier das in vielen Commonwealth-Ländern bejubelte parlamentarische Regierungssystem nach britischem Vorbild. Für Achebe liegt die Achillesferse der Westminster-Demokratie darin, dass dieses Modell keine Selbstbestimmung zulässt. Im Kontext des Engagements der afrikanischen Literatur für die Demokratisierungswellen der 1990er Jahre prangerte Achebe die postkoloniale Gegenwart der Demokratieförderung bzw. des Imports von Demokratiemodellen aus Europa an. Seiner Meinung nach sollte sich die Demokratie nur auf der Grundlage von Entscheidungen entwickeln, die von den Betroffenen selbst getroffen werden.

Die literaturästhetische Verarbeitung dieser basisdemokratischen Alternative zum westlichen Demokratiemodell erscheint bei ihm in Form der sogenannten Graswurzel-Demokratie. Dabei handelt es sich um ein Regierungssystem, das laut seiner Romanfigur Ikem Osodi, dem Journalisten und Dichter in seinem Roman *Termitenhügel in der Savanne* (1989), imstande wäre, den afrikanischen Humanismus politisch umzusetzen. Ikem zeigt Verständnis für die Bauern, hält vor Studenten regierungskritische Reden und hat so für seinen demokratischen Standpunkt gekämpft. Der Autor lässt ihn jedoch verhaften und erschießen, um den Mangel an Demokratie in dem fiktiven afrikanischen Staat Kangan zu veranschaulichen. Viele Achebe-Deutungen weisen allerdings kaum drauf hin, dass der diktatorische Präsident namens Sam im Roman oft als Bote des Westens und gleichzeitig als Gefahr für Afrika dargestellt wird. Im Text heißt es:

> The real danger today is from that fat, adolescent and delinquent millionaire, America, and from all those virulent, misshapen freaks like Amin and Bokassa sired on Afrika by Europe. Particularly those ones.[19]

Achebes Roman ist ein Beispiel für die Stimmen, die in der Afrika-Literatur üblicherweise zu hören sind, wenn es um die Kritik an der externen Demokratieförderung durch Europa geht. Dieser kritischen Stimme liegt die Annahme zugrunde, dass Einflüsse von außen auf personeller und institutioneller Ebene die Transformationsprozesse autoritärer Regime erschweren und somit die Konsolidierung stabiler Demokratien verhindern. In diesem Sinne wird von Europa erwartet, dass es durch eine gerechte Entwicklungszusammenarbeit proaktiver für die Basisdemokratie eintritt.

18 Eckhard Breitinger: „Chinua Achebe. Gründervater der afrikanischen Literatur.“ In: *Stimmen der Zeit* 137 (2012), S. 45–57. <https:/www.herder.de/stz/hefte/archiv/> [Abruf 28.09.2020].

19 Chinua Achebe: *Anthills in the savannah.* Heinemann: London 1988, S. 52.

### 2. *Förderung der Basisdemokratie durch* **faire** *Entwicklungszusammenarbeit*

Bei der Problematik der Demokratisierung im Rahmen der Entwicklungszusammenarbeit[20] lassen sich zwei Tendenzen erkennen. Einige eurozentrische Denkströmungen glauben zu wissen, dass afrikanische Länder sich weigern, Demokratisierungsprozesse zu verinnerlichen und umzusetzen. Vielmehr hätten sie gelernt, die von den europäischen Demokratieförderern vorgeschlagenen Mechanismen zur Demokratisierung für andere unehrliche Zwecke zu nutzen.[21] Demgegenüber sieht die afrozentrische Kritik die Gründe für die defekten Demokratien[22] oder blockierten Demokratisierungsprozesse in Afrika eher in der inkonsequenten Nutzung der Instrumente der Demokratieförderung durch Europa.[23] Kritische Stimmen betonen vielmehr die Dimension von Beherrschung[24] und verbreiten den Eindruck, dass es Europa mit der Förderung der Demokratie nicht ernst ist. Als Beweis wird immer wieder der Vorfall bei den Präsidentschaftswahlen in Kenia im August 2017 als auffälliges Beispiel genannt. Nachdem die EU-Beobachtermission keine Unregelmäßigkeiten festgestellt hat und die Wahl für demokratisch erklärt hat, hat das kenianische Verfassungsgericht vier Wochen später die Wahl wegen mehrerer Formfehler annulliert: „*Westliche Wahlbeobachter haben* in *Kenia* einen *schlechten Job* gemacht",[25] schrieb die *Süddeutsche Zeitung* damals.

Die untersuchten Texte ordnen sich in die letzte Kategorie ein. Eins der häufig unzutreffenden Motive ist die Schein-Entwicklungshilfe, die in den Augen der Romanfiguren eher als Demokratiekiller fungiert. Diese Sichtweise von Entwicklungshilfe als ein vom Westen autorisiertes Instrument der Scheindemokratie ist das direkte Ergebnis eines Verständnisses von

20 Vgl. Aram Ziai u. Julia Schöneberg: *Dekolonisierung der Entwicklungszusammenarbeit und Postdevelopment Alternativen: AkteurInnen, Institutionen, Praxis.* Baden-Baden: Nomos 2021.

21 Dazu Roland Zimmermann: *Demokratie und das südliche Afrika. Antagonismus oder Annäherung?* Wiesbaden: Verlag für Sozialwissenschaften 2004.

22 Vgl. Wolfgang Merkel et al.: *Defekte Demokratie. Bd. 2: Regionalanalysen.* Wiesbaden: Springer 2006.

23 Dazu Matthias Basedau: *Erfolgsbedingungen von Demokratie im subsaharischen Afrika. Ein systematischer Vergleich ausgewählter Länder.* Wiesbaden: Springer 2013.

24 Vgl. Dorothea Gädeke: *Politik der Beherrschung: Eine kritische Theorie externer Demokratieförderung.* Frankfurt am Main: Suhrkamp 2017.

25 Bernd Dörries: „*Westliche Wahlbeobachter haben* in *Kenia* einen *schlechten Job* gemacht." In: *Süddeutsche Zeitung* vom 30.10.2017: <https://www.sueddeutsche.de/politik/kenia-westliche-wahlbeobachter-haben-in-kenia-einen-schlechten-job-gemacht-1.3728981> [Abruf am 01.09.2022].

Entwicklungszusammenarbeit, das bis auf die Zeit des Kalten Krieges zurückgeht. Denn überall in Afrika wurden sozialistische Parteiendiktaturen und autoritäre Systeme von ehemaligen Mutterländern ausgehöhlt und geduldet. Die Politologen Spanger u. Wolff erklären diesen Sachverhalt wie folgt:

> Im Zeichen der bipolaren Konfrontation des Kalten Kriegs war es selbstverständlich, mit geostrategisch genehmen autoritären Regimen zu kooperieren oder demokratisch legitimierte Regierungen zu bekämpfen, wenn diese den Eindruck erweckten, Sympathien für das sozialistische Lager zu hegen.[26]

Während afrikanische Intellektuelle am Ende des Kalten Krieges auf den Segen der Entwicklungshilfe als Demokratieprämie hofften, stellen sie schnell fest: um sich zu befreien, müsse Afrika auch den Entwicklungshelfern die Stirn bieten. Dabei stützt sich diese pessimistische Stimme auf die Kritik an der inkonsequenten Verwendung der europäischen Entwicklungshilfe.

Die Autor*innen der Afrika-Literatur kritisieren die Unfähigkeit Europas, im zivilen humanitären Bereich effizient zu intervenieren; sie befürchten, dass die Demokratieförderung auf Kosten des *demos* gehe. Die senegalesische Schriftstellerin Ken Bugul (alias Mariétou Mbaye) gehört zu den Meinungsbildern, die deshalb für die Abschaffung der Entwicklungszusammenarbeit plädieren. In dem Schweizer Dokumentarfilm *Ken Bugul. Niemand will sie* schreit die ehemalige Mitarbeiterin einer internationalen Nichtregierungsorganisation die Entwicklungshelfer in Afrika an: „Das Volk hasst euch [. . .] Hört auf, den guten Samariter zu spielen.“[27]

Die Diskrepanz zwischen der Stärke der Entwicklungszusammenarbeit mit verschiedenen Entwicklungsländern und den formaldemokratischen Voraussetzungen erklärt diese enttäuschte Hoffnung. Diese Diskrepanz hat aber auch damit zu tun, dass sich Fukujamas Prognose vom *Ende der Geschichte*[28] nicht bewahrheitet hat. Denn offensichtlich muss man den Kalten Krieg neu denken, indem man beispielsweise auch Bedrohungsszenarien aus Afrika

26 Hans-Joachim Spanger / Jonas Wolff: „Universales Ziel – partikulare Wege? Externe Demokratieförderung zwischen einheitlicher Rhetorik und vielfältiger Praxis.“ In: Anna Geis, Harald Müller / Wolfgang Wagner (Hrsg.): *Schattenseiten des Demokratischen Friedens. Zur Kritik einer Theorie liberaler Außen- und Sicherheitspolitik*. Frankfurt am Main: Campus 2007, S. 261–284, hier S. 263.

27 Dazu Katleen De Beukeleer: „Interview mit Ken Bugul. Behaltet das Geld, und öffnet die Tür.“ In: *WOZ Die Wochenzeitung* Nr. 17/2015 vom 23.04.2015: <https://www.woz.ch> [Abruf 01.09.2022].

28 Francis Fukuyama: *Das Ende der Geschichte. Wo stehen wir?* München: Kindler 1992.

ernst nimmt.[29] Die postkoloniale Kritik daran lautet, dass die Demokratieförderung in Afrika nicht von den außerafrikanischen nationalen Interessen der ehemaligen Kolonialmächte abhängen sollte.

### *3. Demokratieförderung darf kein Instrument zur Förderung nationaler Interessen sein*

In der Afrika-Literatur wird drauf hingewiesen, dass die Förderungsmaßnahmen bzw. Druckmaßnahmen zugunsten der Demokratisierung von Europa nicht konsequent durchgesetzt werden. Anstatt eine gemeinsame Politik der Demokratieförderung auf der Grundlage politischer Konditionalitäten zu verfolgen, werden die Ausführungsbestimmungen je nach Interessen der einzelnen europäischen Länder entweder genutzt oder einfach ignoriert. So erscheint die Demokratieförderung nur als ein maskiertes Instrument zur Förderung nationaler Interessen: „Geostrategische Interessen als *hidden agendas*"[30]. In der Forschungsliteratur wird häufig die Anekdote vom Bundespräsidenten Roman Herzog als Beispiel für diese europäische Doppelmoral angeführt. Im Jahre 1995, im Kontext der wirtschaftlich-diplomatischen Konfrontation zwischen Europa und den USA im Kongo, hätte Herzog den prodemokratischen Druck auf den Diktator Mobutu (Belgien erklärte ihn zur *persona non grata*) geschwächt, indem er „vermeinte, Mobutu zu seinem 30-jährigen Amtsjubiläum – er hatte 1965 geputscht – gratulieren zu müssen".[31] In diesem Fall erscheint der Mangel an Kohärenz in der europäischen Außenpolitik eher als Hindernis denn als Voraussetzung für den Erfolg der Demokratie in Afrika.

Dieser Mangel an Kohärenz wird in der Afrika-Literatur als postkoloniale Kritik postuliert, da er als Folge des Wettlaufs um die Ressourcen in Afrika zwischen den verschiedenen europäischen Ländern erscheint, wobei die Demokratieförderung zweitrangig bleibt. In den Büchern des portugiesischen Reiseschriftstellers und Journalisten Pedro Rosa Mendes werden die Kriegsbeschreibungen durch Hinweise auf ökonomische Interessen ergänzt, die die europäischen Akteure im Krieg verfolgen. In *Schwarz. Licht. Passagen durch Westafrika* (2006)[32] beschreibt er Kriegsgräuel und postkoloniale

29 Dazu Kirsten Bönker: „Den Kalten Krieg neu denken? Neue Studien zum Kalten Krieg." In: *Neue politische Literatur* 67, 2 (2022), S. 168–204.

30 Andrea Gawrich: *Demokratieförderung von Europarat und OSZE. Ein Beitrag zur europäischen Integration.* Wiesbaden: Springer 2014, S. 25.

31 Basedau, Erfolgsbedingungen von Demokratie, (wie Anm. 23), S. 432.

32 Pedro Rosa Mendes: *Schwarz. Licht, Passagen durch Westafrika.* Frankfurt am Main: Brandes & Apsel 2006. [Original: Mano – War and Survival in West-Africa, 2006]

Zustände in der Elfenbeinküste, Liberia, Sierra Leone und Guinea-Bissau. In seinem Essayroman *Tigerbucht* (2001)[33] wird auch der Bezug zu europäischen Profiteuren der Bürgerkriege sichtbar. In *Tigerbucht* erfährt der Leser die Vielschichtigkeit und Widersprüchlichkeit des Krieges, zum Beispiel wenn der ehemalige Kindersoldat Domingos Pedro mit Diamanten und Menschen skrupellos handelt. Es ist Absicht des Autors, in seinem Reiseroman die Rolle der internationalen Gemeinschaft in diesem Krieg sichtbar zu machen. Der Politikwissenschaftler Roland Zimmermann schreibt zu diesem Buch, „Die – zu wenig Optimismus Anlass gebende – Realität Angolas“[34] lasse sich damit erklären, dass die herrschenden Eliten die Profiteure waren, die „sich im Schutz des Chaos an den Ressourcen des Landes bedienen konnten – und dies unter den Augen und mit Unterstützung aller ‚Förderer der Demokratie‘“.[35] Die Beschreibung dieser passiven Zuschaurolle Europas ist als postkoloniale Kritik gemeint. Denn sie erscheint als ein Wettlauf, als eine neue Form des *Scramble for Africa*, bei dem Demokratie und Menschenrechte nur Schnickschnacks sind, die Europäer im Tausch gegen Bodenschätze und andere Naturressourcen mitbringen. Um aus dieser Zuschauerrolle herauszukommen, wird von den Demokratieförderern erwartet, dass sie stattdessen die Basisdemokratie fördern.

### *4. Demokratieförderung muss Zivilgesellschaft fördern*

Es ist mittlerweile ein offenes Geheimnis, dass liberaldemokratische Grundsätze in den afrikanischen Gesellschaften nicht fest verankert sind. In Westafrika stellt der Politikwissenschaftler Henri Pierre Gebauer 2007 fest, dass es den Organisatoren der Zivilgesellschaft an finanziellen und personellen Kapazitäten fehlt: „Sie werden meist von urbanen Eliten dominiert, wodurch ihre Repräsentativität eingeschränkt bleibt.“[36] In einigen fiktionalen Texten wird diese basisdemokratische Verborgenheit damit erklärt, dass die Zivilgesellschaft das Waisenkind der externen Demokratieförderung durch Europa ist. Die Abhaltung von politischen Wahlen wird von Europa als Wahldiktat gefördert, obwohl sie von den despotischen Regierungen nur als Legitimationsmechanismus gegenüber dem Westen instrumentalisiert werden. Der in den USA lehrende kamerunische Literaturwissenschaftler und Autor Alain

33 Pedro Rosa Mendes: *Tigerbucht.* Zürich: Amman Verlag 2001 [Original: *Baia dos Tigres*, 1999].

34 Zimmermann, *Demokratie und das südliche Afrika* (wie Anm. 21), S. 164.

35 Ebd., S. 165.

36 Henri Pierre Gebauer: *Externe Demokratieförderung: Die Demokratieförderung der EU am Beispiel Westafrika.* Berlin: Logos Verlag 2011, S. 23.

Patrice Nganang beschreibt dieses Volksempfinden in dem satirischen Essay-Briefroman *La République de l'imagination* (2009), wie folgt:

> Du sagst mir, dass die Wahl in einem Moment stattfindet, in dem deine Stimme mehr als abgewertet wurde. „Wozu soll das gut sein?", flüsterst du. Am Wahltag hast du keine Lust, zur Wahlurne zu gehen. „Bei uns dienen sie nur noch dazu, vor dem Westen eine Macht zu legitimieren, die in Wirklichkeit demokratiefeindlich ist, sagst du dir, schau nach Kenia!" Du bist einfach nur angewidert, ja, angewidert! „Fuck Afrika!", schreibst du mir wütend.[37]

Während diese Komplizenschaft zwischen Demokratieförderern aus Europa und korrupten politischen Eliten wie am Schnürchen läuft, erleben die Akteure der Zivilgesellschaft ihr blaues Wunder. Die demokratische Partizipation wird als eine Gefahr für sie gesehen, weil sie sich nicht auf Europa und auf die externen Förderer der Demokratie verlassen können. Der unermüdliche Verfechter der afrikanischen Zivilgesellschaft Nganang beschreibt in *Hundezeiten* (2003), wie die politische Elite in Jaunde die Bevölkerung ausbeutet und abzockt, ohne verlässlichen Schutz durch Europa. Oppositionsführer sind nicht einmal in ihren Asyl-Gastländern im Westen sicher: „Ein bekannter Oppositionsführer wurde in Europa verhaftet, in eine Corned-Beef-Schachtel gesteckt, abgestempelt und per Post nach Hause geschickt".[38] Diese Gestaltung dient dazu, externe Demokratieförderung in Afrika mit der Förderung der Autokratie gleichzusetzen.

### 5. *Kritik an der externen Förderung der Autokratie*

In Ngugi wa Thiong'os in Kikuyu verfasstem Roman *Der gekreuzigte Teufel* (1988) rühmt sich der dem Teufel verfallene Politiker Kihaahu wa Gatheeca (alias Lord Gabriel Bloodwell-Stuart-Jones), dass er „bei der amerikanischen Weltbank oder bei europäischen und japanischen Banken Geld aufnahm",[39] obwohl er eigentlich nicht viel von der Demokratie hält: „Ich glaube nicht an diesen Demokratie-Unsinn. Morgens redet man von Demokratie. Abends redet man von Demokratie. Kann man Demokratie trinken oder essen",[40] sagt

37 Patrice Alain Nganang: *La République de l'imagination. Lettres au benjamin.* Paris: Éd. Vents d'ailleurs 2009, S. 82 f. Alle Übersetzungen sind von mir Kpao Sare.

38 Patrice Alain Nganang: *Temps de chien. Chronique animale.* (Dt. *Hundezeiten*, 2003). Paris: *Le serpent à plumes* 2001, S. 108.

39 Ngugi wa Thiong'o: *Der gekreuzigte Teufel.* Roman. Frankfurt am Main: Suhrkamp 2013, S. 145.

40 Ebd., S. 147.

er. Die postkoloniale Kritik an der Autokratieförderung betrifft viele diffusen Entitäten, die im Allgemeinen im postkolonialen Zwei-Welten-Modell des „Westens und des Rests der Welt" pauschalisiert werden. Sie betrifft die EU als politische Institution, die auf der Suche nach Patentlösungen für postkoloniale Herausforderungen (Migration) bisweilen Teufelspakte mit tropischen Diktatoren eingehen muss. Man denke hier an Christian Jakobs Buchtitel *Diktatoren als Türsteher Europas. Wie die EU ihre Grenzen nach Afrika verlagert* (2017).[41] Sie betrifft ferner sowohl die Bretton-Woods-Institutionen als auch die USA als Symbolstaat der kapitalistischen Ausbeutung, deren Industrielle und sonstige Profiteure die Diktatoren in Afrika unterstützen. Patrice Nganang, der vielleicht politisch engagierteste afrikanische Schriftsteller seiner Generation, ist eigenwilliger, wenn es um die Anprangerung postkolonialer Mechanismen geht. In *La République de l'imagination* (2009) kritisiert Nganang die andauernde postkoloniale Unterdrückung durch den Westen, der eher eine Form von „Demokrazide"[42] als von Demokratie fördere; er erklärt:

> Gleichzeitig wurde noch nie so viel von Demokratie gesprochen wie heute! Auch hier sind unsere Länder Unterbezirke des Westens, und selbst unsere politischen Kräfte des Wandels sind nur Strohmänner! Der Westen produziert nicht nur die Strukturen der Besetzung unseres Himmels, die es uns unmöglich machen, unsere Zukunft selbst zu formulieren; er produziert auch die ideologischen Muster, die unseren Widerstand gegen diese Besetzung abgrenzen.[43]

Diese Kritik an der externen Autokratieförderung durch die internationalen Institutionen findet sich auch in Ken Buguls *La folie et la mort* (2000, Dt: *Wahnsinn und Tod*), einem Roman, der die Zuschauerrolle der UNO während des Krieges in Sierra-Leone anprangert. Dieser Konflikt habe sich „unter den glotzenden Augen der Beamten der schlecht Vereinten Nationen ausgetragen, die über die Angelegenheit nachdachten, nur wenn sie nicht gerade ein Thema hatten, das Sam und seine Kumpanen beschäftigte."[44] Es ist nicht nur das Akronym UNO, das hier durch die Definition von „Schlecht Vereinten Nationen" stilistisch verspottet wird. In der Benennung „Sam und seine Kumpanen" wird man wohl auch eine Anspielung an den Spitznamen „Uncle Sam" für die Vereinigten Staaten von Amerika erkennen können. In diesem Gedankenkontext wären Sams „Gefolgsleute" dann die europäischen Länder, die aus vermeintlicher westlicher Solidarität Amerika in seinen Entscheidungen blind

41 Christian Jakob / Simone Schlindwein: *Diktatoren als Türsteher Europas: Wie die EU ihre Grenzen nach Afrika verlagert*. München: Ch. Links 2017.

42 Patrice Alain Nganang: *La République de l'imagination* (wie Anm. 35), S. 83.

43 Ebd., S. 115.

44 Ken Bugul: *La folie et la mort*. Paris : Présence Africaine, 2000, S. 80.

folgen, selbst wenn es um die Unterstützung von Diktaturen in Afrika geht. Der Westen erscheint in diesem Sinne als Konstruktion, die vieles bezeichnen kann. Mal bezieht sich der Begriff auf einzelne europäische Länder, mal auf multilaterale Staatengemeinschaften, mal auf internationale Organisationen, mal auf die Europäische Union.

Die postkoloniale Kritik an der Autokratieförderung betrifft aber auch die verschiedenen ehemaligen Kolonialmächte. So unterschiedlich die angeprangerten ehemaligen Kolonialmächte sind, so vielschichtig ist das in dieser Studie als Afrika-Literatur postulierte Korpus. Je nachdem, in welchen postkolonialen Konstellationen die Romanhandlungen angesiedelt sind, werden die neokolonialen Machenschaften der entsprechenden ehemaligen Kolonialmächte kritisch beleuchtet. Je nach Sprache, in der die Texte verfasst wurden, werden die Ressentiments der anvisierten und expliziten Leserinnen und Leser durch die Literatur formuliert. Über die unheimlichen Beziehungen zwischen europäischen Demokratien und afrikanischen korrupten Diktaturen sitzt auch Deutschland, dessen Kolonialgeschichte die kürzeste der europäischen Mächte sein soll, auf der Anklagebank. Die Mechanismen und Instrumente der bundesdeutschen Außenpolitik verschwinden nicht völlig aus dem Fokus dieser Kritik. Diese postkoloniale Kritik an neokolonialistischen Reflexen wird dem gerecht, was Perraudin/Zimmerer konstatieren, nämlich:

> Germany had finally arrived at a postcolonial European normality, where its own historical relationship with the world is part of a vigorous debate not only about the past, but also about the future.[45]

In der Afrika-Literatur wird diese postkoloniale Normalität darin begründet gesehen, dass die Bundesrepublik bei der neokolonialistischen Förderung der Autokratie in Afrika nicht besser bewertet wird als Frankreich. Beide Länder werden vielmehr als unauffällige Feinde der Demokratie in Afrika bzw. als Unterstützer von Militärherrschaft gleichgesetzt. Besonders in deutschsprachigen Afrika-Romanen taucht dieses Argument häufig auf. In seinem Kriminalroman *Lomé. Der Aufstand* (2020) stellt der deutsche Theaterintendant und Schriftsteller Christoph Nix beispielsweise fest, dass sich die Mitarbeiter im überdimensionierten Gebäude der deutschen Botschaft und der Hans-Seidel-Stiftung nicht schämen, die Regierung in Lomé zu unterstützen; er lässt seinen Erzähler sagen: „Was wusste er [Michael Menz] schon von diesem Land? Er wusste nur, dass bis heute sowohl Frankreich als auch Deutschland dafür verantwortlich waren, dass diese korrupte Familie Nanguibe ein ganzes Land

45 Michael Perraudin / Jürgen Zimmerer: *German Colonialism and National Identity*. New York/London: Routledge 2011, S. 2.

regierte, als wäre es ihr Gutshof".[46] Der aufmerksame Leser wird in Familie Nanguibe metonymisch das fiktive Alter Ego der Familie Gnassingbe erkennen, die das Land Togo, einst eine deutsche Musterkolonie, seit Jahrzehnten ununterbrochen regiert. Die Gleichstellung von Deutschland und Frankreich, den Motoren der europäischen Union, als Unterstützer dieser Familie dient dazu, ganz Europa als Promoter von Diktaturen in Afrika zu entlarven.

In der frankophonen öffentlichen Meinung und Literatur hingegen wird Frankreich häufig für seine Komplizenschaft mit afrikanischen Despoten kritisiert. Afrikanische Intellektuelle werfen unterschiedlichen französischen Regierungen vor, an der Schaffung korrupter und repressiver Scheindemokratien mitzuwirken. Dass afrikanische Diktatoren bei europäischen Regierungen auf offene Ohren stoßen, betont auch die Globalisierungskritikerin und ehemalige Kulturministerin von Mali, Aminata Traore. In ihrem Antwortbrief an Sarkozy bedauert sie, „dass Frankreich die Diktatoren tatkräftig unterstützt, kritische Politiker ebenso aktiv bekämpft und mit allen Mitteln die Hand auf die profitablen Wirtschaftssektoren dieser Länder gelegt hat."[47]

In vielen Texten der Afrika-Literatur wird auch angeprangert, dass autoritäre Regime bewährte Partner westlicher Länder sind und sich auf die Unterstützung europäischer Demokratien verlassen können. Europäische Wirtschaftsinteressen werden als Totengräber der Demokratie in Afrika dargestellt. In seinem Roman *Johnny chien méchant* (2002), der 2008 von Jean-Stéphane Sauvaire unter dem Titel *Johnny Mad Dog* verfilmt wurde, schreibt der kongolesische Chemiker und Schriftsteller Emmanuel Dongala: „In all diesen Konflikten findet man, wenn man genau hinschaut, vor allem die großen Öl- und Diamantenkonzerne, die die lokalen Politiker manipulieren, die ihrerseits . . ."[48] Die Auslassungspunkte des Zitats können – unter Anwendung der rezeptionsästhetischen Theorie der Leerstellen von Wolfgang Iser[49] – den impliziten Leser dazu veranlassen, den gesellschaftspolitischen Kontext im weitesten Sinne zu entschlüsseln, zum Beispiel: lokale Politiker, die ihrerseits die Demokratie manipulieren.

46 Christoph Nix: Lomé. *Der Aufstand. Roman.* Berlin: Transit 2020, S. 92.

47 Aminata Traoré: *Offener Brief an den französischen Präsidenten bezüglich der Elfenbeinküste und Afrika im Allgemeinen.* Zitiert nach Rokhaya Diallo: „Aminata Dramane Traoré. Das Ende der Bevormundung." In: Moustapha Diallo (Hrsg.): *Visionäre Afrikas. Der Kontinent in ungewöhnlichen Portraits.* Wuppertal, Peter Hammer 2014, S. 18.

48 Emmanuel Boundzeki Dongala: *Johnny chien méchant.* Paris: Le serpent à plumes 2002, S. 242.

49 Wolfgang Iser: *Der Akt des Lesens. Theorie ästhetischer Wirkung.* München: Fink 1994, S. 115.

Insgesamt erklären die Autor*innen der Afrika-Literatur die Demokratiedefizite in Afrika mit einem vermeintlichen Zynismus der europäischen Demokratien, die vor der Förderung von Autokratien nicht zurückschrecken würden, wenn die geostrategischen Interessen des Westens bedroht seien. Die Verlangsamung demokratischer Prozesse und in vielen Fällen die Umkehrung der Demokratie in eine Diktatur werden als antidemokratische Nebenfolgen und Begleiterscheinungen dieses fehlenden klaren Engagements des Westens/Europas für die Demokratieförderung gesehen.

## *Schluss*

Mit dem Wettlauf um die letzten Ressourcen der Erde, spätestens mit Chinas Entdeckung der liberalen Wirtschaft spielen neuere geostrategische Ansprüche gegen die moralische Herausforderung der Verbreitung der Demokratie in Afrika. Dieser Umstand wird von der postkolonialen Literaturkritik angeprangert. In der Fiktion der Afrika-Literatur ist die externe Demokratieförderung durch Europa eher eine Fiktion als eine Realität. Sie ruft beim Leser bisweilen Skepsis hervor, da sie im Verdacht steht, sich nicht von der Autokratieförderung zu unterscheiden. Europäische externe Förderer der Demokratie in Afrika werden als nette Wettläufer um Afrika dargestellt, die vor weltwirtschaftlichen Realitäten ihre Verantwortung vergessen und die Demokratie in Stich lassen. Dabei befürchten die Autor*innen der Afrika-Literatur, dass die auf diese Weise geförderte Scheindemokratie nur ein Deckel auf dem Topf ist, in dem die Armut und die Resignation der Bevölkerungen brodeln, deren Ausbruch allerdings mit diktatorischen Mitteln verhindert wird. Insgesamt hofft die Afrika-Literatur auf Reformen und Förderungsmechanismen, die der von Achebe propagierten „Graswurzel-Demokratie" begünstigen.

## *Literaturverzeichnis*

Achebe, Chinua: A*nthills in the savannah.* Heinemann: London 1988 (dt.: Termitenhügel in der Savanne, 1989).

Basedau, Matthias: *Erfolgsbedingungen von Demokratie im subsaharischen Afrika. Ein systematischer Vergleich ausgewählter Länder.* Wiesbaden: Springer 2013.

Beckmann, Markus: „Governance durch politische Selbstbindung – Wider die Ausbeutungsspiele afrikanischer Eliten." In: *Zeitschrift für Politik*, 55, 2 (2008), S. 199–220.

Beukeleer, Katleen De: „Interview mit Ken Bugul. Behaltet das Geld, und öffnet die Tür.“ In: *WOZ Die Wochenzeitung* Nr. 17/2015 vom 23.04.2015: <https://www.woz.ch> [Abruf 01.09.2022].

Bönker, Kirsten: „Den Kalten Krieg neu denken? Neue Studien zum Kalten Krieg.“ In: *Neue politische Literatur*, 67, 2 (2022), S. 168–204.

Breitinger, Eckhard: „Chinua Achebe. Gründervater der afrikanischen Literatur.“ In: *Stimmen der Zeit* 137 (2012), S. 45–57. <https:/www.herder.de/stz/hefte/archiv/> [Abruf am 01.09.2022].

Brüne, Stefan: „Testfall Äthiopien: Die neue Afrikastrategie der Europäischen Union.“ In: Anette Jünemann / Michèle Knodt (Hgg.): *Externe Demokratieförderung durch die Europäische Union. European External Democracy Promotion*. Baden-Baden: Nomos 2007, S. 53–70.

Bugul, Ken: *La folie et la mort*. Paris: Présence Africaine 2000.

Crawford, Gordon: „Assessing EU Democracy Promotion in Africa: The case of Ghana.“ In: Anette Jünemann / Michèle Knodt (Hrsg.): *Externe Demokratieförderung durch die Europäische Union. European External Democracy Promotion*. Baden-Baden: Nomos 2007, S. 71–94.

Diallo, Moustapha: *Visionäre Afrikas. Der Kontinent in ungewöhnlichen Portraits*. Wuppertal, Peter Hammer 2014.

Dongala, Emmanuel Boundzeki: *Johnny chien méchant*. Paris: Le serpent à plumes 2002.

Dörries, Bernd: „*Westliche Wahlbeobachter haben* in *Kenia* einen *schlechten Job* gemacht.“ In: *Süddeutsche Zeitung* vom 30.10.2017: <https://www.sueddeutsche.de/politik/kenia-westliche-wahlbeobachter-haben-in-kenia-einen-schlechten-job-gemacht-1.3728981> [Abruf 01.09.2022].

Fukuyama, Francis: *Das Ende der Geschichte. Wo stehen wir?* München: Kindler 1992.

Gadjanova, Elena: „Afrikas Demokratien im Niedergang.“ In: *Max-Planck-Gesellschaft* vom 4. September 2018: <https://www.mpg.de/12240526/niedergang-demokratie-afrika> [Abruf 01.09.2022].

Gawrich, Andrea: *Demokratieförderung von Europarat und OSZE. Ein Beitrag zur europäischen Integration*. Wiesbaden: Springer 2014.

Gädeke, Dorothea: *Politik der Beherrschung: Eine kritische Theorie externer Demokratieförderung*. Frankfurt am Main: Suhrkamp 2017.

Gebauer, Henri Pierre: *Externe Demokratieförderung: Die Demokratieförderung der EU am Beispiel Westafrika*. Berlin: Logos Verlag 2011.

Hackenesch, Christine / Leininger, Julia / Mross, Karina: *What the EU should do for democracy support in Africa. Ten proposals for a new strategic initiative in time of polarisation*. Berlin: FES/DIE, 2020: <https://www.fes.de/referat-afrika/neuigkeiten-referat-afrika7eu-demokratiefoerderung-in-afrika-10-vorschlaege-fuer-neue-strategische-ansaetze-in-zeiten-von-polarisierung> [Abruf 01.10.2020].

Isegawa, Moses: *Abessinische Chronik. Roman.* Aus dem Niederländischen. München: Karl Blessing 2000.

Iser, Wolfgang: *Der Akt des Lesens. Theorie ästhetischer Wirkung.* München: Fink 1994.

Jakob, Christian / Schlindwein, Simone: *Diktatoren als Türsteher Europas: Wie die EU ihre Grenzen nach Afrika verlagert.* München: Ch. Links 2017.

Kapuscinski, Ryszard: *Afrikanisches Fieber. Erfahrungen aus vierzig Jahren.* 13. Aufl. Frankfurt am Main. München: Piper 2007.

Kapuscinski, Ryszard: *König der Könige. Eine Parabel der Macht.* München: Piper 2009.

Kästner, Antje: Autokratieförderung. In: Raj Kollmorgen / Wolfgang Merkel / Hans-Jürgen Wagener (Hrsg.): *Handbuch Transformationsforschung*, Wiesbaden: Springer 2015, S. 493–498.

Loimeier, Manfred: *Literaturen aus Afrika. Aufbruch in ein neues Selbstbewusstsein.* Frankfurt am Main: Brandes & Apsel 2018.

Mbembe, Achille: *Politik der Feindschaft.* Berlin: Suhrkamp 2017.

Mendes, Pedro Rosa: *Tigerbucht.* Zürich: Amman Verlag 2001 [Original: Baia dos Tigres, 1999]

Mendes, Pedro Rosa: *Schwarz. Licht, Passagen durch Westafrika.* Frankfurt am Main: Brandes & Apsel 2006. [Original: Mano – War and Survival in West-Africa, 2006]]

Merkel, Wolfgang et al.: *Defekte Demokratie. Bd. 2: Regionalanalysen.* Wiesbaden: Springer 2006.

Neumann, Birgit: „Methoden postkolonialer Literaturkritik und anderer ideologiekritischer Ansätze." In: Vera Nünning / Ansgar Nünning (Hrsg.): *Methoden der literatur- und kulturwissenschaftlichen Textanalyse. Ansätze – Grundlagen – Modellanalysen.* Stuttgart: Metzler 2010, S. 271–292.

Neutatz, Dietmar u. a.: „Die Rückkehr der Imperien? Putins Krieg und seine globalen Implikationen." In: *Journal of Modern European history*, 20, 2 (2022), S. 148–160.

Nganang, Patrice Alain: *Hundezeiten. Roman.* Wuppertal: Peter Hammer, 2003. [Original: *Temps de chien*, 1999]

Nganang, Patrice Alain: *La République de l'imagination. Lettres au benjamin.* Paris: Éd. Vents d'ailleurs 2009.

Nix, Christoph: *Lomé. Der Aufstand. Roman.* Berlin: Transit 2020.

Perraudin, Michael / Zimmerer, Jürgen: *German Colonialism and National Identity.* New York/London: Routledge 2011.

Plate, Christoph: „Russland und Afrika. Putins Propagandaoffensive in Afrika." In: *ZEIT ONLINE* vom 9. August 2022. <https://www.zeit.de/politik/ausland/2022-08/russland-afrika-propaganda-wladimir-putin> [Abruf 12.09.2022].

Priess, Frank: „Demokratieförderung. Basis nachhaltiger Entwicklung: Der Beitrag der Politischen Stiftungen zur Entwicklungszusammenarbeit im 21. Jahrhundert." In: Hartmut Sangmeister / Heike Wagner (Hrsg.): *Die Entwicklungszusammenarbeit der Zukunft*. Baden-Baden: Nomos 2019, S. 101–118.

Schmidt, Helmut: *Demokratie in Subsahara-Afrika: eine Analyse ihrer Entstehung und Wirkung auf Recht und Wirtschaft*. Hamburg: Verlag Dr. Kovac 2022.

Schmidt, Siegmar: „The EU Democracy Assistance in Africa: The Cases of South Africa and the Democratic Republic of Congo." In: Anette Jünemann / Michèle Knodt (Hrsg.): *Externe Demokratieförderung durch die Europäische Union. European External Democracy Promotion*. Baden-Baden: Nomos 2007, S. 33–53.

Schmidt, Siegmar: „Postkoloniale Transformationen im 20. Jahrhundert in Afrika." In: Raj Kollmorgen / Wolfgang Merkel / Hans-Jürgen Wagener (Hrsg.): *Handbuch Transformationsforschung*. Wiesbaden: Springer 2015, S. 371–387.

Soest, Christian von / Fabian Bohnenberger: „Externe Unterstützung stärkt die Demokratie in Afrika." In: *GIGA Focus Afrika*, Nummer 4 / Oktober 2016.

Spanger, Hans-Joachim / Wolff Jonas: „Universales Ziel – partikulare Wege? Externe Demokratieförderung zwischen einheitlicher Rhetorik und vielfältiger Praxis." In: Anna Geis, Harald Müller / Wolfgang Wagner (Hrsg.): *Schattenseiten des Demokratischen Friedens. Zur Kritik einer Theorie liberaler Außen- und Sicherheitspolitik*. Frankfurt am Main: Campus 2007, S. 261–284.

Tetzlaff, Rainer / Jakobeit, Cord: *Das nachkoloniale Afrika: Politik – Wirtschaft – Gesellschaft*. Wiesbaden: Springer 20O5.

Thiong'o, Ngugi wa: *Der gekreuzigte Teufel. Roman*. Übersetzt von Susanne Koehler. Frankfurt am Main: Suhrkamp 2013.

Ziai, Aram / Schöneberg, Julia (Hrsg.): *Dekolonisierung der Entwicklungszusammenarbeit und Postdevelopment Alternativen: AkteurInnen, Institutionen, Praxis*. Baden-Baden: Nomos 2021.

Zimmermann, Roland: *Demokratie und das südliche Afrika. Antagonismus oder Annäherung*. Wiesbaden: Verlag für Sozialwissenschaften 2004.

# Heimkehr der Masken: Wie französische und deutsche Zeitungen über die Rückgabe von Kunstwerken an Benin berichten

*Charles Nouledo*

*Zusammenfassung*: Benin erhält, wie vom französischen Präsidenten Emmanuel Macron versprochen, schon einmal einige seiner geraubten Kunstgegenstände aus der Kolonialzeit zurück. Berichte aus den französischen Zeitungen *Le Figaro* und *Le Monde* sowie aus den deutschen Zeitungen *Süddeutsche Zeitung* und *Frankfurter Allgemeine Zeitung* sehen diese Restitution als normalen Vorgang an. Auf Jahre der Ablehnung folgt nun in Europa offenbar eine Kehrtwende, die gewiss auch mit neuen Denkmustern und einem neuen Verständnis der Globalisierung zu tun haben könnte. Dieser Artikel liefert nicht nur eine journalistische Analyse, sondern betrachtet ebenso die kulturellen und diskursiven Hintergründe, vor denen das Thema Restitution aktuell als Lösung einer postkolonialen Krise gelesen werden könnte. Nicht zuletzt möchte der Beitrag auch aufzeigen, gerade bei dieser für die Europäer wie für die Afrikaner heiklen kulturellen Frage, welchen Einfluss gesamtgesellschaftliche Diskurse oft auf Medieninhalte haben. Mit anderen Worten spiegeln die hier untersuchten Zeitungsbeiträge auch zum Teil den aktuellen Zeitgeist in Bezug auf die europäisch-afrikanischen Beziehungen wider: Interessanterweise trägt das von Präsident Macron in Auftrag gegebene Restitutionsgutachten den Untertitel: „Vers une nouvelle éthique relationnelle".

*Schlüsselwörter*: Afrikanische Kunst, Benin, *Le Figaro*, *Frankfurter Allgemeine Zeitung*, *Le Monde*, *Süddeutsche Zeitung*, Restitution.

*Abstract*: As promised by French president Emmanuel Macron, Benin gets some of its artifacts that were stolen during the colonial era back. Reports from the French newspapers Le Figaro and Le Monde as well as from the German newspapers *Süddeutsche Zeitung* and *Frankfurter Allgemeine Zeitung* see this restitution as something due. After years of rejection, Europe seems now to awake to a new mindset, probably in straight line with new mental patterns and a new understanding of globalisation today. The present paper does not just discuss journalistically news reports, it provides also a cultural and discursive setting in which the issue of restitution of African cultural heritage could be read as a crisis getting solved at this late stage of postcolonialism. Besides, the paper tries to show likewise how culturally prevailing discourses impact media content – especially regarding such a tricky issue like looted African art. More precisely, the newspapers discussed here would, besides being independent, also be echoing just a new paradigm in the European-African relations. Quite interestingly, the expert report commissioned by French president Macron has in its headline: „Vers une nouvelle éthique relationnelle".

*Keywords*: African art, Benin, *Le Figaro*, *Frankfurter Allgemeine Zeitung*, *Le Monde*, *Süddeutsche Zeitung*, restitution.

## 1. Wenn man nicht China ist

Wie viel Euro ist eine Ratte wert? Sage und schreibe 31 Millionen Euro war neulich ein Chinese bereit, für einen Rattenkopf und einen Hasenkopf zu zahlen. Er weigerte sich dann aber, die Rechnung zu begleichen. Der seltsame Vorfall ereignete sich bei einer Kunstversteigerung des Londoner Auktionshauses Christie's und erregte viel internationale Aufmerksamkeit. Und genau das wollte der Chinese erreichen wollte. Er war, wie sich herausstellte, gar kein Kunstliebhaber, sondern er tat dies als PR-Coup im Auftrag der chinesischen Regierung, wie etwa die *Frankfurter Allgemeine Zeitung* und die *Süddeutsche Zeitung* berichteten.[1] Der Rattenkopf und der Hasenkopf aus Bronze stammen aus der Kunstsammlung des französischen Modedesigners Yves Saint-Laurent, der sie in England versteigern ließ. Doch ursprünglich waren diese Tierköpfe (aus der Frühzeit der Qing-Dynastie) von französischen und britischen Truppen im 19. Jahrhundert im Zuge der kolonialen Invasion Chinas aus dem kaiserlichen Sommerpalast in Peking gestohlen worden – nun also wollte sie China medienwirksam zurück.[2] Und das Reich der Mitte bekam sie tatsächlich zurück: Als „Geschenk" französischer Handelspartner, vom französischen Präsidenten François Hollande höchstpersönlich an die chinesische Regierung überreicht.[3] So kann Restitution auch gehen, wenn man Volksrepublik China heißt und jetzt global immer mehr zu einer Größe wird, mit der zu rechnen ist.

Ganz anders ist es um die Forderung einer Restitution geraubter afrikanischer Kunst- und Kulturgüter der Kolonialzeit in europäischen Museen bestellt: eine postkoloniale kulturelle Krise, lange ohne Aussicht auf eine Lösung. Jahrzehntelange Bitten, Anträge und Verhandlungen durch die afrikanischen Staaten haben kaum Bewegung in die Sache gebracht: Die europäischen Museen und Regierungen haben die Angelegenheit stets abgewiegelt

1 O.A.d.A.: „Chinese nimmt Kunst als Beute". In: *Frankfurter Allgemeine Zeitung* (2009): <https://www.faz.net/aktuell/feuilleton/sammlung-yves-saint-laurents-chinese-nimmt-kunst-als-beute-1925978.html> [Abruf 10.08.2022]; O.A.d.A.: „Chinesische Auktionspiraterie". In: *Süddeutsche Zeitung* (2010), <https://www.sueddeutsche.de/panorama/ysl-streit-um-bronzefiguren-chinesische-auktionspiraterie-1.479850> [Abruf 10.08.2022].

2 Vgl. *Süddeutsche Zeitung*, ebd.

3 Und bei der Gelegenheit wurden gleich 60 Airbusse an China verkauft; zur üblichen Kritik der Europäer an China heißt es: „Und über die Menschenrechte hat [Hollande] nur sehr allgemein und unverbindlich geredet." Jürg Altwegg: „Beutekunst zurückgegeben – Diplomatische Heimkehr. In: *Frankfurter Allgemeine Zeitung* (2013), <https://www.faz.net/aktuell/feuilleton/kunstmarkt/kommentare-glossen/beutekunst-zurueckgegeben-diplomatische-heimkehr-12171433.html> [Abruf 10.08.2022].

und hinausgezögert. Bis zum Paukenschlag vom 28. November 2017 in Burkina Faso: Da versprach der neu gewählte französische Präsident Emmanuel Macron in einer Rede, die von den Afrikanern verlangte Rückgabe nun doch zügig in die Wege zu leiten, denn: „Le patrimoine africain ne peut pas être prisonnier de musées européens“[4], rechtfertigte sich der Elysee-Palast für den Tabubruch auf Twitter. Die so angekündigte Befreiung des afrikanischen Kulturgutes aus der Gefangenschaft französischer Museen ist für die überzeugte Restitutionsverfechterin Bénédicte Savoy aber keine der Lage angemessene Leseart. Sie sieht in den kolonialen Museumsbeständen afrikanischen Ursprungs in Europa die „Seele [des schwarzen Kontinents]“, die im Sinne einer „Wiedergeburt“ wieder dorthin zurückkehren müsse.[5]

Was auch tatsächlich am 10. November 2021 symbolträchtig der Fall war, als 26 Objekte aus dem ehemaligen Königreich Danhomey auf dem Gebiet der heutigen Republik Benin, die bisher nur im Musée Quai Branly in Paris zu sehen waren, per Flugzeug mit dem beninischen Präsidenten an Bord nach Benin heimkehrten und dort mit militärischen Ehren empfangen wurden.[6] Nach einer Phase der Reakklimatisierung wurden die Kunstwerke im beninischen Präsidentenpalast ausgestellt, bevor sie in eine Dauerausstellung nach Ouidah überführt werden und abschließend ein eigenes geplantes Museum in Abomey (ehemaliger Königssitz) bekommen sollen. Ein älterer Einheimischer, der die Kunstgegenstände endlich mit eigenen Augen sehen durfte, war überwältigt: „Je frissonne à l’idée d’observer de plus près ces trésors royaux, notamment les trônes de nos ancêtres [. . .] Du haut de mes 72 ans, je peux mourir en paix, une fois que je les aurais vus“[7], berichtet *Le Monde* über das historische Ereignis und titelt klar und unmissverständlich: „La France

4 Felwine Sarr / Bénédicte Savoy: „Rapport sur la restitution du patrimoine culturel africain. Vers une nouvelle éthique relationnelle.“ In: *Ministère de la Culture* (2018), <https://www.culture.gouv.fr/Espace-documentation/Rapports/La-restitution-du-patrimoine-culturel-africain-vers-une-nouvelle-ethique-relationnelle> [Abruf 10.08.2022].

5 Susanne Luerweg: „Die Seele des Landes kehrt zurück“. In: *Deutschlandfunk* (2021), <https://www.deutschlandfunk.de/koloniale-raubkunst-zurueck-in-benin-die-seele-des
landes-100.html> [Abruf 10.08.2022].

6 Vgl. ebd.

7 O.A.d.A.: La France restitue solennellement 26 trésors pillés au Bénin. In: *Le Monde* (2021), <https://www.lemonde.fr/afrique/article/2021/11/09/la-france-restitue-solennellement-26-tresors-pilles-au-benin_6101476_3212.html> [Abruf 10.05.2022].

restitue solennellement 26 trésors pillés au Bénin“[8] – es sind Schätze, sie wurden geraubt, und jetzt werden sie zurückgegeben.

Anders als in der Vergangenheit scheint der Tenor der Berichterstattung über diese Rückgabe in der französischen wie auch in der deutschen Presse übereinstimmend versöhnlich zu sein, und darin war fast schon eine gewisse Erleichterung zu spüren. Jahrzehnte nach dem Ende der Kolonialzeit, deren Gewalt und Ungerechtigkeit die Beziehungen und die Psyche sowohl der Kolonisierten als auch der Kolonisatoren nach wie vor belasten, erscheint die Rückgabe von Kunst- und Kulturgütern an die Afrikaner als eine Art symbolische Wiedergutmachung. In der Sache lassen die Ereignisse Europa ohnehin keine andere Wahl: Beispielsweise zeigt die von der jüngeren Generation getragene Protestbewegung „Fridays for Future“ einen feineren Gerechtigkeits- und Verantwortungssinn als das Europa der „alten weißen Männer“. Sie haben es heute schwer mit ihrem Welt- und Menschenbild, dem die Kolonialreiche entsprachen. Irritiert sehen sie sich einer „Cancel Culture“ gegenüber, die sich gegen jedweden Rassismus und Imperialismus wendet.[9] Fraglich ist nur, ob diese neue Kultur tatsächlich die Rückgabe der Kunstgegenstände befördert, die der „weiße Mann“[10], als er noch jung war, gestohlen hat. Was ist hierzu der Berichterstattung zum Thema Restitution in französischen und deutschen Zeitungen zu entnehmen? Der Fall der Rückgabe Frankreichs an die westafrikanische Republik Benin wird im vorliegenden Aufsatz vor diesem Hintergrund aus journalistischer Sicht betrachtet.

## 2. *Sind das auch Menschen? Die ewig Anderen*

Der „alte weiße Mann“, der einst der ganze Kolonialstolz Europas war, wird heute also in Frage gestellt. Warum nur? Über den Kolonialismus ist bereits viel bekannt, daher hier nur ein paar Streifzüge. Über die „richtige“ Deutung mancher rassistisch klingenden Äußerungen französischer Aufklärer wie Montesquieu oder Voltaire ringt die République (Française) immer noch heute an ihren Schulen und Hochschulen.[11] Ähnlich geht es in Deutschland auch

8 Ebd.

9 U. a. Bundestagspräsident a. D. Wolfgang Thierse im Gespräch mit dem *ZDF*. O.A.d.A.: „Schweig, alter weißer Mann!“ In: *ZDFheute* (2021), <https://www.youtube.com/watch?v=7QS4Fsrm5Sw> [Abfruf: 10.08.2022].

10 Ebd.

11 Siehe O.A.d.A.: „Montesquieu était-il raciste ?“. In: *Une autre histoire* (o.A.d.J.), <http://une-autre-histoire.org/montesquieu-etait-il-raciste> [Abruf 10.08.2022]; O.A.d.A.: „Quand Voltaire justifiait l'esclavage et affichait un racisme bon teint“.

zu: So haben beispielsweise Kant und Hegel keine Hohelieder auf Afrikaner gesungen, das ist bekannt.[12] Haben diese europäischen Geistesgrößen dem Kolonialismus Vorschub geleistet? Die Frage wird heute kontrovers diskutiert, doch wie Edward Said in seinem *Orientalismus* erklärt, entstand so mit den gelehrten Schriften über die außereuropäische Welt ein „Archiv“ an Vorstellungen, das das Kolonialgeschehen leitete und legitimierte – und dies nicht nur im sogenannten „Orient“.[13]

So war Rudyard Kipling davon überzeugt, dass die britische bzw. jede europäische Kolonialherrschaft eher nur eine undankbare Bürde für die Weißen sei. In seinem Gedicht „The White Man's Burden“ erscheinen daher weiße Europäer als Zivilisierungsknechte im Dienste sogenannter „sullen peoples, half devil, half child“ („finsterer Völker, halb Teufel noch, halb Kind“).[14] Es mag bei Kipling als künstlerische Überspitzung durchgehen, doch keine zwölf Jahre später, so erinnert uns Edward Said, unterrichtete der britische Politiker James Balfour das Parlament seines Landes über die „philanthropische“ flicht, die England als Kolonialmacht in Ägypten und sonstigen britischen Kolonien zu erfüllen hätte:

> If it is our business to govern, with or without gratitude, with or without the real and genuine memory of all the loss of which we have relieved the population [. . .] and no vivid imagination of all the benefits which we have given to them, if that is our duty, how is it to be performed? [We] export our very best to these countries.[15]

Die Strategie, ob aus Überzeugung oder nur als Blendwerk für die damalige europäische Öffentlichkeit, bestand meist darin, zuerst den Einheimischen jede Fähigkeit zur Selbstregierung abzusprechen, um sich selbst dann in die Opferrolle zu stellen und darüber zu jammern, wie schwer es sei, diese „Wilden“ zu zivilisieren. Selbstverständlich erwies sich dann kein selbstbestimmter Preis für diese „noble“ Aufgabe als zu hoch: Länder, Zwangsarbeiter und, übrigens, auch Kunstgegenstände. Das war also die Propaganda; die nackte

In: *France Pittoresque* (o.A.d.J.). <https://www.france-pittoresque.com/spip.php?article12652> [Abruf 10.08.2022], siehe auch: O.A.d.A.: „La face cachée de Voltaire“. In: *Le Point* (2012), <https://www.lepoint.fr/livres/la-face-cachee-de-voltaire-02-08-2012-1494397_37.php> [Abruf 10.08.2022].

12 Patrick Spät: „Der verschwiegene Rassismus der Philosophen“. In: *Telepolis,* 23.02.2014. <https://www.heise.de/tp/features/Der-verschwiegene-Rassismus-der-Philosophen-3363965.html> [Abruf 10.08.2022].

13 Edward Said: *Orientalism*, New York: Vintage Books 1978.

14 Rudyard Kipling: „The White Man's Burden“. In: *McClure's Magazine* 12, 4, february 1899, S. 290.

15 Said, *Orientalism*, S. 33 (wie Anm. 13).

Wahrheit erzählt uns hingegen George Orwell nach einem ihm als Europäer sehr seltsam anmutenden Besuch vom Markt von Marrakesch 1939. Europäer sahen Nichteuropäer einfach nicht als Menschen an; schließlich sahen diese anders aus, sodass sich ein Europäer fragen müsse, so Orwell: „The people have brown faces [. . .]. Are they really the same flesh as yourself? Do they even have names? Or are they merely a kind of undifferentiated brown stuff, about as individual as bees or coral insects?“[16] Das waren typische Referenzmuster eines europäischen Rassismus. „Brown“ ist nicht weit von „black“, und „yellow“ ist schnell dazugekommen, mit den üblichen abwertenden Wertzuschreibungen. Insgesamt lebten die Einheimischen schon vorher unter schwierigen Bedingungen und die Kolonisierung war ja – trotz propagandistischer Beteuerung einer reinen Zivilisierungsmission – nicht in erster Linie dafür da, um ihnen das Leben leichter zu machen. Doch gerade diese Armut und das Unvermögen, sich nach europäischen Maßstäben weiterzuentwickeln, wurde in den Augen George Orwells zu ihrem letzten kolonialistischen Sargnagel; sie verloren dadurch jeden Anspruch auf Menschlichkeit: „[W]hen you see how [these] people live [poorly], and still more, how easily they die, it is always difficult to believe that you are walking among human beings. *All colonial empires are in reality founded upon that fact.*“[17]

Dass es dann in den Kolonien massenweise Menschenrechtsverletzungen gab, war allgemein bekannt und störte die wenigsten Europäer. Denn aus Überzeugung, Opportunismus oder Ignoranz dachten viele von ihnen, dass es so normal sei oder so sein müsse. Bis auf ein paar wenige wie Jean-Paul Sartre, der aus Solidarität mit den Kolonisierten 1961 im Vorwort zu Frantz Fanons *Verdammte dieser Erde* schrieb:

> Nos soldats, outre-mer, repoussant l'universalisme métropolitain, appliquent au genre humain le numerus clausus : puisque nul ne peut sans crime dépouiller son semblable, l'asservir ou le tuer, ils posent en principe que le colonisé n'est pas le semblable de l'homme.[18]

Die Annahme (und Feststellung zugleich) ist, anders als bei Kipling, Balfour und Kollegen, ganz simpel: Nicht ihr Urzustand, sondern erst die koloniale Gewalt ließ die Einheimischen weniger menschlich erscheinen, denn – so Sartre weiter:

16 Said, *Orientalism*, S. 252 (wie Anm. 13).

17 Ebd., (Hervorh. v. mir C. N.).

18 Jean-Paul Sartre : „Préface“ zu: Franz Fanon: *Les damnés de la terre*. Paris: Maspéro 1961, <http://1libertaire.free.fr/Sartre1961Fanon.html> [Abruf 10.08.2022].

> Notre force de frappe a reçu mission de changer cette abstraite certitude en réalité : ordre est donné de ravaler les habitants du territoire annexé au niveau du singe supérieur pour justifier le colon de les traiter en bêtes de somme. La violence coloniale ne se donne pas seulement le but de tenir en respect ces hommes asservis, elle cherche à les déshumaniser.[19]

Kolonisierung als Entmenschlichung: Das ist also der geistig-moralische Ort, von dem wir postkolonialistisch herkommen, auch bei der aktuellen Rückgabedebatte. Und zurückgegeben werden soll dann auch nur das, was längst als geraubt galt. Davon war Michel Leiris überzeugt, als er 1931 an seine Frau von Kunstplünderungen in Afrika berichtete: „On pille les Nègres, sous prétexte d'apprendre aux gens à les connaître et les aimer, c'est-à-dire, en fin de compte, à former d'autres ethnographes, qui iront eux aussi les ‚aimer' et les ‚piller' ".[20] Beinahe hundert Jahre später sieht es so aus: Schwierig für Europa ist aktuell die Tatsache, dass es sich bei den Kunst- und Kulturgegenständen früher in den Kolonien ohne Regeln nach Herzenslust bedienen konnte, heute jedoch nach bestimmten Regeln von Anstand, Gerechtigkeit und Fairness (nach außen wie nach innen) diese Objekte zurückgeben muss. Denn obwohl Europa gar nicht wirklich müsste,[21] scheint es dennoch, als Gebot der Stunde, dazu verpflichtet zu sein. Man müsste von einem Ausdienen alter Herrschaftsmuster aus der Kolonialzeit ausgehen, denn Europa muss sich da aktuell neu erfinden und eine Identität aus Arroganz und Unrecht anderen, schwächeren Völkern gegenüber rechnet sich einfach nicht mehr aus. Doch gerade durch solche Symbolhandlungen wie die Rückgabe von Kunst- und Kulturgütern an die afrikanischen Länder marschiert Europa wieder einmal in der ersten Reihe als Rächer der Schwächeren – auch wenn es gegen sich selbst ist. Wie sehen dies die französischen und deutschen Zeitungen? Und: Gab es das eigentlich schon einmal?

## *3. Eine ältere Rückgabe: Es geht um unser Gemüt*

Bénédicte Savoy freut sich, dass mit den ersten Kunst- und Kulturgütern, die Ende 2021 von Frankreich nach Benin zurückgegeben wurden, alles so friedlich verlaufen sei, denn häufig gehe ja Restitution nicht ohne Gewaltanwendung vonstatten.[22] Generell muss die raubende Macht als Angreifer erst

19 Ebd.

20 Sarr / Savoy, „Rapport" (wie Anm. 4).

21 Die afrikanischen Länder sind ja, anders als etwa die Großmacht China, nicht in der Lage, die mächtigen europäischen Länder zur Rückgabe zu zwingen.

22 Vgl. Luerweg, „Die Seele des Landes kehrt zurück" (wie Anm. 5).

nach einer militärischen Niederlage zur Herausgabe der Kriegsbeute gezwungen werden. Und tatsächlich spielte es sich genauso zwischen Frankreich und Deutschland im Zuge der napoleonischen Kriege auf dem europäischen Kontinent im 19. Jahrhundert ab, wie Bénédicte Savoy in einem früheren Restitutionswerk berichtet.[23]

Von 1794 bis 1815 hat Frankreich unter Napoleon und seiner Grande Armée weite Teile Europas besetzt, die kulturellen Schätze der so besiegten Länder systematisch geplündert und ins Museum nach Paris bringen lassen. Insbesondere Deutschland war hart davon betroffen, da die Rheinlandgebiete annektiert und wie französische Departements umstrukturiert wurden: Roer, Saar, Rhin-et-Moselle usw. Erst die verheerende Niederlage in Waterloo 1815 konnte Napoleon stoppen und Europa wieder aufatmen lassen. Und was geschah dann mit den von Napoleon erbeuteten Kunstwerken? Bénédicte Savoy berichtet: „Nur wenige Tage nach dem [siegreichen, C. N.] Einmarsch der Alliierten in Paris [. . .] begannen mehrere deutsche Zeitschriften und Tageszeitungen, sich für die Angelegenheit [der Rückgabe der von Napoleon geraubten Kunstwerke, C. N.] zu interessieren."[24] Die Rückgabefrage hatte hohe politische und kulturelle Brisanz und duldete keinen Aufschub. Als jedoch die Afrikaner die Rückgabefrage gleich nach dem Ende der Kolonialzeit stellten, um ihre Identitäts- und Nationsbildung als frischgebackene Staaten zu stärken, schenkte man ihnen kaum Gehör und wies sie ab.[25] Im deutsch-französischen Fall nahm die Sache jedoch eine andere, rasche Wendung: „Von nun an gab der Anfang des Jahres 1814 in Koblenz von Joseph Görres gegründete Rheinische Merkur bei der Diskussion den Takt an."[26] Görres' *Rheinischer Merkur* existierte in Koblenz von 1814 bis 1816 und legte den Grundstein für die politische Zeitung in Deutschland. Nicht zu verwechseln jedoch mit dem späteren *Rheinischen Merkur*, den es von 1946 bis 2010 in Koblenz und Bonn gegeben hat.

Savoy berichtet, wie es weiterging: „Die Restitution der eroberten Werke durch Frankreich wurde als eine gerechte Wendung der Dinge empfunden [. . .]."[27] Des Weiteren: „Die Rückkehr der Kunstwerke in ihre ursprünglichen Sammlungen erschien als Selbstverständlichkeit."[28] Auch im Fall Afrikas dominiert im journalistischen, politischen und akademischen Diskurs in

23 Bénédicte Savoy: *Kunstraub. Napoleons Konfiszierungen in Deutschland und die europäischen Folgen*. Wien u. a.: Böhlau Verlag 2011 (Frz. 2003).

24 Ebd., S. 239.

25 Vgl. Bénédicte Savoy: *Afrikas Kampf und seine Kunst. Geschichte einer postkolonialen Niederlage*. München: C. H. Beck Verlag 2021.

26 Savoy, *Kunstraub*, S. 239 (wie Anm. 23).

27 Ebd., S. 240.

28 Ebd.

Europa aktuell die Idee einer selbstverständlichen Rückgabe.[29] So kritisiert bspw. der deutsche Historiker und Afrikawissenschaftler Jürgen Zimmerer die jüngste Einigung Deutschlands mit Nigeria über eine Teilrückgabe der berühmten (nigerianischen) Benin-Bronzen als nicht weitreichend genug; er fordert stattdessen eine „bedingungslos[e] Verpflichtung zur Rückgabe von Raubkunst"[30] ohne Taktierereien und Winkelzüge. Denn „zugestanden wird nur, was man nicht mehr verweigern kann"[31]; dies sei bedauerlich und erlaube keine wirklichen Fortschritte beim Thema.[32]

Doch kehren wir noch einmal zu dem früheren deutsch-französischen Rückgabefall zurück: Insgesamt legten die deutschen Medien, Intellektuellen, Künstler und Diplomaten bei ihren Forderungen die Messlatte sehr hoch: „Bei diesen [Restitutions-]Stellungnahmen ging es nicht nur um den Kunstraub innerhalb der deutschen Staaten, sondern umfassender in ganz Europa"[33], fand Bénédicte Savoy heraus, selbst wenn die deutschen Interessen immer noch ganz oben standen. So war der *Rheinische Merkur* eine der allerersten Quellen, von denen die Deutschen erfuhren, dass die von den Franzosen 1806 vom Brandenburger Tor abmontierte Quadriga zurückgegeben worden sei.[34] Ebenso arbeitete Görres' Zeitung an einem „vollständigen Verzeichnis" der Verluste zur besseren Aufklärung, was Savoy so kommentiert: „[E]s ging außerdem um die zentrale Rolle, die der Presse bei der Informationssammlung zufiel. Dieses Detail ist bedeutsam, weil es die Nahtstelle zwischen der breiten Öffentlichkeit und den gelehrten Kreisen erkennbar macht."[35] Als die Diplomatie der

29 In einer Seminardiskussion über dieses Thema Restitution afrikanischer Kunst- und Kulturgegenstände an der Europa-Universität Flensburg überboten sich die Studierenden (deutsche wie internationale) in Sachen Selbständigkeit und Gerechtigkeit – aber auch Empörung. Eine deutsche Studierende ging dabei so weit bis zur Äußerung: „Die sollen sogar noch draufzahlen." Sie sagte „die", als ob sie selbst keine Europäerin wäre. Nur ein Student machte bei einem Dinosaurierknochenfund aus dem südlichen Afrika eine Ausnahme: „Die Knochen haben die Afrikaner ja nicht gemacht, die muss man nicht zurückgeben; mal ehrlich, die gehören niemandem, also allen." (Alle Zitate hier aus dem Gedächtnisprotokoll wiedergegeben).

30 O.A.d.A.: „Historiker kritisiert die Rückgabe von Benin-Bronzen". In: *Zeit Online* 2021, <https://www.zeit.de/news/2021-04/30/historiker-kritisiert-die-rueckgaben-von-benin-bronzen> [Abruf 10.08.2022].

31 Ebd.

32 Vgl. ebd.

33 Savoy, *Kunstraub*, S. 240 (wie Anm. 23).

34 Vgl. ebd.

35 Ebd., S. 241.

Rückgabe keine schnellen Fortschritte machte, äußerte sich der *Rheinische Merkur* empört darüber, dass man es nicht geschafft habe, „nachdem man die Räuberhöhle aufgebrochen [habe], unsere Schätze, die dort, mit unserem Blut befleckt, herumstanden, wieder mit nach Hause [zu] nehmen.“[36] Und tatsächlich war der Nationalstolz der Deutschen am schwersten verletzt, denn: Die Franzosen machten seit längerer Zeit schon Ausstellungen ihrer europäischen, also auch ihrer deutschen, Eroberungen in Paris. Im Jahre 1815 jedoch wurde Paris von den Deutschen und ihren Alliierten besetzt und die Rückgabeforderung war keine bloße Sache der Höflichkeit mehr. Ein Großteil der von den Franzosen zuvor geraubten Kunstschätze konnte nun heimgebracht werden und die Deutschen begannen auch sofort mit eigenen Ausstellungen damit.[37]

Zum besseren Verständnis sollen hier noch ein paar relevante und repräsentative Stimmen der deutschen Seite aus der damaligen Zeit wiedergegeben werden. Als die deutschen Rückforderungen bei den Franzosen lange auf taube Ohren stießen, wurde man auf deutscher Seite bescheidener – oder aber strategischer: So schrieb der preußische Diplomat Karl Altenstein 1815 an den französischen Außenminister Richelieu und bat um die Rückgabe von nur zwei (!) Werken, und zwar mit der Begründung:

> Es gibt im Grunde nur zwei Stücke, die uns wirklich am Herzen liegen. Das eine ist die Handschrift Winckelmanns [. . .]. Winckelmann ist unser Landsmann; es ist uns eine Herzensangelegenheit, das von ihm hinterlassene Manuskript zu erhalten. Das andere [. . .] ist die Sammlung der deutschen Minnesänger.[38]

Diese Erklärungen Altensteins klingen im Kern, fast Wort für Wort, wie das, was ein afrikanischer Diplomat heute den europäischen Regierungen zum Rückgabethema schreiben würde, nämlich wie wenig kulturell relevant die afrikanischen Kunst- und Kulturgegenstände in den europäischen Museen für die Europäer sind, während sie doch alles für seine Heimatkultur in Afrika bedeuten. Der Preuße erklärte also den Franzosen zuerst das Selbstverständliche:

> Die Forschungen der französischen Gelehrten befassen sich kaum mit den Ursprüngen der deutschen Sprache und Literatur, und sie schenken im Allgemeinen einem Werk, das so vollkommen mit unserem Geschmack übereinstimmt, sehr wenig Beachtung.[39]

36 Ebd., S. 244.

37 Vgl. ebd.

38 Ebd., S. 261.

39 Ebd.

Dann folgte das kulturell Lebenswichtige: Denn es geht beim Thema um Kontinuität, damit die späteren Generationen wissen, was es zuerst gab und wie sich die Kultur bis in ihre neue Zeit weiterentwickelt hat – nichts anderes haben die Afrikaner auch heute im Sinn. Altenstein also in deutscher Sache an die Franzosen damals:

> Diese Sammlung [der Minnesänger], die für uns unverzichtbar ist, um die Entwicklungsgeschichte unserer Sprache und unserer Literatur zu vervollständigen, bildet zusammen mit der Handschrift von Winckelmann die beiden Werke, auf die wir großen Wert legen.[40]

Das war 1815, also noch bevor es ein deutsches Reich, oder später eine Bundesrepublik gab. D. h. es gab auf dem Gebiet des heutigen Deutschlands viele größere und kleinere Königreiche und Fürstentümer – dennoch vereint durch eine gemeinsame Kultur und Sprache, weswegen die „deutsche" Sache in der Rückgabedebatte damals die Preußen gleichermaßen wie die Bayern in höchstem Maße interessierte. In Bayern war man dabei sogar schneller als in Preußen, wenngleich genauso bescheiden den Franzosen gegenüber. Denn bereits im Oktober 1814 hatte der bayerische Kommissar Friedrich Thiersch u. a. auf Veranlassung der Münchner Akademie für Wissenschaften an das französische Außenministerium geschrieben – und explizit auch nur um die Rückgabe von zwei (!) Werken gebeten:

> Ich bin befugt, als Ersatz [für die in Bayern geraubten Gemälde] Bücher aus der Anfangszeit des Buchdrucks anzunehmen, die uns fehlen [. . .], oder Manuskripte, die für die Franzosen nicht dieselbe Bedeutung haben wie für die Deutschen.[41]

In beiden diplomatischen Fällen, wie überhaupt in jeder Rückgabeforderung, liegt die Betonung auf der „Bedeutung" der Kulturgegenstände. Wahrscheinlich wird deswegen auch der Raub durch den Angreifer als eine Art Dolchstoß empfunden, dessen Wunde nie heilen soll, solange die Gegenstände nicht heimkehren; und so empfinden es auch die Opfer, die ewig dem Verlust nachtrauern müssen. Doch damit wollten nun die Bayern abschließen und werden konkret in ihrem Gesuch bei den Franzosen:

> Dies wäre zum Beispiel die Manessische Handschrift, welche die Liebeslieder der alten deutschen Dichter enthält, und die handschriftlichen Blätter und Notizen von Winckelmann. Die Manessische Handschrift hat gewiss keinerlei Interesse für

40 Ebd.

41 Ebd.

> Frankreich: Sie ist in einem alten Dialekt der deutschen Sprache geschrieben, den sogar nur wenige Deutsche noch verstehen [. . .].[42]

Dies war also die bittere Lage der Deutschen gewesen, bis die Restitutionsablehnung der Franzosen ab 1815 mit militärischen Mitteln gebrochen werden konnte und die napoleonischen Raubgüter von den Deutschen heimgeholt wurden. Erfreulich ist es daher, dass Europa und Afrika bei dem aktuellen Rückgabethema die Entscheidung nicht den Kanonen überlassen, sondern der Vernunft – oder dann dem Zeitgeist. Nun, wie ist das Stimmungsbild heute in der französischen und deutschen Presse – speziell bei der bereits erfolgten Rückgabe an die westafrikanische Republik Benin?

## *4. Rückgabe in Frankreich: Retour des trésors*[43]

Auf französischer Seite bezieht sich die Betrachtung hier nur auf *Le Monde* und *Le Figaro*. Neben ihrem Ruf als stärkste meinungsbildende Zeitungen in der französischen liberalen (*Le Monde*) und konservativen (*Le Figaro*) Medienlandschaft spielt bei der Auswahl aber vor allem der exemplarische Charakter der Betrachtung mit dem Ziel, hier lediglich ein kleines Stimmungsbild abzugeben, eine Rolle. Daher beschränkt sich die Artikelselektion auch nur auf den Zeitpunkt der Überführung der zurückgegebenen Objekte nach Benin – Ende 2021 und um diesen Zeitpunkt herum.[44]

42 Ebd.

43 Dieser Aufsatz trägt das Wort „Masken" im Titel. Insgesamt eignet sich populärwissenschaftlich das Wort sehr gut zur Bezeichnung von Kunst aus Afrika (etwa „afrikanische Maske", oder besser noch: „Voodoo-Maske"). So ist es schon enttäuschend, dass sich unter den 26 jetzt an Benin zurückgegebenen Kunstobjekten offensichtlich keine Masken befinden, sondern stattdessen nur Throne, Statuen, Teppiche etc. Die Idee von „Masken" wird trotzdem im Titel beibehalten, denn sie entspricht gut der Metapher von Kunst als Symbol und Maske einer anderen Wirklichkeit. Jedenfalls ist die Idee einer sichtbaren Welt (ob mit und ohne Kunst) als Maske einer unsichtbaren Welt sowieso in Afrika sehr weit verbreitet und somit fließt sie m.M.n. explizit oder implizit in die afrikanische bzw. beninische Vorstellung von Kunst mit ein. Siehe bspw. auch als Sinnbild und Metapher eine afrikanische Maske auf dem Deckel von: Jahnheinz Jahns *Muntu. Umrisse der neoafrikanischen Kultur* Düsseldorf: Eugen Dietrichs 1958.

44 Diese Spezifizität betrifft übrigens auch die Auswahl der deutschen Zeitungen bzw. der dort betrachteten Artikel.

Zuerst die formale Betrachtung. Da die Artikel online erschienen sind, gibt es aus Gründen unterschiedlicher Webseitengestaltung, Vermarktung mit Werbungseinblendung, Multimedialität (etwa mit Fotos und Videos) und allgemeiner Optik viele Parameter, die außer Acht gelassen werden müssen, um erst zum rein Journalistischen zu gelangen. So ist danach schnell zu erkennen, dass beide Artikel in *Le Figaro* und *Le Monde* die journalistische Darstellungsform „Bericht“ haben. Im Journalismus wird der Bericht definiert als „der kleine Bruder der Nachricht, aber größer und auch schon ein wenig reifer“.[45] Des Weiteren gilt der Bericht als eine „tatsachenbezogene, um Objektivität bemühte Darstellungsform, die möglichst gründlich [. . .] über ein Ereignis oder Thema informiert. Im Unterschied zur Nachricht erhellt der Bericht auch die Zusammenhänge, Hintergründe und die Vorgeschichte des Ereignisses.[46] Und genau das tun diese beiden Artikel von *Le Figaro* vom 09.11.2021 und von *Le Monde* vom 09.11.2021: Sie erzählen von der Rückführung nach Benin und dem Umgang mit den Gegenständen vor Ort, doch genauso liefern sie auch Hintergrund- bzw. Zusatzinformationen zur Einordnung und zum besseren Verständnis. Des Weiteren lassen sie Stimmen Beteiligter aus Benin und Frankreich hören, sodass das Ganze facettenreich und schlüssig wird. Beide Artikel lesen sich somit wie Berichte aus dem Lehrbuch; sie sind sogar von der Überschrift her identisch: „La France restitue solennellement 26 trésors pillés au Bénin“. Ein Zufall?

Nein. Denn wie beide Zeitungen angeben (müssen), haben sie sich beim Verfassen ihrer jeweiligen Artikel eines Agenturberichts von *Agence France Presse* (*AFP*) bedient. Ob die Artikel dann dennoch als Artikel dieser Zeitungen gelten? Ja und Nein. Zuerst das Nein: Nein, weil solche Artikel aus Agenturabonnements dann in den Zeitungen oft ohne Autorenangaben oder nur mit Angabe des Agenturnamens (*AFP*, *dpa*, *AP* etc.) erscheinen. Und dennoch ja, weil es in der Redaktionspraxis, bei richtiger journalistischer Arbeit, nur selten vorkommt, dass eine Zeitung einen Agenturbericht eins-zu-eins übernimmt und abdruckt. Viele Gründe sprechen einfach dagegen, darunter: Länge (zu lang, zu kurz), Sprache (zu hermetisch, zu leicht, ungeeignet für die Leserschaft der Zeitung), Relevanz (in Bezug auf die Zielgruppe der Zeitung, die Region; die Beispiele passen nicht etc.), und nicht zu vergessen: Ein sogenannter Redakteur redigiert halt gerne Texte, bevor sie gedruckt werden – eine Frage der Berufsehre.[47] Doch genug der Theorie: Beide Artikel von *Le Figaro*

45 Walther von La Roche: *Einführung in den praktischen Journalismus*. München: List Verlag 2003, S. 135.

46 Ebd.

47 Man muss aber auch dazu sagen, dass ein Redakteur ebenso hausintern die Verantwortung für die absolute Richtigkeit des gedruckten Artikels trägt.

und von *Le Monde* waren offensichtlich ein und derselbe Agenturbericht, der anschließend von den beiden Zeitungen redaktionell verändert bzw. im Fachjargon „redigiert" wurde. Worin liegt dann der Unterschied? Damit kommen wir nun zum Inhalt:

Es überrascht, dass sowohl *Le Figaro* als auch *Le Monde* dieselbe Überschrift druckten bzw. online posteten. Ziemlich unwahrscheinlich wäre es, dass der Agenturbericht im Original eine andere Überschrift hätte und die Redakteur*innen beider Zeitung unabhängig voneinander wie telepathisch auf den gleichen Wortlaut gekommen wäre. Logischer erschiene es also, dass beide Zeitungen einfach die Originalüberschrift des Agenturberichts übernommen hätten. Gerade für eine konservative Zeitung wie *Le Figaro* erscheint die sehr positive Äußerung zu diesem Thema Restitution, das vielen älteren Franzosen (und konservativen *Figaro*-Lesern) eher unangenehm sein dürfte, überraschend. Es mag sein, dass das Adverb „solennellement" zur Situation passt, doch die Bezeichnung der zurückgegebenen Kunst- und Kulturgüter an Benin als „trésors" zu bezeichnen, lässt in diesem Kontext die Frage offen, für wen das Wort gut klingen soll. Aber vielleicht fiel in der Redaktion bei *Le Figaro* an dem Tag die Entscheidung für die Überschrift einfach nach dem Motto: „Wenn schon, denn schon". Oder auch einfach aus rein professionellen Gründen, denn die Überschrift wäre bei diesem Thema, gerade bei der Artikelsorte Bericht, journalistisch gesehen an Klarheit und Prägnanz kaum noch zu übertreffen. Doch da hört auch schon die Verwunderung im Falle *Figaro* auf.

Bei aller Einhaltung der Regeln der Information, der Objektivität, der Vielstimmigkeit und der Ausgewogenheit – und ohne sich davor zu scheuen, den kolonialen Raub als Raub zu benennen („pillés", „mise à sac du palais d'Abomey" etc.) – ist der Ton sehr nüchtern und fast schon klinisch, was gerade im Nachrichtenbereich, an sich, konventionell der Goldstandard ist. Der allgemeine Leseeindruck ist jedoch, dass diese Rückgabegeschichte von nun an Sache der Afrikaner bzw. der Beniner selbst geworden ist. Der Artikel enthält ein einziges hervorgehobenes Teilzitat, und dieses stammt von einem einheimischen Würdenträger, der sehr ergriffen insgesamt sagt: „Je frissonne à l'idée d'observer de plus près ces trésors royaux, notamment les trônes de nos ancêtres. C'est inimaginable. Du haut de mes 72 ans, je peux mourir en paix, une fois que je les aurais vus."[48] Und beim Lesen von „trésors royaux" in diesem Zitat sieht man auch eine weitere (spekulative) Spur, wie aus dem Mund eines Einheimischen das Wort erstmalig kam und später beim AFP-Journalisten

48 O.A.d.A.: „La France restitue solennellement 26 trésors pillés au Bénin". In: *Le Figaro* (2021a), <https://www.lefigaro.fr/culture/la-france-restitue-solennellement-26-tresors-pilles-au-benin-20211109> [Abruf 10.08.2022].

in der Überschrift landete, um schließlich von unseren beiden Zeitungen so übernommen zu werden. So stünde hinter der sehr positiven Würdigung der Artefakte in der Überschrift bei *Le Figaro* vielleicht gar keine Überzeugung, sondern reine Information, die sich beim Weiterlesen leicht überschneidet mit der Meinung eines einheimischen Beniners, dem diese Kunstgegenstände kulturelle „Schätze" seiner Heimat sind.

Die leichte Skepsis in dem halbwegs positiven Berichtston von *Le Figaro* bei diesem Thema kommt nicht von ungefähr. Tatsächlich gibt es viele weitere Artikel dieser Zeitung im direkten Umfeld der erfolgten Restitution an Benin; und besonders in einem schlägt der Ton, je nach Lesart, unterschwellig und offen in Abwehr oder Belehrung um: So bestand zum Beispiel am 24.10.2021, als die Rückgabeobjekte ein letztes Mal im Musée Quai Branly ausgestellt wurden, das hervorgehobene Zitat online aus den warnenden Worten des Museumspräsidenten Emmanuel Kasarhérou: „Tous les objets qui sont dans les collections en Europe n'ont pas été volés, c'est peut-être l'idée qui court actuellement mais elle n'est pas juste [...]."[49] Was allgemein bekannt ist und gerade bei einer laufenden Rückgabe wenig bringt; es sei denn, als reine Information oder Wiederholung, doch wozu?

Wie sieht dagegen die Berichterstattung in *Le Monde* aus? Nicht wirklich anders, doch von dort wurde ohnehin keine konservative Abwehrreaktion erwartet. Im Gegenteil macht die linksliberale Zeitung gleich in ihrem Vorspann klar und deutlich, dass es sich bei der Restitution um den „trésor de Behanzin, pillé en 1891 lors du sac des palais royaux d'Abomey par les troupes coloniales [françaises, A. A.]"[50] handelt. Hier zum Vergleich bei *Le Figaro* ganz neutral-aseptisch im Vorspann: „Emmanuel Macron reçoit mardi son homologue béninois Patrice Talon pour finaliser la restitution de ces 26 trésors conservés jusqu'ici au musée parisien du Quai Branly [...]"[51] Diese kleinen Unterschiede sind nicht unbedeutend, denn journalismustheoretisch kommen einer Überschrift, einem Vorspann sowie hervorgehobenen Zitaten eine ganz besondere Bedeutung zu. Denn entweder hat der Leser nur die Zeit, um diese

49 O.A.d.A.: „Avant leur restitution au Bénin, des trésors royaux d'Abomey exposés au musée du Quai Branly". In: *Le Figaro* (2021b), <https://www.lefigaro.fr/culture/avant-leur-restitution-au-benin-une-partie-des-tresors-royaux-d-abomey-exposee-au-musee-du-quai-branly-20211024> [Abruf 10.08.2022].

50 O.A.d.A.: „La France restitue solennellement 26 trésors pillés au Bénin". In: *Le Monde* (2021), <https://www.lemonde.fr/afrique/article/2021/11/09/la-france-restitue-solennellement-26-tresors-pilles-au-benin_6101476_3212.html> [Abruf 10.08.2022].

51 O.A.d.A., „La France restitue solennellement 26 trésors pillés au Bénin" (wie Anm. 48).

schnell zu überfliegen oder nur diese bleiben ihm nach dem Lesen wirklich in Erinnerung; deswegen überhaupt diese Art von Lesehilfen in der Zeitung. Sonst gibt es keine besonderen Auffälligkeiten in den beiden Zeitungen außer, dass vielleicht *Le Figaro* in einem ihrer Nachfolgeberichten zum Thema einen Schritt weiter geht und mit einem Zitat einen ganz wichtigen Aspekt des Themas „afrikanische Kunst" anspricht. Der beninische Tourguide Théo Atrokpo sagt den Journalisten: „Depuis le début de l'installation, je ne cesse de contempler [le trône du roi Ghézo]. Je frémis d'impatience d'en expliquer l'histoire à mes compatriotes."[52]

Grosso modo ist an diesen beiden Artikeln von *Le Figaro* und *Le Monde* zum Thema Restitution an Benin im Grunde nichts wirklich Auffälliges zu bemerken, es sei denn, man liest tiefer semiotisch im Gesamtnetzwerk von Produktion, Repräsentation und Machtverhältnissen. Doch die hier betrachtete Auswahl ist auch äußerst begrenzt. Insgesamt jedoch ging die Untersuchung hier ohnehin von der Annahme aus, dass heute keine seriöse französische Zeitung mehr ohne Weiteres mit einer offensiven Ablehnung der Rückgabe an die Öffentlichkeit gehen würde. Trifft das für Deutschland auch so zu? Das sehen wir uns jetzt einmal an.

## 5. *Rückgabe in Deutschland: Benin, nicht Benin*

Die deutschen Artikel zur Benin-Restitution stammen aus den großen überregionalen Zeitungen *Süddeutsche Zeitung* (linksliberal) und der *Frankfurter Allgemeinen Zeitung* (konservativ-liberal). Wobei hier gleich darauf hingewiesen werden muss, dass *Benin*-Restitution nicht mit *Benin-Bronzen*-Restitution zu verwechseln ist, was die Süddeutsche Zeitung auch gleich in ihrem Bericht für ihre Leser klar macht: „Benin [. . .] nicht zu verwechseln

52 O.A.d.A.: „Le Bénin expose ses 26 trésors restitués par la France." In: *Le Figaro* (2022). <https://www.lefigaro.fr/arts-expositions/le-benin-expose-ses-26-tresors-restitues-par-la-france-20220219> [Abruf 10.08.2022]. Wie wird dieser Tourguide die Geschichte dieses Throns (und welche Version davon) erzählen? Bisher blieb dies eine der größten Schwachstellen einer Ausstellung afrikanischer Kunst- und Kulturgegenstände in europäischen Museen: Oft gibt es so gut wie keine hilfreichen Informationen, mit denen man die Objekte umfassender hätte verstehen könnte. Beschreiben können die Museen aber sehr gut, etwa „Mensch mit Fischkopf" oder „Mensch mit Löwenkopf", inkl. Sammlungsdaten – sehr gut zu beobachten etwa im Humboldt-Forum Berlin (eigener Besuch Ende 2021).

mit den Benin-Bronzen, die aus Benin City im heutigen Nigeria stammen."[53] Warum? Während vermutlich nicht viele Franzosen diese Unterscheidung zwischen der Republik Benin und der nigerianischen Stadt Benin City kennen dürften, weiß in Deutschland zumindest die gesamte Kunst- und Museumswelt aufgrund der rund 1.100 sogenannten Benin-Bronzen in ihrem Besitz bestens darüber Bescheid.

Und überhaupt dreht sich in Deutschland die Restitutionsdebatte exemplarisch mehrheitlich um eben diese Benin-Bronzen.[54] Dies kommt daher, dass Deutschlands Kolonialgeschichte in Afrika, im Vergleich zu Frankreich und England, nur ein relativ kurzes Kapitel war (im Kern von 1884 bis 1914). Deutsche Museen mussten sich daher mehrheitlich indirekt auf dem internationalen Kunstmarkt oder durch Spenden mit kolonialen Kunstgegenständen eindecken. Also ist die grundsätzliche Besitzsituation hier eine andere, auch wenn das Argument für die ursprünglich beraubten afrikanischen Völker von keiner Relevanz ist. Die Franzosen hingegen bemühen sich nach wie vor um einen direkten Kontakt zu ihren ehemaligen Kolonien und haben hinsichtlich der Restitution ein noch höheres Interesse daran, für eine gute Stimmung der Zusammenarbeit zu sorgen. So hatte das Ouagadougouer Versprechen des französischen Präsidenten Emmanuel Macron 2017, ganz ohne Absprache mit seinen deutschen (und sonstigen europäischen) Amtskollegen, an Afrika die geraubten Kunst- und Kulturgegenstände im Besitz französischer Museen zurückzugeben, Entsetzen und Unverständnis in weiten Teilen der deutschen Museumswelt ausgelöst. Auch wenn man Frankreich seine Entscheidungen als souveräner Staat schlecht in Frage stellen konnte, war man auf deutscher Seite darüber besorgt, welche Kettenreaktionen die Rückgabeforderungen der Afrikaner von nun an haben könnten. Aber die Aufregung hat sich inzwischen gelegt und im Tenor herrscht bis in die Bundesregierung hinein ein pragmatischer Umgang mit dem durch die französische Weichenstellung eigeleitete Rückgabeverfahren vor: Die Argumentation reicht hier von einer lapidaren

53 Jörg Häntzschel: „Koloniale Raubkunst – Der Wendepunkt". In: *Süddeutsche Zeitung* (2021), <https://www.sueddeutsche.de/kultur/raubkunst-kolonialismus-benin-frankreich-emmanuel-macron-1.5461065> [Abruf 10.08.2022].

54 Siehe z. B. ihre Ratlosigkeit (und zum Teil auch Verrenkungen) in Artikeln wie: o.A.d.A.: „Europäer wollen Kunstwerke nach Nigeria ausleihen". In: *Süddeutsche Zeitung* (2018), <https://www.sueddeutsche.de/politik/kulturpolitik-leiden-europaeer-wollen-kunstwerke-nach-nigeria-ausleihen-dpa.urn-newsml-dpa-com-20090101-181021-99-462524> [Abruf 10.08.2022]. Oder auch die sehr informative Aufklärungsarbeit darüber durch Felicity Bodenstein: „Alles von Wert in Besitz genommen". In: *Süddeutsche Zeitung* (2020). <https://www.sueddeutsche.de/kultur/restitutionsdebatte-alles-von-wert-in-besitz-genommen-1.4802747> [Abruf 10.08.2022].

Akzeptanz des Unveränderlichen bis hin zu dem moralisch grundierten Bonmot, es wäre nur fair, zurückzugeben.[55] So auch in den deutschen Zeitungen?

An den Benin-Artikeln aus der *Süddeutschen Zeitung* und der *Frankfurter Allgemeinen Zeitung* macht sich diese Gelassenheit gut bemerkbar: Es sind hauseigene Artikel bzw. von eigenen Mitarbeitern verfasste (und vermutlich auch so recherchierte) Artikel mit Autorennamen: Jörg Häntzschel schrieb „Der Wendepunkt" für die *Süddeutsche Zeitung* und Patrick Bahners „Es hilft, in Benin beugen sie ihr Knie immer noch" für die *Frankfurter Allgemeine Zeitung*.[56] Wer hier zwischen den beiden Zeitungen einen wesentlichen Unterschied aufgrund ihrer anders aussehenden redaktionell-ideologischen Marken erwartet, wird enttäuscht sein. Unterschiede gibt es trotzdem. So hakt die *Süddeutsche Zeitung* das Thema schnell ab. Allein die eigentliche Überschrift „Der Wendepunkt" sagt alles kompakt und gut zusammenfassend (wenn man die rein orientierende, sehr klare Dachzeile „Koloniale Raubkunst" einmal weglässt). Von nun an gibt es kein Wenn und Aber mehr, es wird zurückgegeben, da die Rückgabe an die Republik Benin ja bereits erfolgt ist. Der Vorspann ist ebenso knapp und unmissverständlich: „Frankreich gibt 26 Kunstwerke an Benin zurück. Emmanuel Macron löst damit ein Versprechen ein."[57] Der Rest ist dann nur noch sachliche Information, ganz im Stil eines klassischen Berichts, bei dem die sogenannten W-Fragen nicht unbedingt gleich und alle im Einstieg, sondern eher flexibel nach Gusto und Stil im weiteren Text, beantwortet werden müssen. Interessant an diesem relativ kurzen Artikel ist, dass das einzige wortwörtliche Stimmungsbild aus dem Land der Rückkehr der Artefakte die Schlagzeile einer dortigen lokalen Zeitung ist: „‚Historique!' titelte die Tageszeitung La Nation"[58]. Und ebenso bemerkenswert die einzige Zwischenüberschrift des Artikels: „Die Rückkehr der Werke aus Benin ist nur ein Anfang", was voll und ganz mit der Überschrift „Der Wendepunkt" übereinstimmt. Kann man den Text sonst noch auf versteckte Hinweise und

55 O.A.d.A.: „Maas für Restitutionen der Benin-Bronzen". In: *Süddeutsche Zeitung* (2021), <https://www.sueddeutsche.de/kultur/heiko-maas-benin-bronzen-restitution-1.5245996> (letzter Abruf: 10.08.2022); Andrea Schwyzer: „Claudia Roth will Rückgabe von kolonialer Raubkunst vorantreiben". In: *Norddeutscher Rundfunk – NDR* (2022), <https://www.ndr.de/kultur/Claudia-Roth-will-Rueckgabe-von-kolonialer-Raubkunst-vorantreiben,roth342.html> [Abruf 10.08.2022].

56 Häntzschel, „Koloniale Raubkunst" (wie Anm. 53); Patrick Bahners: „Raubkunst in Paris – Es hilft, in Benin beugen sie ihr Knie immer noch". In: *Frankfurter Allgemeine Zeitung* (2021), <https://www.faz.net/aktuell/feuilleton/kunst-und-architektur/abschied-von-den-benin-schaetzen-in-paris-17613432.html> [Abruf 10.08.2022].

57 Häntzschel, „Koloniale Raubkunst" (wie Anm. 53).

58 Ebd.

Botschaften deuten? Eigentlich nicht, es ist ein Bericht und da zählen nur die objektiven Fakten – worauf sich der Text ausschließlich beschränkt.

Ganz anders der Artikel der *Frankfurter Allgemeinen Zeitung.* Patrick Bahners schreibt dort als stilistische Glanzleistung ein Feuilletonstück, um – so dürften manche Journalistenkollegen kritisieren – sich selbst grandios zu feiern. Allein die Überschrift ist kryptisch genug: „Es hilft, in Benin beugen sie ihr Knie immer noch". Es hilft was? Warum beugen sie ihr Knie in Benin? Und was hat das mit der Rückgabe der Artefakte zu tun? Werden diese jetzt von den Einheimischen angebetet? Und wenn ja, wird dies von der Zeitung unmittelbar als Ironie oder Kritik aufgegriffen? Doch nichts dergleichen trifft zu, Patrick Bahners breitet, als gestandener Feuilletonist, vor seinen Leser*innen nur sein profundes Hochkulturwissen aus: Ganz gegen Ende seines mäandrierenden Artikels lüftet er, ganz beiläufig, das Geheimnis seiner Überschriftenwahl: Und zwar mit einem Hinweis darauf, was Hegel in seinen Vorlesungen zur Ästhetik einmal gesagt habe: „Mögen wir die griechischen Götterbilder noch so vortrefflich finden und Gottvater, Christus, Maria noch so würdig und vollendet dargestellt sehen – es hilft nichts, unser Knie beugen wir doch nicht mehr."[59] In Benin scheine das anders zu sein, da könnten die zurückgegebenen Kultgegenstände schnell wieder in Gebrauch genommen werden.[60] Jedoch wird hier etwas überstrapaziert: Bahners berichtet schließlich selbst, wie ein Afrikaner am vorletzten Tag der Ausstellung der Rückgabeobjekte in Paris (da waren die Gegenstände noch nicht in Afrika) in Begleitung eines Fernsehkameramanns vor die Objekten hinkniete und so tat, als würde er sie anbeten.[61] Es erschließt sich einem daher nicht wirklich, warum der *FAZ*-Journalist hier nicht zumindest die Möglichkeit eines bloßen Posierens oder gar Schauspielerns fürs Fernsehen in Betracht zieht und seinen ganzen Artikel (überschriftentechnisch) darum herum aufbaut.

Ansonsten kann Bahners' Text klassisch-journalistisch sehr wenig aufbieten: Er liefert kaum Fakten und Zahlen, dafür aber die schwere Kost essayistischer Auslassungen über einen Museumsbesuch mit großem Gedrängel im Publikum, das sich um die beninischen Ausstellungsstücke wie „Vogelmensch, Löwenmensch und Fischmensch" geschart habe.[62] Freilich lernt man aus Bahners schriftstellerischem Feuerwerk auch interessante Details, die man sonst nur aus Geschichtsbüchern oder als Gerüchte kennt. So geht es

59 Georg Wilhelm Friedrich Hegel: *Vorlesungen über Ästhetik* (1835–1838), zitiert nach: Bahners, „Raubkunst in Paris" (wie Anm. 56).

60 Vgl. Bahners, „Raubkunst in Paris" (wie Anm. 56).

61 Vgl. ebd.

62 Ebd.

z. B. darum, wie ehrfürchtig und rückgratlos die Hofbeamten von Benin bzw. Dahomey waren, und über den letzten König Behanzin, den die Franzosen überlisteten und ins Exil auf die Insel Martinique brachten, weiß der Autor zu berichten: „Als Fußbänkchen vor der Throntreppe dienten drei Schädel getöteter feindlicher Könige.“[63] Auch die Idee davon bzw. die Erinnerung daran kehrt jetzt also mit der Rückgabe seines Throns nach Benin zurück. Wollte uns Patrick Bahners als *FAZ*-Journalist mit diesen und ähnlichen Details indirekt etwas gegen die Restitution an Benin mitteilen? Ich persönlich glaube dies nicht. Es liegt vielmehr nahe, dass hier jemand literarisch selbstverliebt wie auch journalistisch irrelevant schreibt, dass ihm böse Absichten kaum unterstellt werden können.

Wie eingangs erwähnt, ist nicht die Republik Benin, sondern Benin City in Nigeria beim Thema Restitution die größte Sorge deutscher Museen und der Fokus deutscher Medien. Dies dürfte die Schlichtheit (*Süddeutsche Zeitung*) oder Lässigkeit (*Frankfurter Allgemeine Zeitung*) in der Berichterstattung zur Rückgabe der Franzosen an die Republik Benin erklären. Die größere Verlustangst deutscher Museen gibt es hingegen bei den Benin-Bronzen. Weitere Forschungsarbeiten werden zeigen, wie da die Bewältigungsarbeit läuft und wie die deutschen Medien damit umgehen.

## *6. Rückgabe global: Costa Rica, Irak und andere Länder in den Startlöchern*

Dieser Beitrag begann mit einem geschickten Rückforderungstrick Chinas. China und Afrika sind jedoch bei diesem Thema bei weitem nicht allein. Vier Monate vor Benin bekam Costa Rica im Juli 2021 insgesamt 1.305 präkolumbianische Stücke aus dem unrechtmäßigen Besitz US-amerikanischer Museen zurück.[64] In demselben Monat unterzeichnete der US-amerikanische Präsident Joe Biden ein Dekret, mit dem 17.000 archäologische Stücke, die von US-amerikanischen Soldaten während der Golfkriege gestohlen wurden, an den Irak zurückgegeben werden sollen. Bagdad ist sehr dankbar und zufrieden darüber und weiß auch schon, wohin der nächste Brief mit einer Rückgabeforderung geht: „J’espère que dans un futur proche nous pourrons récupérer le

63 Ebd.

64 Vgl. O.A.d.A.: „Le Costa Rica récupère 1305 pièces précolombiennes en provenance des États-Unis“. In: *Le Figaro* (2021), <https://www.lefigaro.fr/flash-actu/le-costa-rica-recupere-1305-pieces-precolombiennes-en-provenance-des-etats-unis-20210708> [Abruf 10.08.2022].

reste de nos biens, notamment en Europe“[65], hat der irakische Kulturminister verkündet. Geht Rückgabe jetzt so global viral?

Robbie Robertson hat 2003 von einem entstehenden „global consciousness“[66] gesprochen. Entweder machen neue Fakten auf unserer (immer stärker, weit über das bloße globale Dorf McLuhans hinausgehend, vernetzten) Welt alte Denkmuster und Herrschaftsmechanismen hinfällig oder der Generationswechsel wirft einfach ideologisch Altlast und Ballast über Bord. Nachdem Globalisierung nun einmal unvermeidbar geworden ist, nicht zuletzt in Form von Klimakrisen, Wirtschaftskrisen oder Virenkrisen, derer kein Land oder keine Region allein Herr werden kann, bietet sich an, dass Globalisierung von allen gleichermaßen als Verpflichtung und Chance begriffen wird. Robertson wusste bereits:

> No wave [of globalization] has ever been the creature of one country alone, although at times hegemons and would-be hegemons have attempted to monopolize them for their own advantage. No wave has ever been the product of one “civilization” or one culture alone. Waves encompass many cultures; they enable them to interact, although not necessarily as equals.[67]

Dieses Wissen wäre jedoch nur ein Mindeststandard. Bei der Abstimmung der Generalversammlung der Vereinten Nationen über die russische Invasion der Ukraine konnte man erkennen, wie die kleinen bzw. klein gehaltenen Länder, vor allem die afrikanischen, entweder gegen die Resolution gestimmt haben, sich der Stimme enthalten haben oder erst gar nicht zur Abstimmung erschienen sind.[68] Dies war für die ehemaligen Kolonialherren wie Frankreich entsetzend, machte aber wieder einmal deutlich, wie die frühere blinde Gefolgschaft solcher Länder nicht mehr selbstverständlich ist. Für Frankreich höchste Zeit, die Apparate der internationalen Zusammenarbeit mit Afrika general zu überholen.

65 O.A.d.A.: „Joe Biden ordonne la restitution à l'Irak de 17.000 antiquités pillées lors de la guerre“. In: *Le Figaro* (2021), <https://www.lefigaro.fr/culture/joe-biden-ordonne-la-restitution-a-l-irak-de-17-000-antiquites-pillees-lors-de-la-guerre-20210728> [Abruf 10.08.2022].

66 Robbie Robertson: *The Three Waves of Globalization. A History of a Developing Global Consciousness*. New York: Zed Books 2003.

67 Ebd., S. 4

68 Vgl. Godfrey Akpa: „Guerre en Ukraine : Le Togo absent au vote à l'ONU pour le retrait des troupes russes“. In: *IciLomé* (2022), <https://icilome.com/2022/03/guerre-en-ukraine-le-togo-absent-au-vote-a-lonu-pour-le-retrait-des-troupes-russes> [Abruf 10.08.2022].

Ein solches Ziel verfolgt Frankreich offenbar spätestens seit Macrons erster Amtszeit mit der Strategie der Rückgaben. „Vers une nouvelle éthique relationnelle“[69], so lautet der Untertitel des Gutachtens, mit dem der Präsident 2018 Felwine Saar und Bénédicte Savoy zum Thema Restitution beauftragt hat. Und in seiner eigenen Rede von Ouagadougou hat er die Worte „relation nouvelle“ bzw. „nouvelle relation“ immer wieder verwendet. In den Zeitungen wurden die Aussagen selbstverständlich mehrfach wiederholt. Bei der Rückgabe an Benin wird der Elysee-Palast auch mit denselben Worten zitiert. Die Rückgabeinitiative sei „un marqueur important pour la construction d'une nouvelle relation et d'un nouveau regard entre la France et le continent africain.“[70] Was sich dadurch nun für die Republik Benin ändert, ist noch nicht ganz absehbar. Von zurückgewonnenem Stolz und wiederhergestellter Würde ist einhellig die Rede, doch auch die damit verbundenen Baustellen sind unübersehbar.

Beispielsweise müssen sich die Beniner*innen jetzt darüber einigen, dass die damaligen königlichen Insignien aus dem Abomey auch tatsächlich repräsentativ und erfreulich für alle (oder zumindest die meisten) Bürger*innen der heutigen weit größeren, multiethnischen Republik Benin sind. In dieser Republik leben nun Abomey-Menschen Tür an Tür mit Menschen aus anderen Städten und Dörfern, die die Abomey-Könige früher mit ihrem Heer überfielen und an die europäischen Sklavenhändler nach Amerika und die Karibik verkauften – bloße, skrupellose Geschäftemacherei. Die Rückkehr der Kulturgüter nach Benin könnte dort also nicht nur Freude auslösen. Doch gemessen am viel größeren Trauma durch die europäische Kolonisierung, die alle Afrikaner gleichermaßen schwer traf, sind diese lokalen Differenzen praktisch unbedeutend. Bisher schien der innere Zusammenhalt leichter als der Versuch, mit Europa in gegenseitigem Respekt zu verkehren. Hierzu sprach Achille Mbembe noch 2010 von der leider immerwährenden Unmöglichkeit zwischen Europa und Afrika, „de faire communauté et de réarpenter les chemins de l'humanité“[71] und stellte bspw. zwischen dem französischen Volk und afrikanischen Völkern eine „proximité sans réciprocité“[72] fest. Das Gefühl dürften die Beniner*innen jetzt nach der historischen Rückgabe vermutlich weniger haben. Der beninische Kulturminister Jean-Michel Abimbola ist sich jedenfalls einer Sache sicher: „Nous avons amorcé la pompe [. . .]“[73]. Es gibt endlich Bewegung in einer langen postkolonialen Krise.

69 Sarr / Savoy, „Rapport“ (wie Anm. 4).

70 O.A.d.A: „La France restitue solennellement 26 trésors pillés au Bénin“ (wie Anm. 50).

71 Achille Mbembe: *Sortir de la grande nuit.* Paris: La Découverte 2010, S. 9.

72 Ebd., S. 93.

73 O.A.d.A: „La France restitue solennellement 26 trésors pillés au Bénin“ (wie Anm. 50).

## *Literaturverzeichnis*

Akpa, Godfrey: „Guerre en Ukraine : Le Togo absent au vote à l'ONU pour le retrait des troupes russes." In: *Ici Lomé* (2022), <https://icilome.com/2022/03/guerre-en-ukraine-le-togo-absent-au-vote-a-lonu-pour-le-retrait-des-troupes-russes> [Abruf 10.08.2022].

Altwegg, Jürg: „Beutekunst zurückgegeben – Diplomatische Heimkehr". In: *Frankfurter Allgemeine Zeitung* (2013), <https://www.faz.net/aktuell/feuilleton/kunstmarkt/kommentare-glossen/beutekunst-zurueckgegeben-diplomatische-heimkehr-12171433.html> [Abruf 10.08.2022].

Bahners, Patrick: „Raubkunst in Paris – Es hilft, in Benin beugen sie ihr Knie immer noch". In: Frankfurter Allgemeine Zeitung (2021), <https://www.faz.net/aktuell/feuilleton/kunst-und-architektur/abschied-von-den-benin-schaetzen-in-paris-17613432.html> [Abruf 10.08.2022].

Bodenstein, Felicity: „Alles von Wert in Besitz genommen". In: *Süddeutsche Zeitung* (2020), <https://www.sueddeutsche.de/kultur/restitutionsdebatte-alles-von-wert-in-besitz-genommen-1.4802747> [Abruf 10.08.2022].

Häntzschel, Jörg: „Koloniale Raubkunst – Der Wendepunkt". In: *Süddeutsche Zeitung* (2021), <https://www.sueddeutsche.de/kultur/raubkunst-kolonialismus-benin-frankreich-emmanuel-macron-1.5461065> [Abruf 10.08.2022].

Jahnheinz Jahn: *Muntu. Umrisse der neoafrikanischen Kultur. Umrisse einer neoafrikanischen Kultur.* Düsseldorf–Köln: Eugen Diederichs Verlag (1958).

Kipling, Rudyard: „The White Man's Burden". In: *McClure's Magazine* 12, 4, february 1899.

La Roche, Walther von: *Einführung in den praktischen Journalismus*. München: List Verlag 2003.

Luerweg, Susanne: „Die Seele des Landes kehrt zurück". In: *Deutschlandfunk* (2021), <https://www.deutschlandfunk.de/koloniale-raubkunst-zurueck-in-benin-die-seele-des-landes-100.html> [Abruf 10.08.2022).

Mbembe, Achille: *Sortir de la grande nuit*. Paris: La Découverte 2010.

Ministère de la Culture (2018), <https://www.culture.gouv.fr/Espace-documentation/Rapports/La-restitution-du-patrimoine-culturel-africain-vers-une-nouvelle-ethique-relationnelle> [Abruf 10.08.2022].

O.A.d.A.: „Avant leur restitution au Bénin, des trésors royaux d'Abomey exposés au musée du Quai Branly". In: *Le Figaro* (2021b), <https://www.lefigaro.fr/culture/avant-leur-restitution-au-benin-une-partie-des-tresors-royaux-d-abomey-exposee-au-musee-du-quai-branly-20211024> [Abruf 10.08.2022].

O.A.d.A.: „Chinese nimmt Kunst als Beute“. In: *Frankfurter Allgemeine Zeitung* (2009): <https://www.faz.net/aktuell/feuilleton/sammlung-yves-saint-laurents-chinese-nimmt-kunst-als-beute-1925978.html> [Abruf 10.08.2022]

O.A.d.A.: „Chinesische Auktionspiraterie“. In: *Süddeutsche Zeitung* (2010), <https://www.sueddeutsche.de/panorama/ysl-streit-um-bronzefiguren-chinesische-auktionspiraterie-1.479850>. [Abruf 10.08.2022]

O.A.d.A.: „Europäer wollen Kunstwerke nach Nigeria ausleihen“. In: *Süddeutsche Zeitung* (2018), <https://www.sueddeutsche.de/politik/kultur politik-leiden-europaeer-wollen-kunstwerke-nach-nigeria-ausleihen-dpa.urn-newsml-dpa-com-20090101-181021-99-462524> [Abruf 10.08.2022].

O.A.d.A.: „Historiker kritisiert die Rückgabe von Benin-Bronzen“. In: *Zeit Online* (2021), <https://www.zeit.de/news/2021-04/30/historiker-kritisiert-die-rueckgaben-von-benin-bronzen> [Abruf 10.08.2022].

O.A.d.A.: „Joe Biden ordonne la restitution à l'Irak de 17.000 antiquités pillées lors de la guerre“. In: *Le Figaro* (2021), <https://www.lefigaro.fr/culture/joe-biden-ordonne-la-restitution-a-l-irak-de-17-000-antiquites-pillees-lors-de-la-guerre-20210728> [Abruf 10.08.2022].

O.A.d.A.: „La face cachée de Voltaire“. In: *Le Point* (2012), <https://www.lepoint.fr/livres/la-face-cachee-de-voltaire-02-08-2012-1494397_37.php> [Abruf 10.08.2022].

O.A.d.A.: „La France restitue solennellement 26 trésors pillés au Bénin“. In: *Le Monde* (2021), <https://www.lemonde.fr/afrique/article/2021/11/09/la-france-restitue-solennellement-26-tresors-pilles-au-benin_6101476_3212.html> [Abruf 10.08.2022].

O.A.d.A.: „La France restitue solennellement 26 trésors pillés au Bénin“. In: *Le Figaro* (2021a), <https://www.lefigaro.fr/culture/la-france-restitue-solennellement-26-tresors-pilles-au-benin-20211109> [Abruf 10.08.2022].

O.A.d.A.: „Le Bénin expose ses 26 trésors restitués par la France“. In: *Le Figaro* (2022), <https://www.lefigaro.fr/arts-expositions/le-benin-expose-ses-26-tresors-restitues-par-la-france-20220219> [Abruf 10.08.2022].

O.A.d.A.: „Le Costa Rica récupère 1 305 pièces précolombiennes en provenance des États-Unis“. In: *Le Figaro* (2021), <https://www.lefigaro.fr/flash-actu/le-costa-rica-recupere-1305-pieces-precolombiennes-en-provenance-des-etats-unis-20210708> [Abruf 10.08.2022].

O.A.d.A.: „Maas für Restitutionen der Benin-Bronzen“. In: *Süddeutsche Zeitung* (2021), <https://www.sueddeutsche.de/kultur/heiko-maas-benin-bronzen-restitution-1.5245996> [Abruf 10.08.2022].

O.A.d.A.: „Montesquieu était-il raciste?“ In: *Une autre histoire* (o.A.d.J.), <http://une-autre-histoire.org/montesquieu-etait-il-raciste> [Abruf 10.08.2022]

O.A.d.A.: „Quand Voltaire justifiait l'esclavage et affichait un racisme bon teint." In: *France Pittoresque* (o.A.d.J.), <https://www.france-pittoresque.com/spip.php?article12652> [Abruf 10.08.2022]

O.A.d.A.: „Schweig, alter weißer Mann!" In: *ZDFheute* (2021) <https://www.youtube.com/watch?v=7QS4Fsrm5Sw> [Abruf 10.08.2022].

Robertson, Robbie: *The Three Waves of Globalization. A History of a Developping Global Consciousness*. New York: Zed Books 2003.

Said, Edward: *Orientalism*. New York: Vintage Books 1978.

Sarr, Felwine/Savoy, Bénédicte (2018): „Rapport sur la restitution du patrimoine culturel africain. Vers une nouvelle éthique relationnelle". In:

Sartre, Jean-Paul: „Préface" zu: Franz Fanon: *Les damnés de la terre*. Paris: Maspéro 1961, <http://1libertaire.free.fr/Sartre1961Fanon.html> [Abruf 10.08.2022].

Savoy, Bénédicte: *Kunstraub. Napoleons Konfiszierungen in Deutschland und die europäischen Folgen*. Wien u. a.: Böhlau Verlag 2011 (Frz. 2003).

Savoy, Bénédicte: *Afrikas Kampf und seine Kunst. Geschichte einer postkolonialen Niederlage*. München: C. H. Beck Verlag 2021.

Schwyzer, Andrea: „Claudia Roth will Rückgabe von kolonialer Raubkunst vorantreiben". In: *Norddeutscher Rundfunk – NDR* (2022), <https://www.ndr.de/kultur/Claudia-Roth-will-Rueckgabe-von-kolonialer-Raubkunst-vorantreiben,roth342.html> [Abruf 10.08.2022].

Spät, Patrick: „Der verschwiegene Rassismus der Philosophen". In: *Telepolis* (2014), <https://www.heise.de/tp/features/Der-verschwiegene-Rassismus-der-Philosophen-3363965.html> [Abruf 10.08.2022].

# Bildungschancen und Bildungserfolg im Migrationskontext: Ein Erfahrungsbericht zur Integration von Migrantenkindern in das deutsche Schulsystem

*Maryse Nsangou / Wibke Saar-Tebati*

*Zusammenfassung*: Kinder und Jugendliche im Alter von 6–16 Jahren, die aufgrund von Flucht, Arbeitsmigration oder Familiennachzug aus dem Ausland nach Deutschland migrieren, sind schulpflichtig und sind sogenannte Seiteneinsteiger ins deutsche Schulsystem. Ihre Integration wirft besonders für die pädagogische Arbeit im schulischen Kontext vielfältige Herausforderungen und Möglichkeiten im Hinblick auf Sprachförderung, Integration durch Bildung, interkulturelles Lernen und Chancengleichheit auf. Durch diverse Maßnahmen und Initiativen bemüht sich die Bundesregierung, diese formulierten Ziele zu erreichen. Systematische Bestandsaufnahmen des gesamten deutschen Bildungssystems werden regelmäßig von Wissenschaftlerinnen und Wissenschaftlern durchgeführt, um den Stand und die Entwicklungsperspektiven des Bildungssystems zu erfassen und zu analysieren. Die verfolgten Ziele dabei sind Angaben zum Bildungsstand der Bevölkerung zu liefern, Probleme des Bildungssystems, Handlungsfelder und -bedarfe zu identifizieren und die zentralen Herausforderungen, die sich für die Bildungspolitik, die Bildungsadministration und die Bildungspraxis stellen, zu formulieren. In diesem Beitrag wird der Fokus auf die Bevölkerungsgruppe der Migrantinnen und Migranten oder Kinder und Jugendlichen mit Migrationshintergrund in Deutschland gelegt, mit Blick auf die Aufforderung der Politik, ihnen die gleichen Aufstiegschancen in der Gesellschaft zu garantieren. Dabei spielen viele Faktoren eine wichtige Rolle, was die Aufgabe und den guten Willen der Akteurinnen und Akteuren im Bereich Bildung erschwert. Der Beitrag schließt mit einem konkreten Erfahrungsbericht aus einer Schule im Land Hessen, in dem eine Auseinandersetzung mit der eingangs formulierten Problematik der Integration durch Bildung und Gewährleistung von Chancengleichheit im deutschen Schulsystem stattfindet.

*Schlüsselwörter*: Bildungspolitik, Migrationshintergrund, Chancengleichheit, Sprache, Integration

*Abstract*: Children and young people aged 6–16 who migrate to Germany from abroad due to flight, labour migration or family reunification are obliged to attend school and are so-called lateral entrants into the German school system. Their integration poses a variety of challenges and opportunities, particularly for educational work in the school context, with regard to language support, integration through education, intercultural learning and equal opportunities. The Federal Government is striving to achieve this through various measures and initiatives. Systematic stocktaking of the entire German education system is regularly carried out by researchers in order to record and analyse the status and development prospects of the education system. The objectives are to provide information on the educational status of the population, to identify problems of the education system, fields of action and needs, and to formulate the central challenges facing education policy, education administration and education practice. This article focuses on the population group of migrants or children and young people with a migration history in Germany, with a view to the policy's call to guarantee them equal opportunities for advancement in society. Many factors play an important role in this, which complicates the task and the goodwill of the actors in the field of education. The article concludes with a concrete experience report from a school in the state of Hesse, in which an examination of the problem of integration through education and the question of guaranteeing equal opportunities in the German school system formulated at the beginning takes place.

*Keywords*: Education policy, migration background, equal opportunities, language, integration

## *Einleitung*

Die Geschichte der Menschheit ist eine Geschichte der Migration. Migration hat seit Menschengedenken das Überleben gesichert und Gesellschaften und Kulturen geprägt und beeinflusst. Bewegung und Veränderung sind Grundprinzipien der Evolution, von Weiterentwicklung und Fortschritt. Migration wird vor dem Hintergrund geopolitischer, machtpolitischer Interessen in einer Welt, in der die natürlichen Ressourcen angesichts der weltweiten Bevölkerungsexplosion knapp werden, problematisiert. Daher muss Migration reguliert werden. Heutzutage unterscheidet man in modernen Gesellschaften zwischen unterschiedlichen Typen von Migrationen, die im Grunde von der Politik reguliert werden.

In Industrienationen wie Deutschland wird der Gedanke der Migration mit der Frage der Integration verknüpft, was in Deutschland insbesondere von den fünfziger Jahren des letzten Jahrhunderts mit der Anwerbe von Gastarbeitern an bis zu den früheren Jahren 2000 zu mehreren Gesetzverabschiedungen geführt hat. Die Bundesrepublik Deutschland, die zu den größten Einwanderungsländern der Welt gehört, muss sich der Herausforderung stellen, wie sie der immigrierten Bevölkerungsgruppen Teilhabe am gesellschaftlichen Geschehen durch Bildung ermöglichen kann. Denn in einer modernen, anspruchsvollen, erfolgs- und leistungsorientierten Wissens- und Informationsgesellschaft ist Bildung eine wichtige Ressource.[1] Das moderne und alltägliche Bildungsverständnis, das das Individuum im Zentrum allen

1 Vgl. Ramsauer Kathrin: *Bildungserfolge von Migrantenkindern. Der Einfluss der Herkunftsfamilie* (2011). <https://www.dji.de/fileadmin/user_upload/bibs/6_Ramsauer_Bildungsexpertise_Migrantenkinder.pdf> [Abruf 04.03.2022].

Bemühens stellt, dient nicht nur der menschlichen Selbstverwirklichung, der Persönlichkeits- und Identitätsbildung, sondern die Bildung stellt für den Menschen auch Lebenschancen und Zukunftsperspektiven dar.[2] Dementsprechend ist Bildung eine wichtige Variable, um die Integration von Migrantinnen und Migranten in Deutschland zu gewährleisten.

Im vorliegenden Beitrag wird die Effektivität der schulischen Integration von Migrantenkindern in das deutsche Schulsystem hinterfragt, denn nach mehr als zwanzig Jahren schulischer Integrationspolitik der Bundesrepublik Deutschland wird weiterhin festgestellt, dass sich der Schulerfolg von Migrantenkindern mit ihrer Teilhabe am gesellschaftlichen Geschehen schwertut. Wo drückt denn der Schuh und welche Lösungsmöglichkeiten können an die Politik formuliert werden, um eine verbesserte und gelungene Integration von Migrantenkindern zu gewährleisten?

## *1. Migration und Integration: Die Herausforderungen der Migrationspolitik Deutschlands für die Bildung*

Die Einwanderung nach Deutschland geht bis in die fünfziger Jahre des zwanzigsten Jahrhunderts zurück, als durch das Wirtschaftswunder die Arbeitsmigration nach Deutschland gefördert wurde. Da es an Arbeitskräften mangelte, beschloss die damalige Regierung unter Bundeskanzler Konrad Adenauer, die sogenannten Gastarbeiter aus der Türkei, aus Spanien, aus Marokko anzuwerben, um dabei zu helfen, die junge Bundesrepublik Deutschland mitaufzubauen. Sie kamen ohne Familien und sollten sich eigentlich nur kurz in der Bundesrepublik aufhalten und wieder in ihre jeweiligen Heimatländer zurückkehren. Es geschah anders.[3]

Dementsprechend betrieb Deutschland schon seit den 1950er-Jahren eine aktive Einwanderungspolitik, indem das Land bis zum Anwerbestopp Anfang der 1970er-Jahre die Arbeitsmigration ermöglichte und Maßnahmen traf, um die Zuwanderer zu integrieren.[4] Jedoch erfolgte erst Jahre später die

2 Vgl. Bundesamt für Migration und Flüchtlinge: *Integrationskursgeschäftsstatistik für das Jahr 2021.* <https://www.bamf.de/DE/Themen/Statistik/Integrationskurszahlen/integrationskurszahlen-node.html;jsessionid=09B3185B879C36D5F9BB3E7EF8069FC8.intranet231> [Abruf 30.06.2022].

3 Vgl. Karl-Heinz Meier-Braun: „Einleitung: Deutschland Einwanderungsland". In: Karl Heinz Meier-Braun / Reinhold Weber (Hrsg.): *Deutschland – Einwanderungsland. Begriffe – Fakten – Kontroversen.* Stuttgart: Kohlhammer 2017, S. 12–28.

4 Jochen Oltmer: „Migration". In: Meier-Braun Karl Heinz / Reinhold Weber (Hrsg.): *Deutschland – Einwanderungsland. Begriffe – Fakten – Kontroversen. Stuttgart*: Kohlhammer 2017, S. 57–60, hier S. 74 f.

offizielle Anerkennung Deutschlands als Einwanderungsland bzw. das klare Bekenntnis dazu. Dieses Bekenntnis ist politisch mit der Verabschiedung des Zuwanderungsgesetzes am 1. Juli 2004 und mit einem erleichterten Einbürgerungsgesetz, v.a. für Ausländerkinder, verbunden.[5] Im Mittelpunkt des neuen Zuwanderungsgesetzes steht allerdings die Voraussetzung einer „Integrationsfähigkeit" des Zugewanderten in Deutschland fest. Diese Formulierung löste eine parteipolitische, aber auch eine gesellschaftliche Auseinandersetzung über die Bedingungen der Integration von Ausländerinnen und Ausländern in der deutschen Gesellschaft aus, zumal unter dem Begriff „Integration" oft „Assimilation" verstanden wurde, was die Negierung der eigenen Kultur bedeutet.

In der politischen Diskussion ging es dabei darum, die vollständige kulturelle und sprachliche Anpassung der Zugewanderten an die deutsche Gesellschaft zu gewährleisten. Dabei war allerdings nicht klar, an welchen gesellschaftlichen Normen sich die Ausländerinnen und Ausländer orientieren sollten, was ein/e „angepasste/r Ausländerin/Ausländer" oder ein/e „integrierte/r Deutsche/r" sei. Fakt ist jedoch, dass die Bedingungen der Migration für eine gelungene Integration im Lande entscheidend sind, solange „Integration" als „Zusammenführung des ‚Verschiedenen' verstanden wird, wobei das Verschiedene als solches kenntlich bleibt."[6]

Es lässt sich auch feststellen, dass selbst die Bevölkerung es noch nicht wahrgenommen hat, dass Deutschland ein Einwanderungsland ist, das „sich mit einer modernen Einwanderungspolitik am Wettbewerb um qualifizierte Arbeitskräfte beteiligt."[7]

Die gesellschaftspolitische Debatte um die Integration der Ausländerkinder, der Kinder bzw. der Deutschen „mit Migrationshintergrund" in der Bundesrepublik hat nie aufgehört und stellt die Politik vor große Herausforderungen. Die jährlichen nationalen Bildungsberichte des Bundesministeriums für Bildung und Forschung und der Kultusministerkonferenz zeugen von Fortschritten in der Diskussion und davon, dass das Thema Zuwanderung in den letzten Jahren einen hohen Stellenwert in der Bundesrepublik Deutschland

5 Vgl. Meier-Braun, „Einleitung: Deutschland Einwanderungsland", (wie Anm. 3), S. 15 f.

6 Ebd., S. 14.

7 Sandra Drumm / Ute Henning: „Bildungs- und Fachsprache als Herausforderung und Ziel der sprachlichen Bildung von Fluchtmigrantinnen und -migranten". In: *Fremdsprache Deutsch. Zeitschrift für die Praxis des Deutschunterrichts: „Deutschunterricht für Lernende mit Migrationshintergrund"*. Sonderheft (2016), S. 10–14, hier S. 11.

angenommen hat. Die Migrationsdebatte wird nun immer mit dem Bildungserfolg und der Integration in der deutschen Gesellschaft verbunden.

Dabei werden verschiedene Aspekte berücksichtigt:

- An erster Stelle stehen die rechtlichen Bedingungen für den Besuch von Bildungseinrichtungen durch die Migrantinnen und Migranten, denn die Zuwanderung hat rechtliche Implikationen, die weit über die Staatsbürgerschaft gehen. Da spielt die Frage nach der rechtlichen Stellung der Ausländerinnen und Ausländer in der Gesellschaft bzw. die Frage danach, welchen Aufenthaltstitel ihnen die Ausländerbehörde nach welchen Kriterien gewährt, eine wichtige Rolle. Die Zuwanderung ist zudem von wirtschaftlichen und politischen Dynamiken im Einwanderungsland bzw. in der Region, hier der Europäischen Union, abhängig. In dieser Hinsicht „haben Menschen aus der EU im Rahmen von Freizügigkeitsbestimmungen weitestgehend die gleichen Rechte wie deutsche Staatsbürgerinnen und -bürger“[8], was sich, wie bereits angesprochen, in der Art des Aufenthaltstitels widerspiegelt und Auswirkungen auf Bewerbungen für Bildungseinrichtungen hat.
- An zweiter Stelle stehen die Deutschsprachkenntnisse, die die Grundvoraussetzung für eine schulische Integration in Deutschland sind. Sprache ist der Zugang zur Welt. Sie ist das wichtigste Mittel zur Verständigung in der Gesellschaft, der Schlüssel zur sozialen, schulischen und beruflichen Integration. Durch die Sprache werden soziale Beziehungen geknüpft, emotionale und intellektuelle Fähigkeiten entfaltet bzw. weiterentwickelt. Dank der Förderung von Sprachkenntnissen hat die zugewanderte Person die Möglichkeit, aktiv am gesellschaftlichen Geschehen teilzuhaben.
- Drittens stellt sich die Frage nach dem Zeitpunkt der Zuwanderung, vor allem in Bezug auf den Schulbesuch, die Kenntnis des Bildungssystems im Einwanderungsland. An dieser Stelle stellt sich auch die Frage nach der Erfahrung, die die Migrantinnen und Migranten mit Bildungseinrichtungen seit dem Kindergarten mit sich bringen. Es ist insofern für die Bildungspolitiker und -akteure relevant zu wissen, von welcher Migrationsgenerationen die Rede ist (eigene 1. Generation; 2. oder dritte Generation mit nur geringerer Migrationserfahrung). Denn diese Information ist für die Familiensprache entscheidend und entsprechend für den Stand der Deutschkenntnisse.

8 Autorengruppe Bildungsberichterstattung: „Bildung und Migration“ (2016). <https://www.bildungsbericht.de/de/bildungsberichte-seit-2006/bildungsbericht-2016/pdf-bildungsbericht-2016/h_web2016.pdf>, S. 163–164 [Abruf 03.08.2022].

- Ein weiterer wichtiger Aspekt stellt der Zusammenhang zwischen sozialer Herkunft und Bildungserfolg im deutschen Bildungssystem dar. Der Bildungsstand, das Einkommensverhältnis, der Beruf, die berufliche Situation der Eltern u. a. sind Faktoren, die die Leistungen von Schülerinnen und Schülern im Allgemeinen und insbesondere von Migrantenkindern stark beeinflussen.
- Ein letzter nicht weniger relevanter Punkt ist die Frage nach der gruppenspezifischen Benachteiligung aufgrund verschiedener wahrnehmbarer (wie zum Beispiel Hautfarbe, ethnische Zugehörigkeit, Behinderung. . .) oder mittelbar wahrnehmbarer Merkmale (u. a. Religion oder Weltanschauung).[9]

Zusammenfassend kann man sagen, dass die Zuwanderungskonstellationen sowie die kulturellen Identitäten, die mit der Zuwanderungssituation verbunden werden, in sich sehr heterogen und für die Bildungsintegration relevant sind. „So macht es einen Unterschied, ob Kinder und Jugendliche als ‚Quereinsteiger' oder als Angehörige der 2. Generation ins Bildungssystem kommen, ebenso in welchem Alter sie zugewandert sind."[10] Die Zuwanderung nach Deutschland sollte dem Lande zugutekommen und kein Stein in dem Schuh sein. Die Herausforderung liegt nun in der Fähigkeit des Landes allen Bürgerinnen und Bürgern gute Ausbildungschancen anzubieten. Es stellt sich die Frage, wie sich Deutschland anstrengt, um im globalen Wettbewerb mitzuhalten und allen zumindest die Chance auf eine gute Ausbildung geben zu können.

### 2. *Zugang zur Bildung und Ausbildung in der Bundesrepublik Deutschland: Chancen und Grenzen*

Bildung gilt als eine entscheidende Komponente sowohl für individuelle Entfaltungs- und Teilhabechancen als auch für die wirtschaftliche Entwicklung einer Gesellschaft und deren sozialen Zusammenhalt. Entsprechend wird der Bildung eine zentrale Rolle bei der erfolgreichen Integration von Zuwanderergruppen in die Aufnahmegesellschaft zugesprochen.[11]

9 Autorengruppe Bildungsberichterstattung: „Bildung und Migration". <https://www.bildungsbericht.de/de/bildungsberichte-seit-2006/bildungsbericht-2016/pdf-bildungsbericht-2016/h_web2016.pdf>, S. 163 f. [Abruf 03.08.2022].

10 Autorengruppe Bildungsberichterstattung: „Bildung in Deutschland 2020. Ein indikatorengestützter Bericht mit einer Analyse zu Bildung in einer digitalisierten Welt". <https://www.bildungsbericht.de/de/bildungsberichte-seit-2006/bildungsbericht-2020>, S. 139 [Abruf 03.08.2022].

11 Wilfried Bos / Heike Wendt / Anna Vaskova: „Migration und Bildung". In: Karl Heinz Meier-Braun / Reinhold Weber (Hrsg.): *Deutschland – Einwanderungsland.*

Durch die Bildung öffnen sich auch die Türen zu einem besseren Leben. Sie ist eine der wichtigsten Dimensionen von Lebensqualität, und die Bundesregierung Deutschland hat sich zum Ziel gesetzt, die Chancengleichheit in Bezug auf Bildung für alle Mitbürgerinnen und Mitbürger zu gewährleisten. Speziell für die besonderen Bedürfnisse ihrer Bevölkerung mit Migrationsgeschichte hat die Regierung einen „nationalen Aktionsplan Integration“[12] mit mehreren Phasen entwickelt. Darin geht es strategisch darum, dass „alle in Deutschland faire Chancen haben und diese ergreifen [. . .]. Den Jugendlichen sollen unabhängig von ihrer Herkunft eine gerechte Chance auf einen Schul- oder Ausbildungsabschluss gegeben werden.“[13]

Da die Sprache der Schlüssel für die gesellschaftliche und berufliche Integration ist, steht die Sprachförderung prioritär im Zentrum des Aktionsplans. Ein Gesamtprogramm zum Spracherwerb wurde entsprechend entwickelt, in dem Integrationskurse und berufsbezogene Sprachkurse angeboten werden, was in jedem Bundesland differenziert durchgeführt werden kann. „Außerdem wurde auch diskutiert, wie man auf die Bedürfnisse der Lernenden mit besonderen Schwierigkeiten (wie zum Beispiel Menschen, die nicht oder kaum zur Schule gegangen sind, oder Teilnehmende, die vor oder durch ihre Flucht traumatisiert wurden) besser eingehen kann“[14]. Im Aktionsplan sind auch Maßnahmen getroffen worden, um den Berufseinstieg von Einwanderinnen und Einwandern zu erleichtern. Dies soll durch ein vereinfachtes Procedere zur Anerkennung ausländischen Berufs- und Bildungsabschlüssen, unabhängig von der Staatsangehörigkeit der Bewerberinnen und Bewerber, gewährleistet werden.

Die Vorsätze der Regierung sind gut, die Umsetzung stößt aber auf vielerlei Probleme. Wie es Dronske et al. betonen, gibt es zum Beispiel für den Deutschunterricht für Lernende mit Migrationshintergrund viel zu tun, wenn

*Begriffe – Fakten – Kontroversen.* Stuttgart: Kohlhammer 2017, S. 194–198, hier S. 194.

12 Der Aktionsplan 2022 der Bundesregierung wird vom Beauftragten der Bundesregierung für Migration, Flüchtlinge und Integration koordiniert und wurde „gemeinsam mit über 300 Partnerinnen und Partnern aus Ministerien, Ländern, Kommunen, Wirtschaft und Gesellschaft erarbeitet“. Er ist in insgesamt 5 Phasen gegliedert, die von diversen Akteuren in verschiedenen Schritten durchgeführt werden: 1) Aktionen vor der Zuwanderung; 2) Aktion Erstintegration; 3) Aktion Eingliederung; 4) Aktion Zusammenwachsen; 5) Aktion Zusammenhalt. Vgl. Die Bundesregierung: „Nationaler Aktionsplan Integration“. <https://www.nationaler-aktionsplan-integration.de/napi-de/aktionsplan>. *Presse- und Informationsamt der Bundesregierung*, 2022 [Abruf 02.08.2022].

13 Vgl. ebd.

14 Ebd., Phase II: Sprachförderung, 2022 [Abruf 20.08.2022].

man die diversen Krisen in der Welt betrachtet, die Züge von Flüchtlingen hervorrufen. Die meisten Migrantinnen und Migranten in Deutschland sind für das Jahr 2022 Geflüchtete aus Syrien, Afghanistan und dem Irak. Im Durchschnitt sind sie unter 30 Jahren alt (ca. 73,6 %). Davon kamen zahlreiche Kinder und Jugendlichen ohne Begleitung einer erwachsenen Bezugsperson, um in Deutschland Schutz zu suchen (ca. 39,6 %).[15]

Die Vielzahl der Geflüchteten verändert auch das öffentliche Leben und im schulischen Bereich stehen Lehrende für Deutsch als Fremd- und Zweitsprache vor großen Herausforderungen. Manche schulpflichtigen Kinder oder Jugendliche haben auf ihrem Fluchtweg keine oder nur mit Unterbrechung die Schule besucht. Sie haben mangelnde oder gar keine Deutschkenntnisse und können deshalb am Regelunterricht noch nicht teilnehmen. Hinzu kommt, dass neben der sprachlichen Ausbildung, bei der überwiegend die Alltagssprache gelernt wird, Deutsch als Arbeits- und Bildungssprache auch noch vermittelt werden muss. Man darf nicht aus den Augen verlieren, dass viele Kinder und Jugendliche aus Ländern kommen, die eine andere Schrift als die lateinische verwenden. Auch hier ist der Bedarf an Alphabetisierungskursen, um das lateinische Schriftsystem zu erlernen, relativ groß.[16] Dementsprechend ist das Bedürfnis nach für DaF/DaZ qualifizierten Deutschlehrenden und nach der Etablierung von (speziellen) Sprachkursen beträchtlich. Besondere Berücksichtigung verdient auch die Tatsache, dass viele der geflüchteten Kinder und Jugendliche psychologischer Betreuung bedürfen, denn sie sind, wie bereits angesprochen, von ihren Erfahrungen traumatisiert und müssen die schockierenden Erlebnisse auf dem Fluchtweg erst noch verarbeiten. All dies muss von der Schule als Institution bzw. von dem Lehrenden in der Klasse bewältigt werden.

Neben der Vermittlung von Sprachkompetenzen werden bildungssprachliche Kompetenzen als Ziel der Bildung angestrebt, was auf bereits in der

15 Vgl. Bundeszentrale für politische Bildung: „Demographie von Asylsuchenden in Deutschland. Infografiken zu Alter, Geschlecht und Herkunft von Asylsuchenden". <https://www.bdp.de/themen/migration/zahlen-zu-asyl/265710/demografie-von-asylsuchenden-in-deutschland/>, (12.08.2022) [Abruf 20.08.2022].

16 Ulrich Dronske et al. sprechen in diesem Fall von „Zweitschriftlernenden" und unterstreichen, dass die Lernaufgabe für diese Lernenden nicht zu unterschätzen ist, obschon sie durch die sozialen Medien im Englischen der lateinischen Schrift eventuell begegnet sein mögen. Ulrich Dronske / Christian Fandrych / Britta Hufeisen / Imke Mohr / Ingo Thonhauser / Rainer E. Wicke: „Es gibt viel zu tun... Deutschunterricht für Lernende mit Migrationshintergrund". In: *Fremdsprache Deutsch. Zeitschrift für die Praxis des Deutschunterrichts: Deutschunterricht für Lernende mit Migrationshintergrund.* Sonderheft (2016), S. 4–9, hier S. 5 f.

Heimat erworbene Vorformen einer bildungssprachlichen Kompetenz in der ersten Sprache aufbaut. Die Beschulung und Weiterbildung schulpflichtiger Einwanderinnen und Einwanderer erfolgt dementsprechend in Intensivklassen, in denen sie auf den Unterricht in den unterschiedlichen Fächern vorbereitet werden. Das angestrebte Ziel dabei ist der Erwerb eines adäquaten Bildungsabschlusses. Für erwachsene Migrantinnen und Migranten, die in ihrem Herkunftsland schon studierten oder eine Ausbildung begonnen bzw. abgeschlossen hatten, gab es in Deutschland bislang wenig bis keine adäquaten Möglichkeiten, ihre fachsprachlichen und fachkommunikative Kenntnisse zu verbessern, bis der Fachsprachenunterricht mit E-Learning-Szenarien eingeführt wurde.[17]

Im Folgenden wird darüber berichtet, wie all diese theoretischen Vorsätze der Praxis begegnen.

### *3. Erfahrungsbericht am Beispiel der schulischen Integration durch Bildung in Hessen*

#### *Schulpflicht*

Das Recht auf den Schulbesuch ist in Deutschland Ländersache, daher unterscheidet sich auch der Umgang mit den Seiteneinsteigern in den Schulen je nach Bundesland. Schulpflicht besteht gemäß den Ländergesetzen für alle unter 16-Jährigen, die ihren Aufenthalt in dem jeweiligen Bundesland verbringen und hier angemeldet sind. Da es bisher wenig einheitliche oder Bundesländer übergreifende Konzepte gibt, wird im Folgenden insbesondere auf die pädagogische Arbeit in Intensivklassen (IK) an hessischen allgemeinbildenden Schulen eingegangen.

#### *Was sind Intensivklassen?*

*Intensivklassen* sind in anderen Bundesländern auch unter dem Namen *Willkommensklassen* bekannt. Sie sind in Grundschulen (Klassen 1–4) und an fortführenden Schulen (Klassen 5–9) vor allem an Gesamtschulen verortet. Schülerinnen und Schüler nicht deutscher Herkunftssprache werden hier intensiv sprachlich auf den Wechsel in eine dem Alter und Leistungsstand gemäße Regelklasse vorbereitet. Die Vorbereitung in Intensivkassen soll als

17 Vgl. Drumm Sandra / Henning Ute: „Bildungs- und Fachsprache als Herausforderung und Ziel der sprachlichen Bildung von Fluchtmigrantinnen und -migranten". In: *Fremdsprache Deutsch. Zeitschrift für die Praxis des Deutschunterrichts: Deutschunterricht für Lernende mit Migrationshintergrund.* Sonderheft (2016). S. 10–14, hier S. 13 f.

„Schlüssel zum Schulerfolg" dienen.[18] Laut Verordnung zur Gestaltung des Schulverhältnisses geht es darum,

> dass die Seiteneinsteiger befähigt werden, die deutsche Sprache in Wort und Schrift zu beherrschen, entsprechend ihrer Eignung gleiche Bildungs- und Ausbildungschancen zu erhalten und zu den gleichen Abschlüssen geführt zu werden wie ihre Mitschülerinnen und Mitschüler deutscher Sprache. Damit soll zugleich ein Beitrag zur gesellschaftlichen Integration dieser Schülerinnen und Schüler geleistet werden.[19]

Die Unterrichtstafel verzeichnet zurzeit 22 Wochenstunden Unterricht. Im Schuljahr 2015/16 wurde die Stundentafel vom HKM in der Sek I von 28 auf 22 Stunden verkürzt, um der damals wachsenden Zahl an Seiteneinsteigern gerecht zu werden. Auch die Schülerzahl in Intensivklassen wurde über die letzten Jahre beständig erhöht. Nach Ausbruch des Krieges in der Ukraine und der Aufnahme ukrainischer Kinder und Jugendlichen ins deutsche Schulsystem wurde die Schülerzahl pro Klasse im April 2022 abermals von 16 auf 19 Schüler erhöht, was keiner praktikablen Fördergröße mehr entspricht. Dies wird deutlich im Hinblick auf die Heterogenität der Schülergruppe in Intensivklassen in Punkto Alter (10–16), Herkunftssprache, schulischer Vorbildung, auf die noch eingegangen wird.

Die Förderhöchstdauer in Intensivklassen beträgt 2 Jahre. In der Regel wird jedoch der Übergang in die Regelklasse bereits nach 1 Jahr mit Erreichen des A2-/B1-Niveaus (GER) angebahnt.

*Zuweisung durch das Aufnahme- und Beratungszentrum (ABZ)*

Mit dem Zuzug und dem Bezug einer Wohnstätte gilt in Deutschland eine Meldepflicht. Alle schulpflichtigen, schulberechtigten Kinder und Jugendlichen sowie deren Familien oder gesetzlichen Vertreter kommen so in die Zuständigkeit der Staatlichen Schulämter. Dementsprechend werden diese Schülerinnen und Schüler bzw. Jugendlichen einer passenden Fördermaßnahme und Schule zugewiesen. Hierzu ist es notwendig, sich an das zuständige Aufnahme- und Beratungszentrum (ABZ) zu wenden, die hierfür an den 15 hessischen Staatlichen Schulämtern (SSA) eingerichtet wurden. In den inzwischen telefonisch stattfindenden Aufnahmegesprächen geht es neben der Informationsvermittlung darum, die persönlichen Daten, den Lern- und Sprachstand der SchülerInnen zu erfassen, um wohnortnah einen geeigneten Schulplatz zu finden

18 Vgl. Hessisches Kultusministerium (HKM): „Hinweise für die Einrichtung von Intensivklassen an allgemeinbildenden und beruflichen Schulen (InteA) in Hessen" (2016).

19 Verordnung zur Gestaltung des Schulverhältnisses (VOGSV) § 45.

(vgl. HKM 2016). Dies ist auch für beeinträchtigte SchülerInnen von Belang, die hier Gutachten und Diagnosen vorlegen können, um sonderpädagogisch unterstützt zu werden. Das ABZ berät – sofern die Ressourcen zur Verfügung stehen – auch über das hessische Schulsystem, die einzelnen Schulformen mit all ihren Möglichkeiten für Übergänge, Schulabschlüsse und berufliche Entwicklungen.

*Heterogenität*

Obwohl Intensivklassen dem Spracherwerb dienen, findet hier nicht nur Spracherwerb statt. Die Lernausgangslage der ankommenden Kinder und Jugendlichen ist in jedem Sinne heterogen. Die Schülerschaft in Intensivklassen ist auch in jeder Hinsicht heterogen. Dies betrifft Herkunft, Alter und Niveau. Die Schüler sind an einer fortführenden Schule zwischen 10 und 18 Jahren alt. Dass Deutsch die Unterrichtssprache in Intensivklassen ist, begründet sich nicht nur didaktisch, sondern auch praktisch, denn in einer Klasse sind eine Vielzahl an unterschiedlichen Muttersprachen vertreten, da die Schüler aus folgenden europäischen Ländern stammen: der Ukraine, Bulgarien, der Türkei, Italien, Polen, Serbien, Kroatien, Mazedonien, Bosnien, Albanien, Rumänien. Andere fliehen aus Afghanistan, Syrien, dem Irak, Guinea, Kamerun, Marokko, Eritrea, Somalia, Äthiopien, Pakistan, Bangladesch vor Krieg und Armut. Herkunftsbedingt und migrationsbedingt sind die Schüler ganz unterschiedlich schulisch sozialisiert. Die einen haben lückenlose Schulbiografien, und für sie ist Deutsch eine 2. oder 3. Fremdsprache. Für die anderen ist der Besuch der Intensivklasse der erste Schulbesuch im Leben überhaupt und sie müssen alphabetisiert werden, da sie in ihren Herkunftssprachen nicht lesen und schreiben gelernt haben. Viele haben kriegs- und fluchtbedingt keine oder nur kurz eine Schule besucht, andere haben aus diversen Gründen die Schule unregelmäßig und mit Pausen besuchen können. Nicht in allen Ländern gab es überhaupt die nötige schulische Infrastruktur, nicht in allen Ländern war der Schulbesuch kostenfrei und daher für die Kinder möglich. Einige Schülerinnen oder Schüler haben auch sonderpädagogischen Bedarf aufgrund von verschiedenen Behinderungen und Beeinträchtigungen, denen im Herkunftsland nicht immer pädagogisch-didaktisch entsprochen wurde.

Daraus ergibt sich in Intensivklassen ein Spagat in der Förderung von lernsozialisierten und geübten Lernerinnen und Lernern und solchen, die funktional alphabetisiert werden müssen. Zwischen diesen Polen sind Schülerinnen und Schüler zu finden mit vielen unterschiedlichen Kompetenzen und Defiziten. Das Ziel ist für alle gleichermaßen ein A2/B1-Niveau in allen Kompetenzbereichen (Sprechen, Hören, Schreiben, Lesen), das – davon geht man aus – den Schülerinnen und Schülern erlaubt, dem Regelunterricht zu folgen. Die Problematik dessen, was davon für viele überhaupt umsetzbar und leistbar ist in einem Zeitraum von 2 Jahren Förderung, um Abschluss- und Anschlussperspektiven zu haben, bildet sich damit bereits ab. Und es ist auch evident: Es hängt klar vom Herkunftsland, von der dortigen politisch-ökonomischen und damit schulischen Sozialisation ab, die ein Kind bereits erfahren hat, wie leicht und schnell es sich in Deutschland schulisch integriert und schulisch/beruflich Erfolg hat.

*Integration und Förderung*

Sprachförderung und Unterstützung beim Ankommen und bei der Integration gehen miteinander einher. Seiteneinsteiger müssen nicht nur Vokabeln lernen und Sätze bilden lernen. Sie müssen ankommen und begreifen, dass dies nun der Ort ist, an dem sie leben. Diesen Ort müssen sie kennenlernen. Sie bekommen Hilfe dabei, sich zu orientieren in ihrem schulischen Alltag, in ihrem Alltag außerhalb der Schule, am neuen Lebensort. Die Schülerinnen und Schüler lernen ihren Wohnort mit seinen Angeboten und Möglichkeiten kennen, das Transportsystem, Buchhandlungen, Schreibwarenläden, Sportgeschäfte, Schwimmbäder, Sportvereine, Sehenswürdigkeiten. Sie lernen in der neuen Schule Fächer, Räume, Lehrkräfte, die Bücherei, die Sporthalle, die Fachräume, das Lehrerzimmer, die Schulleitung, das Sekretariat, die Hausmeister kennen. Sie lernen, dass man und wie man Fehltage schriftlich entschuldigt, wie man sich einander begrüßt und voneinander verabschiedet. Sie lernen Klassendienste kennen, Pausen, Schulregeln und Klassenregeln einzuhalten. Sie erfahren, wie wichtig Pünktlichkeit im Alltag ist. Sie lernen oftmals auch zum ersten Mal kennen, regelmäßig und verlässlich Unterricht zu haben, und dass eine Lehrerin oder ein Lehrer erscheint, dass sie/er da und ansprechbar ist und dass diese Lehrerin/ dieser Lehrer nicht schlägt, um zu strafen. Sie lernen, dass man Schülerinnen und Schülern zuhört und dass man ihre Meinung hören möchte, weil also eine Meinung wichtig ist. Viele haben zum ersten Mal in ihrem Leben ein Mäppchen mit Lineal und Stiften, ein Heft mit Rand, liniert oder kariert. Sie lernen, wie man Hefte führt, einen Hausaufgabenplaner benutzt. Und dass es kostenlose Schulbücher zur Ausleihe gibt. Der Schulbesuch kostet nichts und ist für alle möglich. Und es gibt eine Schulpflicht, die in fast keinem anderen Land, das in der Intensivklasse vertreten ist, so bekannt ist.

*Lerninhalte, Lernziele, Lernformen*

Der Lehrplan in den Intensivklassen sieht vor, dass die Schülerinnen und Schüler zunächst lernen, sich im Alltag zu verständigen. Die behandelten Themen sind entsprechend alltagssprachlich orientiert: Schule, Auskünfte zur eigenen Person, Hobbies, Familie, Körper, Gesundheit/Krankheit, Kleider, Wohnen/Möbel, Essen/Trinken, Tiere/Haustiere. Der Wortschatz wird erarbeitet,

Dialoge gespielt, Bilder beschrieben, Lieder und Gedichte erlernt. Die Schüler lernen fragen, antworten, befehlen, bitten, beschreiben, umschreiben, zusammenfassen, nacherzählen, szenisch spielen, referieren und präsentieren. Als Textsorten lernen sie kennen: Briefe, Erzählungen, Sachtexte, Märchen, Lebensläufe und Bewerbungen. Sie erlernen Hauptsätze, gefolgt von Haupt-/ Nebensatzkonstruktionen. Sie lernen den Gebrauch der Tempi vom Präteritum bis zum Futur, der Modalität und den Gebrauch von direkter und indirekter Rede. Sie lernen den Konjunktiv und Indikativ zu unterscheiden und anzuwenden und wenn sie so weit gekommen sind, sind sie in aller Regel bei einem sehr guten A2-Niveau und verlassen die Intensivklasse in Richtung Regelklasse.

*Der Übergang in die Regelklasse – Unterstützung im Aufbaukurs*

In der Regelklasse ist die Unterrichtssprache Deutsch. Doch stehen nicht mehr nur die Alltagsprache und ihr Sprachgebrauch im Vordergrund, sondern die Fächer und ihre Inhalte, die bildungssprachlich vermittelt werden – neu zu erlernende Register. Neue Fächer mit speziellem *Fachwortschatz,* neue Vokabeln und Strukturen, die nicht mehr fremdsprachendidaktisch aufbereitet und vermittelt werden. Artikel, Pluralformen, verwandte Wortfelder müssen eigenständig erschlossen werden und in den Sprachgebrauch übernommen werden.

Korrektur und gezielte Sprachförderung fehlen zumeist im Unterricht. Es fällt auf, dass auch naturwissenschaftliche und gerade gesellschaftliche Fächer besonders Probleme mit sich bringen, weil die Lehrkräfte hier nicht sprachsensibel unterrichten. Sprachsensibler Unterricht findet im Grunde nicht statt, obgleich erwünscht. Es mangelt generell an entsprechenden durchgängigen Fortbildungen und Ressourcen für Lehrkräfte, denen es meist fremd ist. Schülerinnen und Schüler finden sich alleine mit Textaufgaben und dicken Readern soziopolitischer und historischer Texte, die man schon aufgrund der Menge nicht mehr so einfach mit *google translator* oder mit Hilfe des Wörterbuches übersetzen kann.

Zu beobachten ist, dass der Übergang ins Regelschulsystem selbst an Gesamtschulen schwierig ist, da die Menge an zu verarbeitendem Stoff nach 1–2 Jahren Sprachförderung oftmals kaum zu bewältigen ist. Der Erwerb einer neuen Sprache (gar Bildungssprache) vollzieht sich über eine Dauer von 3–5 Jahren. Diese Zeit haben gerade ältere Seiteneinsteiger (14 Jahre +) nicht. Viele schwimmen im Sprachbad der Klasse und verbleiben schließlich ohne Abschluss.

Die meisten Seiteneinsteiger werden daher meistens mit Übertritt in die Regelklasse ein Jahr zurückgestuft, um eine reale Chance zu haben, gut in die Regelklasse einzufädeln. Je tiefer die Klassenstufe ist, desto höher sind die Chancen in den Klassen und im deutschen Schulsystem überhaupt erfolgreich zu sein.

Je nach Schule gibt es noch zusätzliche DaZ-Förderstunden, sogenannte Aufbaukurse, die oftmals parallel zum Regelunterricht angeboten werden und die die Seiteneinsteiger weiterhin unterstützen sollen. Auch hier fehlen aber oftmals die nötigen Ressourcen.

*Alphabetisierung*

Das Land Hessen sieht Alphabetisierungsklassen grundsätzlich vor, wenn sich zehn (10) zu alphabetisierende Schüler in einer Schule oder einem nahen Flächenkreis finden. In der Praxis wird dies jedoch nicht umgesetzt aufgrund fehlender personeller und räumlicher Ressourcen. Die Alphabetisierung findet also im Rahmen der Sprachvermittlung in den Intensivklassen statt. Die Größe und Heterogenität der Lerngruppe machen es aber unmöglich, dass die Kinder und Jugendlichen ordentlich beim Erwerb der schriftsprachlichen Kompetenzen unterstützt werden können. Eine individuelle Begleitung und Unterstützung, wie sie in einer speziellen Alphabetisierungsklasse möglich wäre, ist nicht machbar. Der Lehrkraft bleiben täglich nur wenige Minuten, um Aufgaben zu erläutern und zu korrigieren und so den Lernprozess zu begleiten. Eine Schülerin/ein Schüler mit zusätzlichen Lese-Rechtschreibproblematik oder anderen Lernbeeinträchtigung (zum Beispiel divergierendes Schriftsystem) findet nicht die angemessene Förderung, die sie/er in einer Intensivklasse bräuchte. Wie sich zeigt, setzt sich diese Problematik fehlender oder mangelnder Ressourcen auch in den Regelklassen fort, wo funktionale Analphabeten ohne Unterstützung sich selbst bis zur Ausschulung überlassen werden.

*Zusätzliche Förderung bei besonderen Beeinträchtigungen*

Besonders schwierig ist der Übergang für Kinder und Jugendliche a) ohne vorherigen Schulbesuch im Heimatland b) für Schülerinnen und Schüler, die primär und/oder funktional alphabetisiert werden müssen c) für Lernende mit Lernbeeinträchtigungen d) für Lernende mit Traumatisierung.

Gab es vormals Förderschulen, an denen diese Lernenden weiter gefördert und beschult wurden, so bietet mit Auflösung dieses Systems, das Regelschulsystem nahezu keine Ressourcen, um mit diesen Schülerinnen und Schülern umzugehen. Je älter Schülerinnen und Schüler sind, desto mehr verschärft sich das Problem. Denn um Abschlussperspektiven zu haben, muss die deutsche Sprache in Wort und Schrift beherrscht und die Inhalte aus zehn (10) Schulbesuchsjahren gekannt werden. Wissenslücken, sprachliche, geistige Defizite, funktionaler Analphabetismus, durch Trauma bedingte Lernbeeinträchtigungen, die in höheren Klassen ab Jahrgang 6/7 die Teilhabe am Unterricht behindern, können kaum mehr aufgefangen werden. D. h. ab einem jungen Alter von 12/13 Jahren kann es schon für den Neustart bzw. das Durchstarten im neuen Land zu spät sein. Erziehungsberechtigte tun gut daran, sich frühzeitig beraten zu lassen und außerschulisch Kontakt zu Frühförderstellen, sozialpädiatrischen Zentren, Kinder- und Jugendärzten aufzunehmen, um eine Diagnostik zu erreichen und Gutachten zu erhalten. Denn hierdurch erschließen sich je nach Bundesland und Schulart neue Anschlussperspektiven für die betroffenen Kinder und Jugendlichen, die das normale Regelsystem nicht anbietet. Hierfür braucht es den Mut und die Offenheit der Betroffenen, sich auf diese Wege einzulassen.

*Der „German Dream"*

Für die meisten Kinder und Jugendliche ist die Intensivklasse erst einmal ein Schutzraum, in dem sie in Ruhe ankommen, sich sortieren, einen Platz finden können. Hier gibt es keine Noten und die Förderung geschieht in einer kleinen vertrauten Gruppe. Dafür wird bis zu zwei (2) Jahre lang Zeit gegeben. Der Zuzug nach Deutschland und die Integration sind für den einen leichter als für den anderen. Manche starten sofort durch, wechseln bald in die Regelklasse, andere nicht. In Deutschland angekommen zu sein, bedeutet nicht automatisch ein „*German Dream*", gekrönt von Erfolg und Wohlbefinden. Resilienz ist das Zauberwort. Manche verfügen darüber andere nicht.

*Zum Hintergrund: Ankommen und wahrgenommen werden*

Der Großteil der Kinder und Jugendlichen hat nicht freiwillig das Herkunftsland samt Familie und Freunden verlassen. Diese Entscheidung haben die Eltern für sie getroffen oder die Umstände, die keine Alternativen gelassen haben. Bis auf Ausnahmen sind die Betroffenen vor Armut und Krieg geflohen bzw. migriert. Ein großer Teil ist in Begleitung der Eltern, die hier auch völlig neu anfangen müssen und die von ihren Kindern in Hilflosigkeit und Ohnmacht erlebt werden. Die Alltagssorgen der Familien reichen bis zu den Kindern und Jugendlichen, die spüren, dass der Neubeginn in Deutschland keineswegs das Ende aller Sorgen ist, sondern neue Sorgen bedeutet. Viele erleben ihre Eltern hilflos und ratlos im Alltag. Etwa 1/5 der Schülerschaft hat Krieg direkt erlebt, durchlebt und ist unbegleitet geflohen. Diese Fluchterfahrung ist mit vielen unfreiwilligen Trennungen und Abschieden verbunden. Fast alle haben Menschen sterben sehen, in Not und ohne Hilfe erlebt, sei es vor der Flucht oder auf der Flucht. Für sie ist es unabdingbar, ankommen zu können, bevor man schulische Leistungen von ihnen erwartet. Der „Ankommensprozess" ist mit dem Gewahrwerden verbunden, dass man an einem Punkt angekommen ist, der erlaubt, jeden Tag in derselben Unterkunft einzuschlafen, aufzuwachen und dies zu Hause nennen zu dürfen. Meistens brauchen die Jugendlichen dafür ein halbes bis ein Jahr. Feste, sich wiederholende Abläufe zu haben, jeden Tag in die Schule zu kommen, in denselben Klassenraum, zur selben Lehrkraft, die vielleicht immer auf die gleiche Weise morgens grüßt und nach dir fragt, schafft Verbindlichkeit und zunehmend Sicherheit. Die Schülerinnen und Schüler kommen an, begreifen, dass sie einen Platz haben, der ihrer ist. Dass jemand auf sie wartet. Dass es eine Pause gibt, in der sie mit ihrem Taschengeld etwas zu essen kaufen können, dass es Wasser gibt, sobald sie welches haben wollen und dass sie auf eine Toilette gehen können mit einer Tür, die abschließbar Intimität gewährt. All das ist zu begreifen. Weil es all das vorher nie gab oder lange nicht gab. Die Schülerinnen und Schüler beginnen jemand zu sein und das zu spüren. Ankommen ist sehr wichtig, damit ein Punkt hinter die Flucht gesetzt wird. Aber damit ist die Flucht nicht zu Ende.

Noten und unklare Anschlussperspektiven schaffen Unsicherheit. Bewertet, eingestuft, unter Druck gesetzt zu werden in jedweder Form, ausgeschimpft und kritisiert zu werden, schafft Stress und reaktiviert das Flucht-Kampf-Modus bei manchem.

Folgendes ist daher wichtig und von den Lehrenden zu berücksichtigen:

- Körperliche Betätigung
- Positive Bestätigung von Kompetenzen
- Positives Formulieren
- Betonen dessen, was geht. Nicht dessen, was fehlt.
- Lob
- Rituale
- Kontinuität
- Konsequenzen
- Transparenz
- Dialog

*Abschließende Bemerkungen*

Trotz aller Bemühungen der Bundesregierung um Chancengleichheit durch Bildung bleibt in Deutschland der Bildungserfolg u. a. von der sozialen Herkunft und vom Herkunftsland abhängig. Der von der Regierung entwickelte Aktionsplan sollte diese Kluft in der Gesellschaft reduzieren. Fest steht, dass die Chancengleichheit bereits in der frühen Kindheit mit der institutionalisierten frühen Bildung, Betreuung und Erziehung anfängt. Es besteht einen allgemeinen Konsens in der Gesellschaft und in der Bildungspolitik darüber, „dass Kindertageseinrichtungen eine zentrale Rolle für den Integrationsprozess von jungen Familien mit Migrationshintergrund spielen“[20]. Folgendes muss jedoch festgehalten werden: Migration, Vielfalt und Heterogenität, Mehrsprachigkeit und Plurikulturalität im Unterricht bzw. in der Schule sind nicht unbedingt

20 *Nationaler Bildungsbericht*, 2006, S. 150.

nur „Konfliktpotenziale“, wie oft angenommen wird. Sie stellen sogar eine hervorragende Bereicherung für die einzelnen Lehrenden und für die Gesellschaft dar.

## *Literaturverzeichnis*


Bos, Wilfried / Wendt, Heike / Vaskova, Anna: „Migration und Bildung“. In: Meier-Braun Karl Heinz / Weber Reinhold (Hrsg.): *Deutschland – Einwanderungsland. Begriffe – Fakten – Kontroversen.* Stuttgart: Kohlhammer 2017, S. 194–199.

Dronske, Ulrich / Fandrych, Christian / Hufeisen, Britta / Mohr, Imke / Thonhauser, Ingo / Wicke, E. Rainer: „Einführung: Es gibt viel zu tun... Deutschunterricht für Lernende mit Migrationshintergrund“. In: *Fremdsprache Deutsch. Zeitschrift für die Praxis des Deutschunterrichts. Deutschunterricht für Lernende mit Migrationshintergrund.* Sonderheft (2016), S. 4–9.

Drumm, Sandra / Henning, Ute: „Bildungs- und Fachsprache als Herausforderung und Ziel der sprachlichen Bildung von Fluchtmigrantinnen und -migranten“. In: *Fremdsprache Deutsch. Zeitschrift für die Praxis des Deutschunterrichts. Deutschunterricht für Lernende mit Migrationshintergrund.* Sonderheft (2016), S. 10–14.

Meier-Braun, Karl-Heinz: „Einleitung: Deutschland Einwanderungsland“. In: Karl Heinz Meier-Braun / Reinhold Weber (Hrsg.): *Deutschland – Einwanderungsland. Begriffe – Fakten – Kontroversen.* Stuttgart: Kohlhammer 2017, S. 12–28.

Oltmer, Jochen: „Migration“. In: Karl Heinz Meier-Braun / Reinhold Weber (Hrsg.): *Deutschland – Einwanderungsland. Begriffe – Fakten – Kontroversen.* Stuttgart: Kohlhammer 2017, S. 57–60.

Popov-Jenninger, Claudia: „Ausgangsbedingungen und Anspruch des schulischen DaZ-Unterrichts in Sekundarschule“. In: *Fremdsprache Deutsch. Zeitschrift für die Praxis des Deutschunterrichts: Deutschunterricht für Lernende mit Migrationshintergrund.* Sonderheft (2016), S. 15–19.


### *Internetquellen*


Autorengruppe Bildungsberichterstattung: *Bildung in Deutschland 2020. Ein indikatorengestützter Bericht mit einer Analyse zu Bildung in einer digitalisierten Welt.* Bielefeld. <https://www.bildungsbericht.de/de/bildungsberichte-seit-2006/bildungsbericht-2020> [Abruf 03.08.2022].

Autorengruppe Bildungsberichterstattung: *Bildung und Migration.* <https://www.bildungsbericht.de/de/bildungsberichte-seit-2006/bildungsbericht-2016/pdf-bildungsbericht-2016/h_web2016.pdf> [Abruf 03.08.2022].

Bundesamt für Migration und Flüchtlinge: Integrationskursgeschäftsstatistik für das Jahr (2021). <https://www.bamf.de/DE/Themen/Statistik/Integrationskurszahlen/integrationskurszahlen-node.html;jsessionid=09B3185B879C36D5F9BB3E7EF8069FC8.intranet231> [Abruf 30.06.2022]

Bundeszentrale für politische Bildung: *Demographie von Asylsuchenden in Deutschland. Infografiken zu Alter, Geschlecht und Herkunft von Asylsuchenden* (2018). <https://www.bdp.de/themen/migration/zahlen-zu-asyl/265710/demografie-von-asylsuchenden-in-deutschland/> [Abruf 30.06.2022].

Die Bundesregierung: *Nationaler Aktionsplan Integration.* Presse- und Informationsamt der Bundesregierung (2022). <https://www.nationaler-aktionsplan-integration.de/napi-de/aktionsplan> [Abruf 02.08.2022].

Migration: <https://www.bildungsbericht.de/de/bildungsberichte-seit-2006/bildungsbericht-2006/pdf-bildungsbericht-2006/h-web.pdf> [Abruf 18.08.2022]

Ramsauer, Kathrin: *Bildungserfolge von Migrantenkindern. Der Einfluss der Herkunftsfamilie* (2011). <https://www.dji.de/fileadmin/user_upload/bibs/6_Ramsauer_Bildungsexpertise_Migrantenkinder.pdf> [Abruf 04.03.2022]

# Zur Rolle der Projektarbeit im Fremdsprachenunterricht am Beispiel einer deutschen Unterrichtseinheit in Togo

*Bissitena Sansan*

*Zusammenfassung*: Der Stellenwert der Projektarbeit beim Fremdsprachenlehren und -lernen ist heutzutage nicht mehr zu leugnen. Sie eröffnet nicht nur den Zugang zu anderen Kulturen, sondern sie dient auch zur mündlichen Kommunikation. Dies bedarf der Erweiterung von Sprechfertigkeiten bei Lernenden im Deutschunterricht. Deshalb wird im vorliegenden Aufsatz untersucht, wie Projektarbeiten didaktisch sinnvoll im Unterricht eingesetzt werden können, mit dem Anliegen, ein Modell für die Verbesserung dieser Grundkompetenz bei den Deutschlernenden in Togo zu entwerfen. An einem Fallbeispiel wird exemplarisch gezeigt, wie Projekt in der Sekundarstufe II geplant werden kann, um die Sprechfertigkeiten der Lernenden zu verbessern.

*Schlüsselwörter*: Deutschunterricht, Sprechfertigkeit, Projektarbeit, Fremdsprachenunterricht, Togo

*Abstract*: The Importance of the project's work in the teaching and learning of the foreign languages is no longer to be denied. Not only it allows the access to other cultures, but it also serves as a means of oral communication. This requires a work on speaking skills of learners when teaching. Therefore, this paper examines how project work can be used in didactic and meaningful way in this course from a sample, in order to improve this basic skill of German learners from secondary high school. From an example, it will be shown how to plan a German course at this level, in order to improve learner's oral expression.

*Keywords*: German course, oral expression, project's work, foreign language Teaching, Togo

## *Einleitung*

Die Förderung der Sprechfertigkeit ist das Hauptziel des Sprachunterrichts.[1] Die meisten Deutschlernenden in Togo entdecken die deutsche Sprache erst

1 Jean-Claude Bationo: *Märchen in DaF als Lern- und Kulturgut. Am Beispiel einer Abiturklasse in Burkina Faso* (2015), S. 39. <https://www.scielo.br/j/pg/a/pfdkmkSmKf5BjPvQ5nrXRVg/?lang=de> [Abruf 16.05.2022]; Jean-Claude Bationo: „Literatur und Fremdsprachenunterricht: Zur Rolle des Theaters im Deutschunterricht in Burkina Faso", in: *Pandaemonium Germanicum* (2017)

im Gymnasium,[2] deswegen fehlt ihnen viel an Wortschatz und grammatischen Kenntnissen. So fühlen sie sich bei der Verwendung dieser Sprache, insbesondere beim Sprechen, nicht wohl. Die Deutschlehrerinnen und Deutschlehrer in Togo versuchen unterschiedliche Methoden im Unterricht einzusetzen, um den Lernenden zu helfen, diese Fertigkeit zu entwickeln. Die Projektarbeit wird aber sehr wenig verwendet, obwohl die Lehrwerke *Ihr und Wir plus* unterschiedliche Projektmöglichkeiten anbieten. Der vorliegende Aufsatz fragt nach der Rolle der Projektarbeit in der DaF-relevanten Sprechfertigkeitsförderung im togoischen Schulsystem.

Zunächst wird kurz auf die Projektarbeit im Deutschunterricht eingegangen. In dieser Hinsicht wird das Fallbeispiel eines Projekts im Lehrwerk *Ihr und Wir plus* dargestellt. Danach wird dieses Fallbeispiel für die Didaktisierung von Projektarbeit im Deutschunterricht entworfen. Zuletzt versuche ich die Förderung der Sprechfertigkeit durch die Projektarbeit zu schildern. Im Anschluss daran wird auf die Rollen der Lehrenden und der Lernenden im projektbezogenen Unterricht eingegangen.

## *1. Grundlegende Umrisse der Projektarbeit im Deutschunterricht*

Bevor ich mich mit verschiedenen Aspekten des Themas auseinandersetze, ist es ratsam, zuerst kurz die Frage zu beantworten: Was ist überhaupt unter Projektarbeit zu verstehen?

Unterricht in Projektform ist keine Erfindung der Gegenwart, denn dessen Wurzeln können bis ins 18. Jahrhundert zurückverfolgt werden. Schon in dieser Zeit wurde eine Unterrichtsform von Heinrich Pestalozzi begünstigt, die geistige, soziale und handwerkliche Kompetenzen in der Entwicklung fördert.[3] Daraus ergibt sich, dass Kopf-, Herz- und Handarbeit im Projektlernen verbunden sind und dass die des fächerübergreifenden, des emotionalen und sozialen Lernens berücksichtigt werden.[4] Diese Form des Lernens im heutigen

S. 39. <https://www.revistas.usp.br/pg/article/view/128532/146352> [Abruf 07.06.2022].

2 In anderen frankophonen Ländern wie in der Côte d'Ivoire, in Burkina Faso und Benin entdecken die Lernenden die deutsche Sprache schon in der 3. Klasse der Sekundarstufe I (Classe de 4$^{\text{ème}}$).

3 Vgl. Gregor Speiser: *Offenes Lernen in der Geographie und Wirtschaftskunde Unterricht* (2012), S. 67. <https://phaidra.univie.ac.at/open/o:1283624> [Abruf 15.05.2022].

4 Vgl. Dienststelle Volksschulbildung: *Projektunterricht im 9. Schuljahr. Umsetzungshilfe für Schulleitungen und Lehrpersonen* (2015), S. 5. <https://www.phlu.ch/_Resources/Persistent/7/d/b/3/7db30c7bdf6bc881670cff1122d22fa8a46819ad/projektunterricht9sj.pdf> [Abruf 28.04.2023].

Projektunterricht wird als eine Unterrichtsform verstanden, die die Schülerinnen und Schüler aktiv in den Unterricht einbezieht, Eigenaktivität, Eigenverantwortung und Selbstinitiative fördert und dadurch das verständnisvolle Lernen ermöglicht.[5] Laut Synda Karar hat Projektarbeit zum Ziel, Leben, Lernen und Arbeiten so zu verknüpfen, dass ein wichtiges und den Interessen der Beteiligten entgegenkommendes Problem gemeinsam bearbeitet (Prozess) und zu einem Ergebnis (Produkt) geführt wird.[6] Hierbei sollen die Schülerinnen und Schüler lernen, Arbeits- und Lernprozesse zunehmend selbstständig zeitlich wie inhaltlich zu organisieren und zu strukturieren. Für Helmut Kapeller müssen die Schülerinnen und Schüler in einer Projektarbeit offen für Neues sein, sich in eine Gruppe integrieren und dabei Verantwortung für ihre Einzelarbeit übernehmen.[7]

Zusammengefasst lässt sich demnach sagen, dass in der Projektarbeit es sich um eine Unterrichtsform handelt, durch die die Schülerinnen und Schüler aktiv neue Erfahrungen sammeln, aber auch eine Unterrichtsform, die an Schülerinnen und Schülern orientiert ist.

Projekte können in unterschiedlichen Formen vorkommen und aus diesem Grund ist es nicht möglich eine konkrete, allgemeine Einteilung von Projekten darzustellen. Die Art des Projektes hängt von unterschiedlichen Kriterien ab. Nach Karin Ende und Imke Mohr können zwei Grundmodelle von Projektarbeiten unterschieden werden. Es handelt sich um die Mikroprojekte und Makroprojekte. Die Makroprojekte gehen über mehrere Tage oder Wochen und sind oft fachübergreifend. Die Mikroprojekte hingehen umfassen meist nur eine Unterrichtseinheit.[8] Jedoch verläuft jedes Projekt nach bestimmten Etappen, die nach den Zielen und Projektarten auch erklärt werden.

5 Vgl. Štefani Ilić: *Projektunterricht und seine Anwendung im DaF* (2018), S. 8. <https://core.ac.uk/download/pdf/197820747.pdf> [Abruf 27.04.2023].

6 Synda Karar: *Projektarbeit im DaF-Unterricht als handlungsorientierte Untersuchung am Beispiel einer Reportage als Textsorte* (2019), S. 34. <https://www.asjp.cerist.dz/en/downArticle/371/14/1/194568> [Abruf 28.04.2023].

7 Helmut Günter Kapeller: *Einfluss von Projektunterricht auf die Lernbereitschaft und das Verständnis der Zusammenhänge von Theorie und Praxis an der Höheren Technischen Lehranstalt Jenbach.* Bericht ID 1757, Jenbach: IMST 2016, S. 2. [Unveröffentlichte Maschinenschrift]

8 Karin Ende / Imke Mohr: *Glossar Fachbegriffe für DaF-Lehrkräfte.* München: Klett-Langenscheidt 2019, S. 46.

### *1.1 Projekte in Lehrwerken Ihr und Wir plus*

Die Lehrwerke *Ihr und Wir plus* (Band 1–3) werden mit Schülerheften und Lehrerhandreichungen begleitet und entsprechen laut den Lehrwerkautoren dem europäischen Referenzrahmen.[9] Jede Lektion in diesen Lehrwerken ist in einzelne Abschnitte unterteilt (A, B, C, D, E, F). Diese Lehrwerke entstanden auf Anregung und in Zusammenarbeit mit dem Bundesverwaltungsamt – Zentralstelle für das Auslandschulwesen – Köln.[10] Es ist die Frucht der Bemühungen von frankophonen afrikanischen und deutschen Autoren, dieses pädagogische Hilfsmittel den Realitäten und den Bedürfnissen der schwarzafrikanischen Schülerinnen und Schüler anzupassen.[11] Die Lehrwerke *Ihr und Wir plus* werden wie folgt aufgeteilt: *Ihr und Wir plus* (Band I) wendet sich in der Praxis des Deutschunterrichts in Togo an Anfänger (Seconde Klasse). Der Band II ist für die 12. Klasse (Première Klasse) bestimmt. Der dritte Band ist für Lernende der Abitur-Klasse (Terminale Klasse) bestimmt.

In diesen Lehrwerken befinden sich unterschiedliche Projekte. Die Lehrerinnen und Lehrer haben dabei die Aufgabe, sich darüber zu überlegen, welche Projekte im Unterricht eingesetzt werden können. Zweck dieser Projekte ist es, Deutsch in authentischen Kontexten zu üben. Das Wichtigste ist die Projekte auszuwählen, die inhaltlich den Erfahrungen, den Interessen der Lernenden entsprechen. Empfehlenswert ist es, mit einfacheren Projekten anzufangen und sich schrittweise komplexeren Projekten zu widmen.[12]

### *1.2 Beschreibung des Fallbeispiels*

Ich möchte ein Projekt zeigen, das im Lehrwerk *Ihr und Wir plus* (Band 3) vorgeschlagen wird. Das Thema wird von den Werkautoren festgelegt.[13] Was mir zu dieser Wahl motiviert hat, ist zunächst die Themen, denn es geht um die Themen „Umweltschutz und Klimawandel“. Umweltschutz und Klimawandel

9 Vgl. Malick Ndao / Dieudonné Ouédraogo / Anja Schümann: *Lehrhandreichung des dritten Bandes des Lehrwerks Ihr und Wir plus.* München: Goethe-Institut 2009, S. 3.

10 Jean-Claude Bationo: *Literaturvermittlung im Deutschunterricht in Burkina Faso. Teil 1: Stellenwert und Funktionen literarischer Texte im Regionallehrwerk IHR und WIR.* Frankfurt am Main: Peter Lang 2006, S. 40.

11 Vgl. Malick Ndao / Dieudonné Ouédraogo / Anja Schümann: *Lehrhandreichung des zweiten Bandes des Lehrwerks Ihr und Wir plus.* München: Goethe-Institut 2009, S. 3.

12 Vgl. Ndao, *Lehrhandreichung des zweiten Bandes* (wie Anm. 11), S. 9.

13 Vgl. Moussa Anoumatacky / Essi Kpogli / Malick Ndao: *Ihr und Wir plus. Arbeitsheft 3.* München: Goethe-Institut 2011, S. 102.

sind sehr interessante, aber auch komplexe Themen.[14] Bei dem Lesetext handelt es sich um einen abstrakten Sachtext, in dem Umweltphänomene und deren Auswirkungen auf die Umwelt beschrieben werden. Der Wortschatz besteht aus Fachterminologie, mit der die Schülerinnen und Schüler Schritt für Schritt vertraut gemacht werden.[15] Mit diesem Projekt haben die Lernenden die Möglichkeit, sich Informationen über die Umwelt zu holen und sich gleichzeitig bewusst zu werden, wer sie selbst sind. Dazu kommt, dass dieses Projekt von den Schülerinnen und Schülern durchzuführen ist. Was die Sprache betrifft, sind der Wortschatz und die Strukturen in den projektbezogenen Texten für die Lernenden angemessen. Ein Beispiel von Projekt bietet die folgende Abbildung:

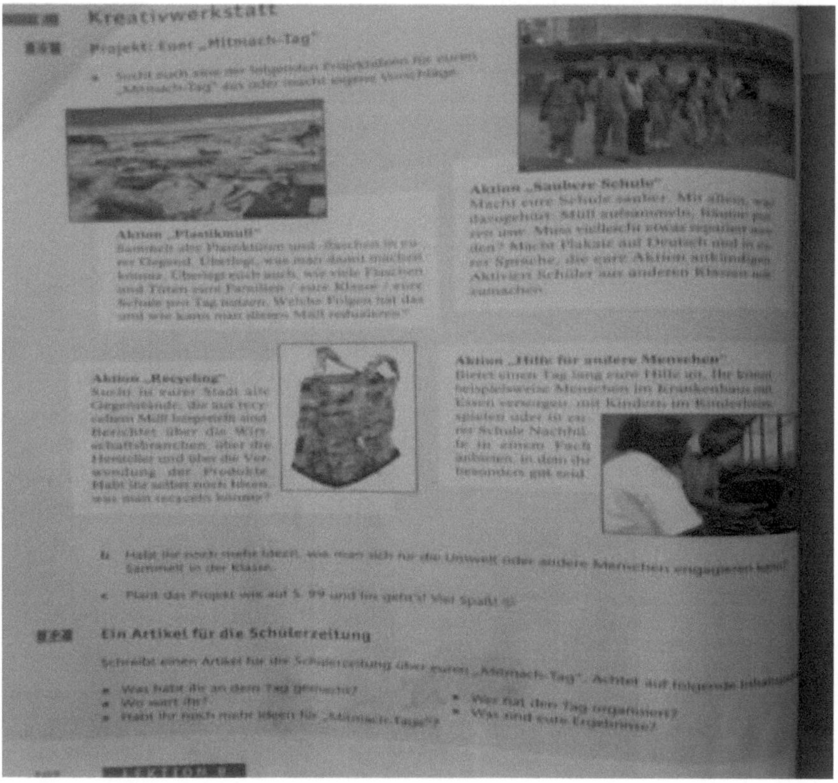


Abb. 1. Textauszug aus dem Lehrwerk *Ihr und Wir plus*, Textbuch 3: S. 102

14 Vgl. Ndao, *Lehrhandreichung des dritten Bandes* (wie Anm. 9), S. 97.

15 Vgl. ebd.

## 2 *Realisierung im Unterricht*

Im Folgenden wird versucht, das Fallbeispiel im Deutschunterricht zu entwerfen, wobei die Ziele und didaktischen Phasen einbezogen werden.

### 2.1 *Unterrichtsziele*

Bevor die eigentliche Projektarbeit startet, müssen klare Ziele gesetzt werden.[16] Durch die Formulierung von Zielen werden die unterschiedlichen Interessen sichtbar, können Vorhaben diskutiert und ein anzustrebendes Ergebnis festgelegt werden. Am Ende des Unterrichts sollen die Lernenden:

- ihre Sprechfertigkeit verbessert und ihren Wortschatz sowie die Grammatikstrukturen gefestigt haben,
- die Angst vor dem Sprechen verloren haben,
- Wissen im Bereich „Umwelt" erworben haben,
- Interessen an Forschung und an der Umwelt entwickelt haben,
- positive Einstellungen gegenüber der Arbeit entwickelt haben,
- produktives Lernen kennengelernt haben und in der Lage sein, erworbenes Wissen in der Praxis anzuwenden,
- ihre Kommunikationsfähigkeit entwickelt haben,
- Verantwortung für gemeinsame Leistungen übernommen haben,
- mit den anderen Schülerinnen und Schülern zusammengearbeitet haben.

Was die verschiedenen Phasen der Projektarbeit betrifft, findet man in der Fachliteratur je nach Rahmenbedingungen unterschiedliche Modelle. Ich stütze mich auf die Gliederung von Raphaela Wöhri,[17] die auf meinem Lehr- und Lernkontext gut übertragbar ist und Projekte in folgende Phasen einteilt: Themenfindung, Planung, Festlegung der Aufgaben, Projektdurchführung, Projektpräsentation und Projektevaluation. Jede dieser Etappen beinhaltet unterschiedliche Aufgaben, die die jeweilige Etappe vollständig macht.

### 2.2 *Unterrichtsschritte*

#### 2.2.1 Erster Unterrichtsschritt: Themenfindung

In dieser Phase müssen die Interessen aller Beteiligten einbezogen werden, damit sich die Lehrpersonen und die Schülerinnen und Schüler auf ein Thema/

16 Vgl. Ndao, *Lehrhandreichung des dritten Bandes* (wie Anm. 9), S. 97.

17 Vgl. Raphaela Wöhri: *Projektorientierter Unterricht im Fach Geographie und Wirtschaftskunde am Beispiel von „Leben in der ‚Einen Welt'-Globalisierung"* (2017), S. 20 f.

eine Problemstellung einigen.[18] Wie schon oben skizziert, wird von den Werkautoren das Thema „Euer Mitmachen-Tag“ vorgegeben.

Aus dem zentralen Thema ergeben sich vier Unterthemen:

- Unterthema 1: Aktion „Plastikmüll“
- Unterthema 2: Aktion „Saubere Schule“
- Unterthema 3: Aktion „Recycling“
- Unterthema 4: Aktion „Hilfe für andere Menschen“

#### 2.2.2 Zweiter Unterrichtsschritt: Planung

Danach bilden die Lehrenden vier Gruppen nach den Interessen der Schülerinnen und Schüler oder die Lernenden wählen selbst frei, bei welchem Unterthema sie mitmachen wollen.[19] Die Unterthemen werden von der Lehrperson gegeben und die Schülerinnen und Schüler wählen das Arbeitsthema nach eigenen Interessen.

#### 2.2.3 Dritter Unterrichtsschritt: Festlegung der Aufgaben

Darauf folgt die Festlegung der Aufgaben, bei der Arbeitsmaterialien beschafft und Recherchen vollzogen werden. In dieser Phase kann es zu organisatorischen und inhaltlichen Änderungen kommen.[20]

- Thema 1: Aktion „Plastikmüll“

Projektauftrag: Die Schülerinnen und Schüler sammeln alte Plastiktüten und Flaschen aus ihrer Gegend und überlegen sich, wie viele Flaschen und Tüten ihre Familien, ihre Klasse oder Schule pro Tag nutzen. Welche Folgen hat das und wie kann man diesen Müll reduzieren?

<https://unipub.uni-graz.at/obvugrhs/download/pdf/2144295?originalFilename=true> [Abruf 27.04.2023].

18 Vgl. ebd., S. 20.

19 Vgl. Lisa Peirleitner: *Projektorientierter Unterricht zum Thema: Bau einer Gitarre aufgrund mathematischer Konstruktion und Frequenzanalyse von Tönen* (2020), S. 9. <https://epub.jku.at/obvulihs/download/pdf/5013063> [Abruf 27.04.2023].

20 Vgl. Wöhri, *Projektorientierter Unterricht im Fach Geographie und Wirtschaftskunde* (wie Anm. 17), S. 21.

- Thema 2: Aktion „Saubere Schule“

Projektauftrag: Die Schülerinnen und Schüler machen ihre Schule sauber mit allem, was dazu gehört: Müll aufsammeln, Räume putzen. Sie müssen vielleicht etwas reparieren. Dabei machen sie Plakate auf Deutsch und in ihrer Sprache, die ihre Aktion ankündigen. Sie motivieren Schülerinnen und Schüler aus anderen Klassen mitzumachen.

- Thema 3: Aktion „Recycling“

Projektauftrag: Die Schülerinnen und Schüler suchen in ihrer Stadt alle Gegenstände, die aus recyceltem Müll hergestellt sind. Dabei berichten sie über die Hersteller und über die Verwendung der Produkte und haben selbst noch Ideen darüber, was man recyceln könnte.

- Thema 4: Aktion „Hilfe für andere Menschen“

Projektauftrag: Die Schülerinnen und Schüler bieten einen Tag lang ihre Hilfe an und können beispielsweise Menschen im Krankenhaus mit Essen versorgen, mit Kindern im Kinderheim spielen oder in ihrer Schule Nachhilfe in einem Fach anbieten, in dem sie besonders gut sind.

#### 2.2.4 Vierter Unterrichtsschritt: Projektdurchführung

In dieser Phase wird die inhaltliche Hauptarbeit geleistet. Die geplanten Vorhaben werden von den Lernenden in unterschiedlichen Sozialformen möglichst selbständig durchgeführt.[21] In diesem Schritt organisiert jede Gruppe ihre Tätigkeiten und erstellt Gruppenarbeitspläne. Der Ablaufplan wird an alle Beteiligten verteilt. Jede Gruppe sammelt die erforderlichen Informationen und nutzt dabei Bibliotheken, Archive und Internetquellen. Die Lernenden beschaffen sich Material, sichten, studieren und bearbeiten es einzeln oder in Gruppen. Sie wenden Eingeübtes an und erproben die Präsentation, korrigieren, wo nötig.

Die Lehrpersonen stehen dabei als koordinierende Berater*innen und Expert*innen und als „Konfliktmanager*innen“ zur Verfügung. Während dieser Zeit ist es besonders wichtig, in kurzen Reflexionsphasen Erfahrungen und Zwischenergebnisse auszutauschen, Probleme zu besprechen und den Zeitplan zu überprüfen.[22]

21 Vgl. ebd.

22 Vgl. Peirleitner, *Projektorientierter Unterricht* (wie Anm. 19), S. 20.

#### 2.2.5 Fünfter Unterrichtsschritt: Ausstellung / Präsentation

In der Abschlussphase präsentieren die Gruppen ihre Ergebnisse. Dabei wird die Präsentation von allen Teammitgliedern gemeinsam gestaltet und durchgeführt. Die Gruppen können folgende Präsentationsformen verwenden: Collage, Plakat, Power-Point-Präsentation, Fotodokumentation, Reportage, Podcast, Videofilm, Blog. Am besten wäre es, wenn die Präsentationen auch anderen Schülerinnen und Schülern gezeigt werden können.[23]

#### 2.2.6 Sechster Unterrichtsschritt: Projektauswertung

Nach der Abschlusspräsentation erfolgt eine Selbstevaluation sowohl der gesamten Gruppe als auch der einzelnen Gruppenmitglieder.[24] Fatma Laidi zufolge ist die Projektauswertung sehr notwendig, denn sie gehört zum Hauptziel der Projektarbeit.[25] Folgende Aspekte können bei der Projektauswertung berücksichtigt werden:

- Was habt ihr an dem Tag konkret gemacht?
- Wo wart ihr?
- Was war das Ziel eures Projekts?
- Warum habt ihr euch für dieses Thema entschieden?
- Hat sich eure Entscheidung (bisher) als richtig erwiesen?
- Wie hat eure Gruppe zueinander gefunden, d. h. wie funktionierten (bisher) Kommunikation und Kooperation?
- Welche Aufgaben habt ihr im Projekt übernommen?
- Was hat an der Umsetzung eurer Zeitplanung gut funktioniert, was war problematisch?
- Was war besonders schwierig für euch?
- Was hat euch besonders viel Spaß gemacht?

### *3. Förderung der Sprechfertigkeit durch die Projektarbeit im Deutschunterricht*

Unter Fertigkeiten im Sprachunterricht werden in der Regel die klassischen vier Fertigkeiten Hören, Lesen, Sprechen und Schreiben verstanden. Diese Fertigkeiten sollen im Sprachunterricht ausgebildet werden, jedoch

23 Vgl. Wöhri, *Projektorientierter Unterricht im Fach Geographie und Wirtschaftskunde* (wie Anm. 17), S. 21.

24 Vgl. ebd.

25 Vgl. Fatma Laidi: *Plädoyer für den Einsatz von Projektarbeit an der Germanistikabteilung Oran* (2013), S. 37. <https://ds.univ-oran2.dz:8443/handle/123456789/3434> [Abruf 13.05.2022].

gilt die Sprechfertigkeit heutzutage als eine der wichtigsten Zielfertigkeiten im Sprachunterricht.[26]

Bereits hat Jean-Claude Bationo in seiner Dissertation auf den Stellenwert der Sprechfertigkeit im Deutschunterricht hingewiesen.[27] Bationo zeigt auch in seinem Beitrag *Literatur- und Fremdsprachendidaktik: Zur Rolle des Theaters im Deutschunterricht in Burkina Faso,* dass Sprechen lernen für den Deutschunterricht außerhalb Deutschlands sehr relevant und besonders für die frankophonen Lernenden ist, die begrenzte Mittel und wenige Chancen haben, in deutschsprachige Länder zu fahren.[28] In diesem Zusammenhang zielt der vorliegende Aufsatz darauf ab, die Projektarbeit als spezifischen Beitrag zur Sprechfertigkeit der Lernenden in Togo vorzuschlagen. Es geht grundsätzlich um die Verbesserung der mündlichen Kommunikation in der Praxis des Deutschunterrichts in Togo. Diese Verbesserung zielt darauf ab, die Lernenden in Gesprächs- und Konversationskursen zu motivieren, ihre Sprechfertigkeit zu entwickeln.

Bei der Durchführung des ausgewählten Projekts sind die Schülerinnen und Schüler mit den zentralen Themen „Umweltschutz und Klimawandel" konfrontiert. Die Unterthemen werden von den Lerngruppen freiwillig ausgewählt. Sie planen zuerst ihre Arbeiten und führen sie auch aus. Zunächst formulieren sie selbstständig das Ziel des vorgeschlagenen Themas. Die Arbeitsschritte werden geplant und am Ende teilen sie die Arbeit unter sich auf, wenn es selbstverständlich um Gruppenarbeit geht. Am Ende der Präsentation der Ergebnisse steht oft ein sichtbares Produkt, das sich unbedingt auf die Gesellschaft beziehen muss und einsetzbar und benutzbar sein soll. Synda Karar zeigt in seinem Beitrag,[29] dass in der Projektpädagogik Lern-Lehrprozesse so organisiert werden, dass Lernende zum Lösen Komplexer Aufgabenstellungen befähigt werden, was sie zur Bewältigung von Lebenssituationen qualifiziert. Wichtig ist, dass die Lernenden selbstverantwortlich die Planung der Projektarbeit übernehmen. Sie recherchieren selbständig unter Anwendung aller verfügbaren Hilfsmittel. Neue Informationen werden aufgegriffen und neu strukturiert, Fremdwissen wird einbezogen, sprachliche Kenntnisse werden vermittelt und verwendet.

26 Vgl. Kateřina Edrová: *Die Förderung der Fertigkeit Sprechen im DaF-Unterricht* (2005), S. 10. <https://is.muni.cz/th/d2nnm/DP_FINAL.pdf> [Abruf 29.04.2023].

27 Vgl. Bationo, *Literaturvermittlung im Deutschunterricht in Burkina Faso. Teil 1* (wie Anm. 10), S. 167 f.

28 Jean-Claude Bationo: „Literatur und Fremdsprachenunterricht" (wie Anm. 1), S. 39.

29 Vgl. Karar, *Projektarbeit im DaF-Unterricht als handlungsorientierte Untersuchung* (wie Anm. 6), S. 34.

Es ist wichtig hier, zu erwähnen, dass die Zielsprache bzw. Arbeitssprache Deutsch ist und beim Projektablauf werden die Lernenden intensiv miteinander auf Deutsch kommunizieren, Ideen und Meinungen austauschen und Meinungen anderer auswerten. Sie werden ebenso nachfragen, recherchieren und die Ergebnisse kommentieren. Kommunikation, Interaktion, und Austausch sind alle Elemente, die z. B. bei der Durchführung dieses Projekts Live am Ort des Geschehens erfahrbar sind. Der Lernprozess ist wirklich erfolgreich, denn die Schülerinnen und Schüler haben keine Hemmungen vor dem Gebrauch der deutschen Sprache. Sie versuchen, mit ihren bereits vorhandenen Sprachkenntnissen zurecht zu kommen. In diesem Zusammenhang behaupten Annika Hermann und Kathrin Siebold, dass die Projektarbeit die kommunikative Kompetenz der Lernenden fördert. Sie überwindet die Grenzen des Kursraums und bietet den Lernenden die Möglichkeit, die Lerninhalte in reale Kontexte einzubetten und ihre Kenntnisse in authentischen Kommunikationssituationen umzusetzen.[30] Bei der Projektpräsentation sind die einzelnen Lernenden weitgehend selbst verantwortlich. Dadurch entsteht eine sehr aktive und selbständige Arbeitsdynamik, die von den Lehrpersonen im Hintergrund unterstützend begleitet wird.[31] Grundsätzlich lernen die Schülerinnen und Schüler durch den Erwerb kommunikativer Kompetenzen bei der Projektarbeit in Gruppen, gemeinsam einige Aufgaben zu bearbeiten. Sie kooperieren und interagieren miteinander. Laut Synda Karar erfahren die Lernenden durch das kommunikative Handeln mehr in der Gesellschaft. Sie werden dazu fähig, selbstständig, fleißig zu arbeiten und die komplexen Situationen außerhalb des Unterrichts zu bewältigen.[32]

Nun möchte ich näher auf die Frage eingehen, welche Rollen die Projektteilnehmerinnen und Projektteilnehmer in den jeweiligen Projektteams in diesem Projekt übernehmen können.

Bereits beschäftigte sich Gregor Speiser mit der Rolle der Lehrperson im Projektunterricht. Speiser zeigt, dass die Projektarbeit einen Wandel der Lehrerinnen- bzw. Lehrer-Rolle und der damit verbundenen Aufgaben im

30 Vgl. Annika Herrmann / Kathrin Siebold: „Projektarbeit im universitären DaF-Unterricht: ein wichtiger Schritt in Richtung Lernerautonomie“, in: *Informationen Deutsch als Fremdsprache* 39, 6 (2012), S. 637-650, hier S. 644. <http://www.daf.de/downloads/InfoDaF_2012_Heft_6.pdf#page=35> [Abruf 29.04.2023].

31 Vgl. ebd., S. 637.

32 Vgl. Karar, *Projektarbeit im DaF-Unterricht als handlungsorientierte Untersuchung* (wie Anm. 6), S. 43.

Unterrichtsgeschehen erzwingt.[33] Das bedeutet, dass das Tätigkeitsfeld der Lehrkräfte sich von einer herrschenden zu einer beratenden und beobachtenden Aktivität transformiert.[34] In diesem Zusammenhang weist Herbert Gudjons darauf hin, dass der Sinneswandel vom klassischen Unterricht zum Projektunterricht die Lehrperson vom Unterrichtsbeamten zum Lernberater verändert.[35] Daraus lässt sich festhalten, dass die Lehrkraft in einem Projektunterricht die Rolle eines Mentors oder einer Mentorin einnehmen soll, die organisieren, Ratschläge geben und Schüler*innen auf unterschiedliche Weise helfen.

Im Projektunterricht sollte sich nicht nur die Rolle der Lehrperson, sondern auch die der Lernenden ändern. Im Gegensatz zum Frontalunterricht, in dem die Schülerinnen und Schüler nicht sehr aktiv sind, meistens auch nicht kreativ nachdenken, nicht Hände, Herz und Kopf in das Erlernen eines neuen Themas einbeziehen, ist es bei dem Projektunterricht völlig umgekehrt.[36] Durch Projekte lernen die Lernenden sich klar und präzise ausdrücken zu können, Entscheidungen treffen zu können und das Problem bewältigen zu können.[37] Nach Gregor Speiser ist die neue Rolle des Lernenden im Projektunterricht also nicht nur eine Chance den Lernprozessen in der Schule eine neue Qualität in kognitiver und sozialer Hinsicht zu verleihen, sondern auch zu erleichtern, den Schülerinnen und Schülern die Chance fürs ganze Leben jenes Maß an Selbst- und Mitbestimmungsfähigkeit zu erwerben, das für kompetentes, autonomes und vor allem nachhaltiges Handeln und Entscheiden unerlässlich ist.[38]

## *Schlussfolgerung*

Beim Fremdsprachenlernen erwerben die Schülerinnen und Schüler verschiedene Fertigkeiten. Die mündliche Kommunikation hat aber in jedem

33 Vgl. Speiser, *Offenes Lernen in der Geographie und Wirtschaftskunde Unterricht* (wie Anm. 3), S. 42.

34 Vgl. ebd.

35 Herbert Gudjons*: Neue Unterrichtskultur-veränderte Lehrerrolle* (2006), S. 159. <https://www.klinkhardt.de/newsite/media/20190315_9783781553385_Gudjons.pdf> [Abruf 01.05.2023].

36 Ilić, *Projektunterricht und seine Anwendung im DaF* (wie Anm. 5), S. 17.

37 Vgl. ebd., S. 18.

38 Speiser, *Offenes Lernen in der Geographie und Wirtschaftskunde Unterricht* (wie Anm. 3), S. 48.

Fremdsprachenunterricht die Priorität, denn sie ist die Basis aller Sprachen. Die Deutschlernenden in Togo haben Schwierigkeiten sich auf Deutsch auszudrücken. Aus diesem Grund sollen sie von ihren Lehrenden unterstützt werden, um ihre Sprechfertigkeit zu entwickeln. Dafür ist der Einsatz von Projektarbeit im Deutschunterricht sehr hilfreich, denn sie ist wirksamer als reine Textlektüren, die in Togo von Lehrenden viel verwendet werden. Die besonderen Lehr- und Lernmöglichkeiten durch Projektarbeit im Unterricht wurden in diesem Beitrag aufgezeigt. Es wurde in dem vorliegenden Beitrag gezeigt, dass der Projektunterricht die Sprechfertigkeit der Deutschlernenden fördern kann. So werden die Lernenden mehr Selbstvertrauen haben, wenn sie sprechen. Dazu kommt, dass die Projektarbeit mehr Übungsmöglichkeiten für die Entwicklung mündlicher Kommunikationsfähigkeiten bietet. Die Projektarbeit ist also ein angemessenes Lehrmittel, um die Sprechfertigkeit bei den Deutschlernenden in Togo zu fördern.

## *Literaturverzeichnis*


Anoumatacky, Moussa / Kpogli, Essi / Ndao, Malick: *Ihr und Wir plus. Textbuch 3.* München, Goethe-Institut 2011.

Anoumatacky, Moussa / Kpogli, Essi / Ndao, Malick: *Ihr und Wir plus. Arbeitsheft 3.* München, Goethe-Institut 2011.

Bationo, Jean-Claude: *Literaturvermittlung im Deutschunterricht in Burkina Faso. Teil 1: Stellenwert und Funktionen literarischer Texte im Regionallehrwerk IHR und WIR.* Frankfurt am Main: Peter Lang 2006.

Bationo, Jean-Claude: *Märchen in DaF als Lern- und Kulturgut. Am Beispiel einer Abiturklasse in Burkina Faso* (2015). <https://www.scielo.br/j/pg/a/pfdkmkSmKf5BjPvQ5nrXRVg/?lang=de> [Abruf 16.05.2022]

Bationo, Jean-Claude: *Literatur- und Fremdsprachendidaktik: Zur Rolle des Theaters im Deutschunterricht in Burkina Faso* (2017). <https://www.revistas.usp.br/pg/article/view/128532/146352> [Abruf 07.06.2022].

Dienststelle Volksschulbildung: Projektunterricht im 9. Schuljahr. *Umsetzungshilfe für Schulleitungen und Lehrpersonen* ( 2015). <https://www.phlu.ch/_Resources/Persistent/7/d/b/3/7db30c7bdf6bc881670cff1122d22fa8a46819ad/projektunterricht9sj.pdf> [Abruf 28.04.2023].

Dinsel, Sabine / Ndao, Malick / Ouédraogo, Dieudonné / Schümann, Anja: *Lehrhandreichung des dritten Bandes des Lehrwerks Ihr und Wir plus.* München: Goethe-Institut 2011.

Edrová, Kateřina: *Die Förderung der Fertigkeit Sprechen im DaF-Unterricht* (2005). <https://is.muni.cz/th/d2nnm/DP_FINAL.pdf> [Abruf 29.04.2023].

Ende, Karin / Mohr, Imke: *Glossar Fachbegriffe für DaF-Lehrkräfte.* München: Klett-Langenscheidt 2019.

Gudjons, Herbert: *Neue Unterrichtskultur-veränderte Lehrerrolle* (2006). <https://www.klinkhardt.de/newsite/media/20190315_9783781553385_Gudjons.pdf> [Abruf 01.05.2023].

Herrmann, Annika / Siebold, Kathrin: „Projektarbeit im universitären DaF-Unterricht: ein wWichtiger Schritt in Richtung Lernerautonomie", in: *Informationen Deutsch als Fremdsprache* 39, 6 (2012), S. 637-650. <http://www.daf.de/downloads/InfoDaF_2012_Heft_6.pdf#page=35>

Ilić, Štefani: *Projektunterricht und seine Anwendung im DaF* (2018). <https://core.ac.uk/download/pdf/197820747.pdf> [Abruf 27.04.2023].

Kapeller, Helmut Günter: *Einfluss von Projektunterricht auf die Lernbereitschaft und das Verständnis der Zusammenhänge von Theorie und Praxis an der Höheren Technischen Lehranstalt Jenbach*. Bericht ID 1757. Jenbach: IMST 2016, S. 2. [Unveröffentlichte Maschinenschrift]

Karar, Synda: „Projektarbeit im DaF-Unterricht als handlungsorientierte Untersuchung am Beispiel einer Reportage als Textsorte" (2019). <https://www.asjp.cerist.dz/en/downArticle/371/14/1/194568> [Abruf 28.04.2023].

Laidi, Fatma: *Plädoyer für den Einsatz von Projektarbeit an der Germanistikabteilung Oran* (2013). <https://ds.univ-oran2.dz:8443/handle/123456789/3434> [Abruf 13.05.2022].

Ndao, Malick / Ouédraogo, Dieudonné / Schümann, Anja: *Lehrhandreichung des zweiten Bandes des Lehrwerks Ihr und Wir plus*. München: Goethe-Institut 2009.

Peirleitner, Lisa: Projektorientierter Unterricht zum Thema: Bau einer Gitarre Aufgrund mathematischer Konstruktion und Frequenzanalyse von Tönen (2020). <https://epub.jku.at/obvulihs/download/pdf/5013063> [Abruf 27.04.2023].

Speiser, Gregor: *Offenes Lernen in der Geographie und Wirtschaftskunde Unterricht*. Möglichkeit einer alternativen Unterrichtsform, erläutert am Lehrplanthema „Europa" (2012). <https://phaidra.univie.ac.at/open/o:1283624> [Abruf 15.05.2022].

Wöhri, Raphaela: *Projektorientierter Unterricht im Fach Geographie und Wirtschaftskunde am Beispiel von „Leben in der ‚Einen Welt'-Globalisierung"* (2017). <https://unipub.uni-graz.at/obvugrhs/download/pdf/2144295?originalFilename=true> [Abruf 27.04.2023].

# Krisen und Widerstandsfähigkeit: Mein Weg mit Serge Glitho

*Pierre Kadi Sossou*

*Zusammenfassung*: Seitdem sich unsere Wege gekreuzt haben und bis zum Abend seines Lebens, war Serge Glitho eine helfende Hand für mich gewesen. Er hat mich durch alle wichtigen Etappen meiner akademischen Laufbahn begleitet, als Betreuer meiner Magisterarbeit und meiner DEA-Arbeit, als Mitbetreuer meiner Doktorarbeit und als aufmerksamer Berater meiner Postdoc-Karriere. Daher beschloss ich, von dieser akademischen Komplizenschaft zu erzählen, anstatt einen traditionellen wissenschaftlichen Artikel zu schreiben. Indem ich durch den Ansatz eines Lebensberichts mein Leben als eine Abfolge von Krisen und Resilienzen lese, versuche ich Verständnis dafür zu vermitteln, wie Serge Glitho es wiederholt geschafft hat, mich wie ein deus ex machina aus Sackgassen herauszuholen.

*Schlüsselwörter*: Doktorandenforschung, Glitho, Studienschwierigkeit, Resilienz, Krise.

*Abstract*: Since our paths crossed and until the evening of his death, Serge Glitho was a helping hand for me. He guided me through all the major stages of my academic career, as supervisor of my master's thesis and my DEA thesis, as co-director of my PhD thesis and as attentive advisor of my post-doctoral fellowship. I therefore decided to describe this academic complicity instead of writing a traditional academic article. By Reading my life as a succession of crises and resiliencies through the life story approach, I try to make understandable how Serge Glitho repeatedly managed to pull me out of impasses like a deus ex machina.

*Keywords*: Doctoral research, Glitho, study difficulty, resilience, crisis.

## *Einleitung*

Da ich als begabter Schüler galt und die Sekundarstufe sowie die erste und zweite Stufe der Universität ohne besondere Schwierigkeiten absolviert hatte, deutete alles darauf hin, dass mein Leben als Student ein langer, ruhiger Fluss sein würde.

Das war aber nicht der Fall. Ohne in Trivialität zu verfallen, würde ich mein Leben in der Rückschau von Anfang an als einen brodelnden Krisenstrom beschreiben, ein Leben mit Höhen und Tiefen, wie man so schön sagt. Die politische Krise in Togo in den 1990er Jahren führte dazu, dass ich die Université du Bénin (heute Université de Lomé) verließ und mein Studium an der Université Nationale de Côte d'Ivoire – Cocody – fortsetzte. Es folgte eine Reihe von Krisen: der frühe Tod des Betreuers meiner Magisterarbeit, die Unmöglichkeit, einen anderen Betreuer zu finden, die dreimalige Ablehnung eines Visums zur Fortsetzung meines Studiums in Deutschland, die Qualen der Arbeitslosigkeit, die Ungewissheit während der Doktorandenforschung, die Schwierigkeit, den Weg zu finden, die Einsamkeit des Forschers, die Versuchung, die Doktorandenforschung aufzugeben.

Wenn Resilienz als die Fähigkeit eines Individuums verstanden werden kann, sich schnell von Krisen und Schwierigkeiten zu erholen oder sich an diese anzupassen, wird diese Fähigkeit umso schneller und leichter erworben, je mehr hilfreiche Unterstützung und Unterstützer auf dem schwierigen Weg vorhanden sind. In diesem Beitrag möchte ich nahebringen, wie Serge Glitho wie durch Zufall immer wieder meinen Weg kreuzte, um mich aus der Sackgasse herauszuholen. Diese Erkundung wird unausweichlich durch die Erzählung meines Lebens erfolgen. Es wird die Geschichte meiner Erfahrung und meines wissenschaftlichen Abenteuers mit Serge Glitho sein, die ich so vollständig und ehrlich wie möglich erzählen möchte.[1]

### *1. Zwischen sozio-politischer Krise und akademischen Pannen*

Togo trat in den 1990er Jahren in das demokratische Zeitalter ein und gehörte zu den ersten afrikanischen Ländern, die eine Nationalkonferenz abhielten, in deren Verlauf Übergangsinstitutionen geschaffen wurden, die zu demokratischen Wahlen führen sollten. Die Togoische Nationalkonferenz begann am 8. Juli 1991 und endete am 28. August 1991 mit der Wahl von Joseph Koffigoh zum Übergangspremierminister. Ende November und Anfang Dezember 1991 stürmten Militärs, die dem alten Regime treu geblieben waren, das Amt des Premierministers. Dieser Abbruch des Übergangsprozesses stürzte das Land in eine schwere politische Krise, in deren Verlauf es zu Übergriffen kam gegen Dissidenten, die sich für eine Demokratisierung aussprachen, und gegen die Zivilbevölkerung im Allgemeinen. Dies löste unter der Bevölkerung eine Fluchtwelle bisher nicht gekannten Ausmaßes aus.[2] Einige flohen nach Benin.

1 Eine Lebensgeschichte ist eine Geschichte, die ein Individuum entscheidet, aus freien Stücken zu erzählen „about the life he or she has lived as completely and honestly as possible". Robert Atkinson: *The life story interview.* California: Sage Publications 1998, S. 8.

2 Vgl. Matthieu Kairouz: „Ce jour-là : le 8 juillet 1991, les Togolais placent leurs espoirs dans une Conférence nationale". In: *Jeune Afrique.* Mis à jour le 7 juillet 2016. <https://www.jeuneafrique.com/338712/politique/jour-8-juillet-1991-togolais-placent-leurs-espoirs-conference-nationale/> [Abruf 03.08.22].

Andere nach Ghana oder nach Côte d'Ivoire. Während die Togoer das Land leerten, setzten die Mutigsten ihre Hoffnung auf einen letzten Versuch, die Militärmacht der politischen Opposition näher zu bringen. Unter der Schirmherrschaft Frankreichs und Deutschlands trafen sich in Colmar[3] Delegationen der togoischen Regierung und der Opposition, um einen Kompromiss über die Sicherheitsbedingungen vor den Wahlen zu finden. Die Rückkehr des Militärs in die Kasernen, um Platz für die Polizei zu schaffen, war der Knackpunkt. Nach dem Scheitern der Gespräche in Colmar am 8. Februar 1993 packte ich meine Koffer und machte mich auf den Weg, wie viele andere, die bis zuletzt daran glaubten, dass für Togo noch ein Wunder geschehen könnte.

Als ich in Côte d'Ivoire ankam, sagte mir die Äbtissin der Klarissenschwestern, ich solle mich an der Universität von Abidjan erkundigen, ob ich mich für das nächste Jahr einschreiben könne, da dieses bereits begonnen habe. Auf dem Weg zur Universität besuchte ich meinen Freund Brice Kezie Bini[4]. Bei unseren Gesprächen habe ich ihm angedeutet, dass ich mich um eine Einschreibung an der Universität bemühe. Er erzählte einer Freundin davon, die den Direktor für Akademische Angelegenheiten und Schulwesen kannte. Überraschenderweise bestellte mich der Direktor am Samstag, einen Tag nach meinem Gespräch mit Brice, zur Einschreibung ein. Eigentlich wollte ich Soziologie und Germanistik studieren, aber offenbar war mein Weg vorgezeichnet. In diesem Moment, in dem ich meine Chance nutzen musste, hatte ich die erforderlichen Papiere nicht zur Verfügung, um mich in Soziologie einzuschreiben. Nur die Germanistikunterlagen waren parat. Ich hatte auch nicht die 100 000 FCFA für die Anmeldegebühr. Brice zahlte sie mir aus, und so konnte ich mich für den Licence-Studiengang Germanistik einschreiben.

Auch in Côte d'Ivoire war das Jahr sehr unruhig. Das Fieber der Demokratie hatte alle afrikanischen Länder erfasst. Zu dieser Zeit setzte Laurent Gbagbo dem Präsidenten Houphouet Boigny zu, indem er die Studenten der *Fédération estudiantine et scolaire de Côte d'Ivoire* (FESCI)[5] gezielt

3 Vgl. Dirk Kohnert: „Togo". In: *Afrika-Jahrbuch* (1993). S. 172–176. <https://www.researchgate.net/publication/280711625_Togo_-_1993_in_German> [Abruf 03.08.2022].

4 An dieser Stelle möchte ich Brice Bini und seiner Freundin Melanie danken, die eine wichtige Rolle in meinem Leben gespielt haben. Ich danke auch den Klarissinnen von Abobo-Te, die für Unterkunft und Verpflegung sorgten, und Suor Scholastica Girardi von der Sainte Famille Congregation, die sich um die Studiengebühren während meiner gesamten Studienzeit in der Côte d'Ivoire gekümmert hat.

5 Zu meiner Zeit wurde die FESCI zunächst vom Generalsekretär Eugène Kouadio Djué (1993–1994) und dann von Jean Blé Guirao De Badéa (1994–1995) geleitet. Ihre Nachfolger waren Guillaume Kigbafori Soro (1995–1998), der zum

agitierte. Das akademische Jahr wurde durch polizeiliche Razzien und Streike der FESCI unterbrochen. Trotzdem wurde das Jahr als gültig erklärt und wir legten die Prüfungen ordnungsgemäß ab. Ich bestand in der ersten Sitzung meine Prüfungen (*Licence d'Enseignement und Certificat C1*).

Die Einschreibung in den Magisterstudiengang ist an die Einreichung eines Vorhabens für die Abschlussarbeit gebunden. Das war für mich reine Formalie, weil ich mir seit dem Priesterseminar das Thema „Liebe" überlegt hatte. Die Romantik, die wir im Vorjahr studiert hatten mit Eichendorffs *Taugenichts* als Hauptlektüre, lieferte mir die Bausteine, mein philosophisches Thema zu germanistisch zu erarbeiten: „Taugenichts und die drei Stufen der Liebe: Eros, Philia, Agape". Ich brauchte einen Betreur, der so philosophisch veranlagt war, um mich auf diesen Weg zu führen. Ein Dozent hatte das perfekte Profil für den Posten. Ich stellte ihn ein und er war sehr zufrieden damit, mich zu betreuen. Einige Zeit nach Abschluss der Vereinbarung unserer wissenschaftlichen Zusammenarbeit verstarb mein Betreuer. Was für ein Unglück! Das fing nicht gut an. Ich wandte mich an Herrn Lambert Zoh, der das Seminar über Romantik und Eichendorff gehalten hatte. „Er würde sicher gerne ein Thema leiten, das direkt aus seiner Vorlesung stammt", dachte ich mir. Aber nein. Herr Zoh war dabei, seine Habilitation vorzubereiten und wollte sich nicht mit Studentenarbeit herumärgern. Ich sagte mir denn: „Herr Michel Kokora Gneba ist relativ gemäßigt und weise. Er würde sicherlich zustimmen, mich aus der Sackgasse zu holen." Ich kam leider etwas zu spät. Herr Gneba hatte so viele Studenten unter seiner Betreuung, dass er keine weiteren mehr aufnehmen konnte. Die anderen Lehrkräfte waren entweder in Linguistik, Deutscher Zivilisation oder in Kolonialliteratur spezialisiert und waren offensichtlich nicht an meiner Eichendorff-Geschichte interessiert. Alle Türen waren für mich verschlossen. Ich war auf mich selbst gestellt.

Als ich meinen Magisterabschluss (Certificat C2) erwarb, war bereits der Entwurf meiner Magisterarbeit verfasst worden. Wie kann man eine Abschlussarbeit ohne Betreuer verteidigen? Woher weiß ich, dass die Arbeit überhaupt verteidigbar ist? Wie wird die Prüfungskommission zusammengesetzt? Das waren alles Fragen und Ungewissheiten, die mir durch den Kopf gingen, als ich nach Lomé zurückkehrte, um die Licence-Prüfung in Soziologie abzulegen.[6] In Lomé besuchte ich Herrn Amétépé Valentin Ahadji, dem

Rebellenführer der Forces Nouvelles (FN) wurde, und Charles Blé Goudé (1998–2001), der zum Führer der Jungen Patrioten und Jugendminister von Laurent Gbagbo wurde.

6 Es sei daran erinnert, dass die Schulen in Togo nach einem schulfreien Jahr wieder geöffnet worden waren. So hatte ich mich parallel zu meiner Einschreibung an der Université Cocody in Abidjan für Soziologie an der Universität von Benin in Lomé eingeschrieben.

damaligen Leiter der Deutschabteilung, um mit ihm über meine Schwierigkeiten zu sprechen. Er vertraute mir an, dass es zwischen den beiden Universitäten Vereinbarungen gibt, die mir erlauben, mein Germanistikstudium in Togo zu absolvieren. Wao! Das war ein Aha-Erlebnis. Und er sagte mir, ich solle mit Herrn Serge Glitho ins Gespräch kommen.

## 2. *Begegnung mit dem GERDAN Lab und schließlich die Magisterarbeit*

Zum Zeitpunkt meiner ersten Beratungsgespräch mit Herrn Glitho war er dabei, sein Forschungslabor für Germanistik, interkulturelle Literatur und Entwicklung in Schwarzafrika (Labo-GERDAN[7]) aufzubauen. Wie der Name schon sagt, bestand das Hauptziel dieses Forschungslabors darin, Literatur mit der Entwicklung Afrikas zu verknüpfen. Er versuchte mit allen Mitteln, mich in diese Richtung zu lenken. Aber ich hatte meine Arbeit parat, und war lediglich auf der Suche nach jemandem mit Erfahrung, der sie lesen und begutachten konnte. Übrigens war mir nicht klar, welchen entwicklungspolitischen Zweck Literatur erfüllen sollte, wenn nicht den, kluge Köpfe auszubilden, die wiederum zur Entwicklung des schwarzen Kontinents beitragen würden. Irgendwie gelang es mir, Herrn Glitho zu überzeugen, mein Manuskript über Eichendorff zu akzeptieren und es begann die Bearbeitung. Tja, es war, als würde man eine alte auf dem Flohmarkt gekaufte Hose flicken, weil ich einen Roman nach meinem Geschmack geschrieben hatte, nicht eine wissenschaftliche Arbeit. Mit manchmal schwerem Herzen sollte ich Vorschläge und Bemerkungen von Herrn Glitho annehmen, der mich tatkräftig, tüchtig und streng zur Fertigstellung meiner Arbeit führte. Es dauerte noch fast ein Jahr, bis ich die Überarbeitung beendet hatte, genug Zeit, um mein Magisterzertifikat in Soziologie abzuschließen. Und sobald die Arbeit verfeinert war, setzte ich Herrn Glitho unter Druck, um sie so schnell wie möglich zu verteidigen. Ja, ich strebte danach, meinen Teil der Arbeit abzuschließen und konnte kaum erwarten, die Arbeit vor einer Jury zu verteidigen. Glitho verstand nicht, warum ich es so eilig hatte, und ich erklärte ihm, dass ich mich gerade um die Fortsetzung meiner Doktorarbeit in Deutschland bemühte und bereits die Zusage eines Eichendorff-Spezialisten in Deutschland hatte. Er nahm dies zur Kenntnis und sagte mir, dass er selbst mit der Universität Hannover im Gespräch sei, um die Doktorandenausbildung – die sogenannte Promotion mit bi-nationaler Betreuung – in Togo durchzuführen. Ich hatte nicht wirklich verstanden, was er sagte und worauf er damit hinaus wollte. Für mich war es

7 Labo GERDAN: Laboratoire de recherche en Germanistique, Littérature interculturelle et Développement en Afrique noire.

in jedem Fall nicht so wichtig, denn ich hatte ein klares Ziel, nämlich mein Studium in Deutschland fortzusetzen, und davon sollte mich nichts abbringen. Er berief also die Jury ein, damit ich im Dezember 1995 verteidigen konnte. Mit Herrn Glitho wurde mein unverdauliches Manuskript zu einer von der Jury akzeptierten Magisterarbeit, die vom Vorsitzenden der Jury, Adjaï Paulin Oloukpona-Yinnon, zur Veröffentlichung empfohlen wurde. Eine große Ehre für mich Studenten. Die Arbeit wurde dann tatsächlich als Buch mit dem Titel „*Rencontre des Altérités*" (Begegnung von Alteritäten) erschienen, mit einem Vorwort von Prof. Dr. Glitho:

> Wanderschaft und Reise stehen hier zugleich für Entwurzelung und den ständigen Wunsch nach Verankerung. Sossou interessiert sich jedoch nicht nur für die Poetik der Mobilität und des Exils, sondern vielmehr für die Beziehung zum Anderen, die sich aus der Vertreibung und Entwurzelung ergibt. Diese Poetik führt ihn dazu, die weibliche, die menschliche und die göttliche Alterität abwechselnd zu untersuchen. Der Autor war mein Student und später mein Forschungspartner. Unsere Beziehungen sind so eng, dass ich darauf verzichte, ihn vorzustellen. Stattdessen möchte ich ihn mit den Augen von Professor Walter Moser sehen, dem Inhaber des Lehrstuhls für Literatur- und Kulturtransferforschung an der Universität Ottawa, einem Lehrstuhl, dem Sossou angehört: „Herr Sossou ist ein togoischer Forscher, ausgebildet in der Schule von Leo Kreutzer, einem profilierten Vertreter der interkulturellen Strömung der Germanistik. Er hat mit großem Erfolg seinen Einstieg in diese interkulturelle Neudefinition einer Disziplin geschafft, die traditionell ziemlich ethnozentrisch war. Es handelt sich um einen „postkolonialen Intellektuellen", der es verstanden hat, eine Verbindung zwischen zwei Welten herzustellen und eine bereits hervorragende Forschungsaktivität und -produktivität in die Schnittstelle zwischen zwei Kulturräumen und zwei sehr unterschiedlichen intellektuellen Milieus einzuschreiben.[8]

Das Buch verortet den Werdegang des Taugenichts, der mit der Seele seines Volkes auf die Suche nach einer Welt wandert, in der alle Menschen sich als Nächste anerkennen, ohne damit aufzuhören, sie selbst zu sein. Dort heißt es, dass im Gegensatz zum imperialistischen Abenteuer Europas, das „Hass, Verunglimpfung, Barbarei, Plünderung und Zerstörung auf dem afrikanischen Kontinent verursachte, die Offenheit des Taugenichts ihn zu den anderen führte, die er liebte und zum Klang seiner Geige tanzen ließ."[9]

8 Serge Glitho: „Vorwort" zu Pierre Kadi Sossou: *Rencontre des Altérités. Le* Taugenichts *en transfert d'amour* : Berlin: Wissenschaft Verlag 2005, S. 3–4, Übersetzt von mir PKS.

9 Ebd., S. 116.

### *3. Vom Bemühen um ein Studienvisum für Deutschland*

Mit meinem Magisterabschluss in Germanistik und meinem Magisterzertifikat in Soziologie war ich bereit, mein Studium in Deutschland fortzusetzen. Mit Immatrikulation an der Universität Bremen, Bankkaution, Unterkunft in einem Studentenwohnheim war die Bewerbungsunterlage vollständig, um ein Visum für das Wintersemester 1995 zu beantragen. Diese erste Bewerbung erfolgte zur gleichen Zeit wie die von Didier Yenkey, einem Kommilitonen aus dem *Département d'allemand* (Fachbereich Deutsch) von Lomé. Die Antwort war eine Ablehnung mit der Begründung, dass die Wahl des Studienfachs problematisch sei. Wie konnte meine Wahl problematisch sein, wenn die identische Wahl von Didier kein Problem darstellte? Es bringt nichts, Fragen zu stellen. Ich habe alle Unterlagen eingereicht, um den Antrag erneut zu stellen. Diesmal wurde der Antrag zusammen mit Julien Kita, einem Kommilitonen aus dem Fachbereich Soziologie, gestellt. Julien bekam das Visum und ich nicht, mit der Begründung, dass ich bereits Schulabschlüsse habe und zu alt sei. Wie konnte ich zu alt sein, wenn Julien älter ist als ich und auch zwei Hochschulabschlüsse hatte genauso wie ich? Ich ließ mich nicht entmutigen. Ich stellte den Antrag für das Wintersemester 1996 erneut. Auch dieses Mal reichte ich meinen Antrag zur gleichen Zeit wie Aimé Hetcheli, ein anderer Kommilitone aus dem Fachbereich Deutsch, ein. Er bekam sein Visum für den Winter 1996 und ich wieder eine Ablehnung. Die zuständige Sachbearbeiterin in der Botschaft sagte mir, dass sie den Grund für die Ablehnung des Visums nicht mehr wisse und dass mein Gesicht dem Beamten, der meinen Antrag in Deutschland bearbeitet hat, sicherlich nicht gefallen habe. Aber woher kannte dieser Angestellte mein Gesicht? Anders gesagt, ich nahm wie ein Marathonläufer am Wettbewerb teil und verlor. Ich organisierte mich neu, um das zweite Mal teilzunehmen, und verlor. Ich gab nicht auf, trat ein drittes Mal an. Und wissen Sie was? Ich verlor. Schluss mit den Scherzen.

Eine dritte Ablehnung ohne Begründung brachte mich zutiefst zur Verzweiflung. In der Zwischenzeit hatte ich jede erdenkliche Gelegenheit ausgelassen, die sich mir bot. Die togoische Regierung hatte einen nationalen Einstellungswettbewerb ausgeschrieben. Mein Bruder sagte mir, ich solle nicht daran teilnehmen, wenn ich vorhätte, das Land in Kürze zu verlassen. Er meinte, ich würde eine schlechte Note in meiner Datei hinterlassen, wenn ich das Bewerbungsverfahren bestanden und die Stelle abgelehnt hätte. Zur gleichen Zeit verhandelte ich über ein Stipendium am Goethe-Institut. Die damalige Leiterin der Bibliothek sagte, dass ich eher ein Stipendium für Soziologie als für Germanistik bekommen könnte. Leider hatte ich keinen vollständigen Magisterabschluss in Soziologie, um mich um das besagte Stipendium zu bewerben. Sie deutete an, dass in der Bibliothek des Instituts eine Stelle als Hilfskraft frei werden würde. Auch hier sagte mir mein Schwager, der ein guter Bekannter der Bibliothekleiterin ist, dass er mir von einer Bewerbung abraten würde, wenn ich das Land in Kürze verlassen wolle.

Kurzum ließ ich mehrere Gelegenheiten verstreichen, indem ich an dem Studienvisum für Deutschland festhielt. An dem Tag, an dem die nette Dame der Botschaft mir die dritte Ablehnung mitteilte, war ich völlig durcheinander. Jetzt, wo es keinen rationalen Grund für die Ablehnung gibt, weiß ich nicht mehr, was ich bei meinem nächsten Antrag ändern soll, oder ob es überhaupt einen vierten Antrag geben würde. Kein Visum, keine Arbeit, keine Perspektive. In diesen Gedanken versunken, sprach mich Herr Glitho am selben Tag auf dem Campus an: „Herr Sossou. Herr Sossou. Das trifft sich gut. Ich suche Sie gerade. Können wir uns im Lehrerzimmer kurz treffen?"

### *4. DAAD Promotionsstipendium in Deutschland*

Ich wusste nicht, was ich von diesem Zufall halten sollte. Ich folgte Herrn Glitho ins Lehrerzimmer. Dort verkündete er mir begeistert, dass er gerade die Genehmigung erhalten habe, den Doktorstudiengang in Togo zu eröffnen, und dass wir, wenn ich interessiert sei, damit beginnen könnten. Was? Vor ein paar Minuten war ich noch am Boden des Abgrunds und jetzt erhellte ein starkes Licht den Tunnel. „Was soll ich tun?", fragte ich stotternd. „Sie müssen sich für den Diplome d'Etude Approfondie (DEA) einschreiben und dazu benötigen Sie ein Vorhaben für eine Doktorarbeit." Herr Glitho fuhr mit seiner Erklärung fort:

> Wir beginnen mit dem DEA und dann bekommen Sie ein Sandwich-Stipendium. Das Sandwich-Modell ermöglicht Ihnen, Forschungsaufenthalte in Deutschland zu absolvieren und gleichzeitig Ihr Studium an der hiesigen Universität fortzusetzen. Das bedeutet konkret, dass Ihre Promotion von mir und von Professor Leo Kreutzer an der Universität Hannover, der mein eigener Habilitationsvater war, mitbetreut wird. Mit ihm ist bereits alles abgesprochen.

So wurde ich als der allererste DEA-Student in dem Département d'allemand aufgenommen. Einige Tage später wurde auch Alain Akakpo zugelassen. Wir waren also zwei, die das DEA-Abenteuer begannen. Kaum hatten wir mit dem DEA begonnen, fragte mich Herr Ahadji, der Abteilungsleiter, ob ich Interesse daran hätte, zu unterrichten. Da ich mir nicht sicher war, ob ich einen Lehrauftrag annehmen sollte und welche Auswirkungen dies auf meinen Aufenthalt in Deutschland haben könnte, zog ich es vor, mich von Herrn Glitho beraten zu lassen, bevor ich meine Antwort gab. Als ich Herrn Glitho von diesem Gespräch berichtete, sagte er mir natürlich, ich solle schnell meine Zustimmung geben. Ich fügte mich und nahm meine Unterrichtsstunden auf. Vor Abschluss des DEA erhielt ich vom Deutschen Akademischen

Austauschdienst ein dreimonatiges Stipendium, um mit Professor Leo Kreutzer in Hannover über mein Promotionsvorhaben zu diskutieren. Ich beschreibe nicht, wie privilegiert ich nach zahlreichen Visaverweigerungen in der Deutschen Botschaft empfangen wurde. Als angehender DAAD-Student durfte ich die Deutsche Botschaft durch die Vordertür betreten, ohne Zwischenstopp bei der netten Dame der Botschaft.

Der Aufenthalt in Hannover hat geholfen, meine DEA-Arbeit abzuschließen und die Reflexion über meine Doktorarbeit zu vertiefen, bevor ich nach Togo zurückkehrte. Ich verteidigte meinen DEA „Diktatur, Magie und Entwicklung im Spiegel afrikanischer und deutschsprachiger Literatur" mit Professor Kossi Titrikou als Vorsitzendem der Jury und Professor Glitho. Es war die allererste DEA-Arbeit, die am *Département d'allemand* in Lomé verteidigt wurde. Anschließend unterrichtete ich noch ein Jahr lang, während ich unter dem wachsamen Auge von Herrn Glitho mein Promotionsvorhaben vorbereitete. Ich erhielt das DAAD Promotionsstipendium und konnte im Oktober 1998 nach Hannover reisen.

## *5. In den Labyrinthen der Promotionsforschung*

Meine Ankunft in Deutschland fiel mit jener von Patrice Djoufack zusammen, einem kamerunischen Studenten, der ebenfalls ein DAAD-Promotionsstipendium erhalten hatte. Wir waren also wie zwei Studenten desselben Jahrgangs, obwohl das Promotionsstudium nicht genau so funktioniert. Es ist ein individueller Weg mit einzigartigen Erfahrungen für jeden Studenten.

Im Professor Kreutzers Doktorandenkolloquium gab es Kandidaten jeden Alters und jeder Herkunft. Wir hatten Vorläufer wie Hans-Peter Klemme, Arne Eppers, Elias O. Dunu, Shaban Mayanja und Karin Dunse. Allerdings erlaubte die Tatsache, dass Patrice und ich zur gleichen Zeit angefangen hatten, dass wir einander nacheifern und uns gegenseitig beobachten, um zu sehen, wie weit wir kamen. In diesem Spiel stellte sich sehr schnell heraus, dass ich hinter Patrice zurückfiel, und zwar immer mehr. Meine ersten 50 Seiten, die ich nach intensiver Recherche und mit viel Fleiß erstellt hatte, wurden von Dr. Walter Beller kaum gelesen. Beller war der Assistent von Professor Kreutzer. Er las und besprach die ersten Entwürfe von ausländischen Studenten, um sicherzustellen, dass die Arbeit ansprechend aussieht und vor allem formal korrekt ist. Wenn er zufrieden ist, gibt er den überarbeiteten Text an Professor Kreutzer weiter. Diese Vorab-Lektüre soll es Professor Kreutzer ermöglichen, sich auf den Inhalt zu konzentrieren, ohne zu viel Energie auf die Form zu verschwenden.

Beller hat selbst bei Kreutzer zum Thema „Goethes *Wilhelm-Meister*-Romane: Bildung für eine Moderne" promoviert. Er kannte also Goethe besonders gut und ich hatte meine Arbeit mit Goethes *Egmont* angefangen. Beller hatte auch lange genug mit Kreutzer zusammengearbeitet, dass, wenn er einen

Text genehmigte, Kreutzer ihn auch mit einigen Anmerkungen akzeptierte. Er war mit meinem ersten Entwurf auf *Egmont* nicht einverstanden. Nach monatelanger harter Arbeit überarbeitete ich meinen Text unter Berücksichtigung seiner Ratschläge und Empfehlungen. Ich hatte über 100 Seiten geschrieben und war sehr stolz auf meine Leistung und meinen Fortschritt. Wie groß war meine Verzweiflung, als Beller einwendete, dass ich mein Manuskript noch einmal überarbeiten müsse.

Ehrlich gesagt hatte mein früheres Studium mich überhaupt nicht auf Misserfolge vorbereitet und diese Reihe von akademischen Misserfolgen hatte mich völlig verwirrt. Die unglückliche Zusammenkunft mit Beller verwandelte sich in einen offenen Konflikt. Die Angelegenheit wurde vor Professor Kreutzer gebracht, dem ich meine Meinungsverschiedenheiten mit Beller mitgeteilt hatte. Der Professor gab mir Richtlinien, die mir das Gefühl gaben, dass Beller und ich endlich miteinander auskommen würden. Trotz der Krise musste ich mich zusammenreißen und meine Hausaufgaben machen. Ich machte mich wieder an die Arbeit. Biblothek, Restaurant und dann mehrere Stunden am Computer bis spät in die Nacht. Nach all diesen Bemühungen wurde mir bei meinem nächsten Treffen mit Beller klar, dass die Missverständnisse noch lange nicht ausgeräumt waren. Das war der Tropfen, der das Fass zum Überlaufen brachte. Von diesem Moment an hatte ich beschlossen, die Promotion aufzugeben. Tja, Aufgeben schien mir die einzige Aussicht als ich jede Hoffnung verlor, das Licht am Ende des Tunnels zu sehen. Ich informierte Herrn Glitho über die angespannte Situation mit Beller und über meine Entscheidung.

### *6. Vom Versagen zum Siegen*

Nach aufmerksamer Anhörung versicherte mir Herr Glitho, dass alles, was passiert sei, in einem solchen Prozess völlig normal sei. „Sie wurden für die Promotion ausgewählt, weil wir wissen, dass Sie die Fähigkeiten dazu haben. Sie sollten sich nicht von Schwierigkeiten ablenken lassen. Jemand, der diesen Weg bereits gegangen ist und Ihnen sagt, dass es einfach ist, erzählt Ihnen nicht die ganze Geschichte. Ich habe diesen Weg hinter mir und ich weiß, wovon ich rede. Sie allein sind für Ihr Schicksal verantwortlich.“ Glitho fuhr fort, indem er sich auf die Williard Marriott zugeschriebene Maxime stützte: „Gutes Holz wächst nicht mit Leichtigkeit, je stärker der Wind, desto stärker die Bäume“[10]. Wenn jeder für sein Schicksal allein verantwortlich ist,[11] sollte niemand an

10 Zitiert nach: *Lebensenergie. Praxis für Psycho- und Entspannungstherapie Paarberatung.* <https://www.lebensenergie-viersen.de> [Aufruf 03.08.2022].

11 Vgl. Dodzi Amemado: *Les vagues de l'inconnu.* Galgary: Éditions Afrimark 2022, S. 41.

seinen eigenen Fähigkeiten zweifeln. Vor allem darf sich niemand von jemand anderem oder von einem äußeren Ereignis in diesen Selbstzweifel hineinziehen lassen. Als Herr Glitho überzeugt feststellte, dass ich in der Lage sei, die Doktorarbeit anzufertigen, und dass ich um nichts in der Welt aufgeben sollte, wollte er mir nicht schmeicheln. Durch meine Arbeit an *Egmont* konnte ich nämlich bereits mit ihm und Dr. Rogatien Govor zwei Artikel veröffentlichen,[12] die deutlich zeigen, dass ich ein gutes Verständnis von diesem Werk hatte, das mir viel zu schaffen machte. Ermutigt durch seine Ratschläge, verpflichtete ich mich, den Weg weiter zu beschreiten.

Es sei daran erinnert, dass mein ursprüngliches Projekt „Literatur und nationale Emanzipation. Goethe, Schiller und Kleist im Vergleich" darin bestand, die Mechanismen der nationalen Emanzipation herauszuarbeiten, wie sie von Goethe in *Egmont*, von Schiller in *Wilhelm Tell* und von Kleist in *Die Hermannsschlacht* bearbeitet wurden, und dann die verschiedenen Ansätze der Literarisierung der nationalen Emanzipation zu vergleichen. Ich hatte drei Werke, die ich drei Jahre lang – das ist die maximale Laufzeit des Stipendiums – analysieren und vergleichen sollte. Nach zwei Jahren hatte ich nur ein Werk fertiggestellt. Es blieben noch zwei Werke zu analysieren. Ich darf nicht mehr meckern und jammern. Nein. Ich muss entschlossen weitergehen. Wie man sagt: „Zum Erfolg gibt es keinen Aufzug. Man muss die Treppe nehmen."[13]

Ohne Zeit zu verlieren, habe ich mich an die Analyse von Kleists Thearterstück *Die Hermannsschlacht* gemacht. Dann fing echt die Forschungsarbeit an. Nach der *Egmont*-Episode hatte Professor Kreutzer nämlich Bedenken, wie ich mit diesem brisanten Werk umgehen würde. Entgegen Kreutzers legitimen Vermutungen war Kleists verfluchtes Werk *Die Hermannsschlacht*, das als „Nazi-Stück" etikettiert wurde, ein Goldkeim, der mir bis dahin verborgene Geheimnisse offenbarte. Ich wunderte mich über Professor Kreutzers Erstaunen, jedes Mal, wenn ich ihm eines dieser Geheimnisse verriet. Zuerst skeptisch, zuckte er aber zusammen und zitterte vor Freude, wenn ich ihm kurze Passagen oder sogar Wörter zeigte, die meine Deutung des Werkes untermauerten. Professor Kreutzer war völlig zufrieden mit der Wendung, die meine Arbeit genommen hatte, und konnte seine Freude nicht verbergen,

12 Vgl. Pierre Sossou, Serge Glitho, Akuete Govor: „Goethe en Afrique Noire. Une nouvelle lecture de Egmont". In: *Journal de la recherche scientifique de l'Université du Bénin*. Tome 3, volume 2. (1999), S. 40–50. Serge Glitho et Pierre Sossou: „‚Die Kriegslust [. . .] fatigiert mich wie ein böser Traum.' Egmont pour une irénologie en Afrique". In: *Études germano-africaines* (1999), S. 45–59.

13 Die Konfrontation mit Walter Beller war eine gute Schule für mich. Ich kann Beller nicht genug für seine tüchtige Strenge danken, die mich sehr gebildet hat und mir einen anderen Blick auf die Literatur ermöglicht hat.

wenn wir über die *Hermannsschlacht* diskutieren. Er glaubte, alle Geheimnisse des Werkes zu kennen, aber sie erschien ihm bei jedem Treffen in einem neuen Licht. Bezugnehmend auf Ciceros Schriften, hatte ich eine umfangreiche Arbeit über Kleist erstellt, derart dass ich in weniger als sechs Monaten die verlorene Zeit nachgeholt hatte. In einem unserer Gespräche bemerkte Professor Kreutzer, dass ich bezüglich meiner Forschung bereits auf dem Gipfel des Berges sei, und er riet mir, wieder hinunterzusteigen, die Hand des Lesers zu nehmen und gemeinsam mit ihm den Hang bis zum Berggipfel hinaufzuklettern. „Herr Sossou, Sie haben sich eine derartige Fülle von Erkenntnissen zur Plausibilisierung Ihrer Lesart des Stücks erarbeitet. Um das alles darstellerisch zu bewältigen, brauchen Sie noch auf die Ebene des Lesers hinabzusteigen und ihm die Hand zu halten". Das tat ich. Wegen der Originalität und inneren Kohärenz der These, die ich gerade entwickelte, schlugen mir meine beiden Betreuer vor, Goethe und Schiller beiseite zu lassen und meine Arbeit auf Kleist zu beschränken. Dieser kluge Vorschlag ermöglichte mir, mein Manuskript nach dem dritten Jahr fertigzustellen.

Es ist mein großer Stolz, dass ich trotz oder gerade wegen all der Schwierigkeiten eine Dissertation angefertigt habe, die eine echte These enthält, wie Professor Walter Moser bestätigte, nachdem er meine Arbeit gelesen hatte.

> Entgegen der These, dass Kleist Hermann und Thusnelda rechtswidrig agieren lässt unter dem Vorwand, dass auch die Römer in Germanien eine betrügerische Politik betreiben, beruht meine Arbeit auf der Arbeitshypothese, dass Kleist seine Helden auf die Ungerechtigkeit der Römer mit in Rom als rechtlich erlaubt geltenden Waffen antworten lässt. Interessant für mich ist, wie im Drama die Römer als Rechtsbrecher in einem fremden Land erscheinen, und wie sie nicht nach dem Recht des Klägerlandes, sondern nach ihren eigenen römischen Rechtsvorstellungen verurteilt werden.[14]

Was Professor Kreutzer in seinem Gutachten schöner umformuliert: „Die Pointe der vorliegenden Dissertation besteht darin, dass Hermann für sein Vorgehen gegen die Römer moralische und juristische Prinzipien in Anspruch nehme, die mit dem römischen Rechtsdenken [. . .] vereinbar seien."[15] Treffend

14 Pierre Kadi Sossou: *Römisch-Germanische Doppelgängerschaft. Eine „palimpsestuöse" Lektüre von Kleists* Hermannsschlacht. Frankfurt am Main 2003, S. 21. (= Europäische Hochschulschriften Reihe I Deutsche Sprache und Literatur).

15 Leo Kreutzer: Gutachterliche Stellungnahme zu der von Herrn Kodjo Ekpe Kadi Sossou vorgelegten Dissertation: *Römisch-Germanische Doppelgängerschaft. Eine „palimpsestuöse" Lektüre von Kleists* Hermannsschlacht. Hannover, den 30. September 2002.

brachte Professor Glitho auf den Punkt, dass die Arbeit beleuchtet „kulturelle Wechselwirkungen zwischen Germanien und Rom und schneidet damit ein Thema an, das bislang keinen Eingang in die Kleist-Forschung gefunden hat."[16] Ebenfalls bekundet der Varusschlacht-Fachhistoriker Prof. Dr. Horst Callies, dass auch Nicht-Literaturwissenschaftler die Arbeit erkennen „als original und für die Diskussion um Kleists Hermannsschalcht als eine außerordentlich wichtige Anregung"[17].

Das Leben ist ein mit Hindernissen gepflasterter Weg. Auf diesem Weg werden immer helfende Hände gebraucht, die einem durch die Stolpersteine hindurchhelfen und sie sogar in positive Triebfedern und Impulse für bessere Leistungen umwandeln. Zweifelsohne war Serge Glitho in meinem wissenschaftlichen Leben die helfende Hand, die mir den Weg geebnet und mich bis zum Ende getrieben hat. Unsere Komplizenschaft dauerte bis zu seinem Tod an. Davon zeugt unsere Mitarbeit an dem der togoischen Sängerin Bella Below gewidmeten Sammelband, in dem Serge und ich gemeinsam einen Artikel verfasst haben.[18] Unsere letzte wissenschaftliche Zusammenarbeit trägt den Titel „Kleists Spuren in Afrika". Wir waren dabei, die von ihm betreuten Dissertationen und Diplomarbeiten zu überarbeiten, um daraus einen Sammelband zu machen, der die verschiedenen afrikanischen Kleist-Lektüren an einem Ort versammelt. Ein Vorgeschmack dieser Arbeit sollte auf der Tagung „Um einen Kleist von außen bittend" in Frankfurt an der Oder präsentiert werden.

Zu dieser Tagung warst du, lieber Serge, von Prof. Dr. Andrea Allerkamp eingeladen auf Empfehlung von Prof. Dr. Akila Ahouli, einem der wertvollen Germanisten, die an Ihren wissenschaftlichen Quellen getrunken haben. Wir konnten diese Baustelle nicht zu Ende bringen, bevor der Tod Dich aus unserer Mitte riss. Aber du hast den Nachwuchs ausgebildet und deine Hinterbliebenen werden die Arbeit fortsetzen.

Danke dir, Serge, dass du eine der besten helfenden Hände auf meinem Weg warst. Danke, dass du diese Hand warst, die mir geholfen hat, Belastungen zu

16 Serge Glitho: Gutachterliche Stellungnahme zu der von Herrn Kodjo Ekpe Kadi Sossou vorgelegten Dissertation: Römisch-Germanische Doppelgängerschaft. Eine „palimpsestuöse" Lektüre von Kleists Hermannsschlacht. Hannover, den 10. Oktober 2002.

17 Horst Callies: Gutachten z der von K.E.K. Sossou vorgelegten Dissertation mit dem Titel: „Römisch-Germanische Doppelgängerschaft. Eine ‚palimpsestuöse' Lektüre von Kleists Hermannsschlacht". Hannover, den 30. September 2002.

18 Serge Glitho / Pierre Sossou: „Œuvre et pensée de la poétesse togolaise de l'oralité Bella Bellow". In: Serge Glitho, Rogatien Govor und Pierre Sossou (Hrsg.): *Bella Bellow, Femme poète togolaise (1945–1973) : Témoignages, Souvenirs et Réflexions*. Lomé: Presses universitaires de Lomé 2017, S. 90–97.

überwinden, mit Schicksalsschlägen besser umzugehen und nach jeder Krise in meiner Studentenlaufbahn schnell wieder auf die Beine zu kommen.

## *Literaturverzeichnis*


Amemado, Dodzi: *Les vagues de l'inconnu.* Ottawa: Éditions Baico 2022.

Atkinson, Robert: *The life story interview.* California: Sage Publications 1998.

Glitho, Serge / Sossou, Pierre: „Œuvre et pensée de la poétesse togolaise de l'oralité Bella Bellow". In: Serge Glitho, Rogatien Govor und Pierre Sossou (Hrsg.): *Bella Bellow, Femme poète togolaise (1945–1973): Témoignages, Souvenirs et Réflexions.* Lomé: Presses Universitaires 2017, S. 90–97.

Glitho, Serge / Sossou, Pierre: „‚Die Kriegslust [. . .] fatigiert mich wie ein böser Traum'. *Egmont* pour une irénologie en Afrique". In: *Études germano-africaines* (1999), S. 45–59.

Kairouz, Matthieu: „Ce jour-là : Le 8 juillet 1991, les Togolais placent leurs espoirs dans une Conférence nationale". In: *Jeune Afrique. Mis à jour le 7 juillet 2016.* <https://www.jeuneafrique.com/338712/politique/jour-8-juillet-1991-togolais-placent-leurs-espoirs-conference-nationale/> [Abruf 03.08.2022].

Kohnert, Dirk: „Togo". In: *Afrika-Jahrbuch* (1993), S. 172–176. <https://www.researchgate.net/publication/280711625_Togo_-_1993_in_German> [Abruf 03.08.2022].

*Lebensenergie. Praxis für Psycho- und Entspannungstherapie Paarberatung.* <https://www.lebensenergie-viersen.de> [Abruf 03.08.2022].

Sossou, Pierre Kadi: *Römisch-Germanische Doppelgängerschaft. Eine „palimpsestuöse" Lektüre von Kleists* Hermannsschlacht. Frankfurt am Main: Peter Lang 2003. (= Europäische Hochschulschriften Reihe I Deutsche Sprache und Literatur).

Sossou, Pierre Kadi: *Rencontre des Altérités. Le Taugenichts en transfert d'amour.* Berlin: Wissenschaftlicher Verlag 2005.

Sossou, Kadi / Glitho, Serge / Govor, Akuete: „Goethe en Afrique Noire. Une nouvelle lecture de Egmont" In: *Journal de la recherche scientifique de l'Université du Bénin.* Tome 3, Volume 2 (1999), S. 40–50.

## Bio-bibliographie der Beitragenden

### Akila Ahouli

Jahrgang 1977. Professor für Interkulturelle Germanistik an der Université de Lomé. Vorsitzender des Verbands „Germanistik in Afrika Subsahara" (GAS). Von 1996 bis 2006 Studium der Germanistik, Romanistik und Erziehungswissenschaft an der Université de Lomé und an der Leibniz Universität Hannover. 2006 Promotion an der Leibniz Universität Hannover über Oralkunst in modernen Schriftkulturen. Seit März 2007 Lehrtätigkeiten an der Université de Lomé und am Goethe-Institut Lomé. 2016–2019 Leiter der Deutsch-Abteilung der Université de Lomé (Togo). Aktuelle Forschungsschwerpunkte: Literatur und nachhaltige Entwicklung; Literarische Aufarbeitung des kulturellen Gedächtnisses; Kosmogonie als Weltliteratur; Theodizee als Forschungsfeld der Interkulturellen Literaturwissenschaft; Interkulturelle Ansätze der DaF-Didaktik in Afrika. Monografie: Oralität in modernen Schriftkulturen (IKO-Verlag 2007). Mehrere andere Veröffentlichungen u. a. in Zeitschriften wie z. B. *Weltengarten, Acta Germanica, Info DaF, IDV-Magazin, Mont Cameroun, Mosaique, Jahrbuch für Internationale Germanistik* sowie in verschiedenen Tagungsbänden.

### Boaméman Douti

Geb. 1984 in Mir (Togo). Assoziierter Professor für Interkulturelle Literaturwissenschaft. Nach Abitur 2001, Studien der Germanistik und Romanistik an der Universität Lomé und an der Humboldt-Universität zu Berlin. Promoviert 2014 an der Uni Lomé über „Poetik eines kulturellen Austausches im postkolonialen Kontext. Untersuchung zu frankophonen afrikanischen und deutschsprachigen Prosatexten". Veröffentlichung: *Poetik eines kulturellen Austausches im postkolonialen Kontext. Untersuchung zu frankophonen afrikanischen und deutschsprachigen Prosatexten*, Hamburg: Dr. Kovac 2017. Weitere Veröffentlichungen in *Jahrbuch für interkulturelle Germanistik, German as foreign language* etc.

### Franck Dovonou

Geb. 1981. Oberassistenzprofessor für Deutsche Literaturwissenschaft an der Université de Parakou. Er promovierte nach Abschluss eines zweijährigen Forschungsaufenthalts am Herder Institut der Leipziger Universität als DAAD-Alumnus an der Université de Lomé in Literaturwissenschaft. Forschungs- und Interessenschwerpunkte: Neuere deutsche Literatur, Goetheforschung, DaF.

Jüngste Aufsätze: „Luther-deutsch als ‚Ingrediens' der sprachlich-ästhetischen Gestaltung von Goethes Götz", „‚Optissimismus' angesichts der Fremdakzeptanz: eine exemplarische Untersuchung zu Rieszs/Prédhumeaus *Der Zwiespalt des Samba Diallo*", „Zur Historizität von Jean Pliyas *Kondo, le requin* als dramatisierter Geschichte des vorkolonialen Benin: eine exemplarische Studie".

**Ernst W. E. Hess-Lüttich**

Geb. 1949 in Wiesbaden. Ordinarius emeritus (Germanistik: Sprach- und Literaturwissenschaft) an der Universität Bern (Schweiz), Hon. Prof. (Allgemeine Linguistik) Technische Universität Berlin (Deutschland) und (2007–2017) Hon. Prof. Extraordinary (German Studies) an der University of Stellenbosch (Südafrika) sowie Gastprof. an der MHB Fontane (Neuruppin, Brandenburg). Nachdem er 1968 in Bad Godesberg das Abitur absolviert hatte, nahm er ein Magisterstudium der Germanistik, Anglistik, Linguistik und Phonetik an den Universitäten Bonn, Köln und London auf, das er 1974 als Magister Artium abschloss. 1976 wurde er an der Universität Bonn in Germanistik promoviert. 1975 nahm er zudem ein Studium der Kommunikationswissenschaft, Medienwissenschaft, Kunst- und Theaterwissenschaft an den Universitäten Bonn, Köln, London, Berlin auf. 1980 habilitierte er sich hierin an der FU Berlin. Von 1980 bis 1985 folgten zudem Studien der Soziologie, Philosophie, Psychologie, Pädagogik an den Universitäten Bonn, Köln, London, Berlin (Abschluss: Dr. paed.). Seine Forschungsschwerpunkte liegen vor allem im Bereich der Dialog- und Diskursforschung sowie der Text- und Kommunikationswissenschaft. Er hat bislang ca. 60 Bücher geschrieben oder herausgegeben und über 350 Aufsätze publiziert. Er war u. a. Präsident der Deutschen Gesellschaft für Semiotik (jetzt Ehrenmitglied) sowie Vize-Präsident der Gesellschaft für Angewandte Linguistik (GAL) und der International Association of Dialogue Analysis (IADA); 2006–2015 war er Präsident der internationalen Gesellschaft für interkulturelle Germanistik (jetzt Ehrenmitglied); er ist Mitglied diverser wissenschaftlicher Beiräte internationaler Zeitschriften sowie Ehrenmitglied der Gesellschaft ungarischer Germanisten (GuG) und [bis 2015] des Wissenschaftlichen Beirates der Österreichischen Akademie der Wissenschaften (ÖAW).

**Constant Kpao Sare**

Geboren 1974 in Djougou (Bénin). Assoziierter Professor für Germanistik an der Université d'Abomey-Calavi in Benin (UAC). Nach einem Studium der Germanistik an der Université Nationale du Bénin, Universität des Saarlandes und Université Paul-Verlaine de Metz (Frankreich), sowie der Verwaltungswissenschaften an der Deutschen Hochschule für

Verwaltungswissenschaften Speyer (Deutschland), Promotion in Germanistik (2006). Georg-Forster-Forschungsstipendiat (erfahrene Wissenschaftler) am Lehrstuhl Interkulturelle Germanistik an der Universität Bayreuth (2019–2022). Forschungsschwerpunkte: Deutschsprachige Afrikaliteratur, Postkolonialismus und Erinnerungskultur, Literatur und materielle Kultur (Dingforschung / afrikanische Technologien). Publikationen u. a.: *Carl Peters et l'Afrique* (2006), *Postkoloniale Erinnerungskultur in der zeitgenössischen deutschsprachigen Afrika-Literatur* (2012); *Le philosophe noir des Lumières Anton Wilhelm Amo, vu à travers la fiction littéraire.* (2018); *Tschinku im Gastland. Roman* (2019) *Alfreud der Zauberer in Afrika. Roman* (2020).

**Mantahèwa Lebikassa**

Geboren 1987. Wissenschaftlicher Mitarbeiter an der Germanistikabteilung der Université de Lomé. Er studierte von 2006 bis 2010 Germanistik und Pädagogik an der Université de Lomé (Togo). Dank einer sechsmonatigen DAAD-Förderung traf er 2010 an der Universität Paderborn ein, wo er zu seiner Magisterarbeit recherchierte. Ein Jahr später schloss er sein Vorpromotionsstudium wieder an seiner Heimatuniversität ab und promovierte 2016. Er ist Autor von mehreren Aufsätzen und einer Monographie mit dem Titel *Kindsmord in der deutschen Literatur. Eine kulturperspektivische Untersuchung zu Wagners, Hauptmanns und Brechts Kindsmord-Texten.*

**Jean Bertrand Miguoué**

Geb. 1977. Assoziierter Professor für neuere deutsche Literatur an der Universität Yaoundé I in Kamerun. Er studierte in Dschang und Yaoundé (Kamerun) und promovierte 2009 zu Peter Handke und das zerfallende Jugoslawien (Buch, uip, 2012) am Institut für Germanistik der Universität Innsbruck. 2015 Ernst Mach-Forschungsaufenthalt an der Universität Innsbruck. Von 2017 bis 2019 war er Forschungsstipendiat der Alexander von Humboldt-Stiftung und führte am dortigen Institut für Germanistik und vergleichende Literaturwissenschaft ein Forschungsprojekt zum Thema „Reise – Literatur – Geographie. Zur Gestaltung des (post-)kolonialen Raums in Reisetexten von Christoph Ransmayr, Hans Christoph Buch, Christian Kracht und Alex Capus durch". Im Oktober 2019 gründete er eine von der Humboldt-Stiftung geförderte Forschungsgruppe, die am Thema „Europäische und afrikanische Raumtexturen in Literatur, Medien und Kultur: Projekte, Probleme und Perspektiven" intensiv arbeitet. Er ist Mitglied im African-German Network for Excellence in Science (AGNES), im Verband Germanistik in Afrika Subsahara (GAS-Verband) und in der internationalen Vereinigung für Germanistik (IVG). Publikationen zu Peter Handke, Christoph Ransmayr, Robert Menasse, Franz Kafka, Robert Musil, Peter Altenberg, Hans Christoph Buch, Alex Capus, Christian Kracht sowie zu allgemeinen Fragestellungen der Germanistik im afrikanischen Kontext.

**Charles Nouledo**

Medienwissenschaftler und Journalist. Wissenschaftlicher Mitarbeiter am Institut für Germanistik an der Europa-Universität Flensburg. Er studierte Germanistik (Licence) an der Universität Lomé und Angewandte Fremdsprachen (Maîtrise) an der Universität Dakar. Darauf folgten für ihn ein Master in Literatur und Medien an der Universität Bayreuth und eine Promotion im Fach Medienwissenschaft an derselben Universität in Kooperation mit der Sorbonne Nouvelle Paris 3. Nouledo begann seine akademische Karriere als wissenschaftlicher Mitarbeiter an der Universität Bayreuth in Bayern. Vor seinem Wechsel an die Universität Flensburg durchlief er eine Ausbildung im praktischen Journalismus an der Akademie für Neue Medien Kulmbach und arbeitete für die Frankenpost aus der Süddeutschen Verlagsgruppe, mit Stationen bei der Süddeutschen Zeitung (SZ), der Deutschen Presse-Agentur (dpa) und dem Bayerischen Rundfunk (BR) in München. Neben Journalismus unterrichtet Nouledo an der Europa-Universität auch Kulturwissenschaft und Szenografie in den European Studies. Seine Forschungsschwerpunkte sind Medienkulturen, Kulturtheorien und Globalisierung.

**Maryse Nsangou**

Assoziierte Professorin für deutsche Sprache/Linguistik und Fremdsprachendidaktik an der Université Yaoundé I. Kulturberaterin mit Schwerpunkt Bildungskooperation (u. a.) bei der Botschaft von Kamerun in Deutschland. Magisterstudium Deutsch als Fremdsprache, Erziehungswissenschaft und Anglistik an der Universität Bielefeld und Promotion in Linguistik/Deutsch als Fremdsprache in der Universität des Saarlandes in Saarbrücken. Seit 1999 Lehraufträge an der École Normale Supérieure (Yaoundé I und Maroua) und an der Universität Bielefeld bis 2015. Diverse Veröffentlichungen im Bereich Fremdspracherwerbsforschung, Fremdsprachendidaktik und angewandte Linguistik, Schreibforschung und Mehrsprachigkeit.

**Wibke Saar-Tebati**

Magisterstudium der Germanistik, Philosophie und Kulturanthropologie an der Johann-Wolfgang von Goethe-Universität in Frankfurt am Main. DAAD-Lektorat an der Germanistikabteilung der Universität Yaoundé/Kamerun von 1998–2003. Staatsexamen für das Lehramt an Sekundarschulen mit den Fächern Deutsch und Deutsch als Zweitsprache. Leitung des Bereichs „Deutsch als Zweitsprache, Integration und Förderung“ an einer Gesamtschule bei Frankfurt am Main. Unterricht und Leitung von Intensivklassen. Fachberatung für Deutsch als Zweitsprache am Staatlichen Schulamt Rüsselsheim.

Traumatherapeutin i.A. Diverse Veröffentlichungen über die Arbeit in Schulen mit Kindern und Jugendlichen nicht deutscher Herkunftssprache sowie Berichte über die Arbeit im Flüchtlingslager Kara Tepe (Lesbos) als ehrenamtliche Helferin.

**Bissitena Sansan**

Geboren 1977. Deutschlehrer am Gymnasium. Von 2000 bis 2005 Studium der Germanistik an der Université de Lomé (Togo). Von 2017 bis 2019 Masterstudium über Frauenemanzipation in Afrika an der Université Joseph KI-ZERBO (Burkina Faso). Seit Oktober 2019 Lehrtätigkeiten in Lycée Kouméa. Ab 2021 Doktorand an der Université de Lomé über das Thema: „Zum Einsatz von Informations- und Kommunikationstechnologien (IKT) im Deutschunterricht in Togo. Bestandsaufnahme, Herausforderungen und Lösungsansätze". Aktuelle Forschungsschwerpunkte: Methodik/Didaktik Deutsch als Fremdsprache; Einsatz digitaler Medien im Fremdsprachenunterricht; Projektarbeit im DaF-Unterricht.

**Pierre Kadi Sossou**

Geboren 1968. Projektleiter bei Africa Label Group und Gastprofessor an der École de formation électorale en Afrique centrale – Hochschule für Wahltraining in Zentralafrika (EFEAC). Er studierte Philosophie, Soziologie und deutsche Literatur in Lomé und Abidjan. Mit einem DAAD-Promotionsstipendium verteidigte er im Jahre 2002 eine Dissertation über *Die Hermannssschlacht* von Kleist an der Universität Hannover. Er erhielt 2004 ein Postdoc-Stipendium des Social Sciences and Humanities Research Council (SSHRC), um an der University of Ottawa zu forschen, wo er drei Jahre lang dozierte und den Kanada-Forschungslehrstuhl für Literatur- und Kulturtransfers koordinierte. Als Berater für Demokratie und Friedenskonsolidierung leitete er Strategien und Aktivitäten zur Durchführung von Programmen für bürgerschaftliches Engagement mit Fokus auf Gewaltprävention und -minderung. Er hat an diversen friedenserhaltenden Missionen der Vereinten Nationen teilgenommen und dabei zu einer effektiven Zusammenarbeit mit staatlichen Institutionen beigetragen, um die lokale Eigenverantwortung für den Friedensprozess zu stärken. Er ist Autor von Büchern und hat mehrere Artikel veröffentlicht.

## Personenregister

**Jahrbuch für Internationale Germanistik**
**Reihe A - Gesammelte Abhandlungen und Beiträge**

| | |
|---|---|
| Band 1 | Victor Lange und Hans-Gert Roloff (Hg.): Akten des IV. Internationalen Germanisten-Kongresses 1970 in Princeton. Dichtung Sprache Gesellschaft. 1971. |
| Band 2,1 | Leonard Forster und Hans-Gert Roloff (Hg.): Akten des V. Internationalen Germanisten-Kongresses, Cambridge 1975. Heft 1. 1976. |
| Band 2,2 | Leonard Forster und Hans-Gert Roloff (Hg.): Akten des V. Internationalen Germanisten-Kongresses, Cambridge 1975. Heft 2. 1976. |
| Band 2,3 | Leonard Forster und Hans-Gert Roloff (Hg.): Akten des V. Internationalen Germanisten-Kongresses, Cambridge 1975. Heft 3. 1976. |
| Band 2,4 | Leonard Forster und Hans-Gert Roloff (Hg.): Akten des V. Internationalen Germanisten-Kongresses, Cambridge 1975. Heft 4. 1976. |
| Band 3 | Wolfgang Elfe, James Hardin und Günther Holst (Hg.): Deutsches Exildrama und Exiltheater. Akten des Exilliteratur-Symposiums der University of South Carolina 1976. 1977. |
| Band 4 | Louis Hay und Winfried Woesler: Die Nachlassedition / La publication de manuscrits inédits. Akten des vom Centre National de la Recherche Scien- tifique und der Deutschen Forschungsgemeinschaft veranstalteten franzö- sisch-deutschen Editorenkolloquiums, Paris 1977. 1979. |
| Band 5 | Wolfgang Elfe, James Hardin und Günther Holst (Hg.): Deutsche Exillitera- tur - Literatur im Dritten Reich. Akten des II. Exilliteratur-Symposiums der University of South Carolina. 1979. |
| Band 6 | Richard Thieberger (Hg.): Hermann Broch und seine Zeit. Akten des Inter- nationalen Broch-Symposiums, Nice 1979. 1980. |
| Band 7 | Marie-Louise Roth, Renate Schröder-Werle und Hans Zeller (Hg.): Nachlass- und Editionsprobleme bei modernen Schriftstellern. Beiträge zu den Inter- nationalen Robert-Musil-Symposien; Brüssel 1976 und Saarbrücken 1977. 1981. |
| Band 8,1 | Heinz Rupp und Hans-Gert Roloff (Hg.): Akten des VI. Internationalen Germanisten-Kongresses, Basel 1980. Teil 1. 1981. |
| Band 8,2 | Heinz Rupp und Hans-Gert Roloff (Hg.): Akten des VI. Internationalen Germanisten-Kongresses, Basel 1980. Teil 2. 1980. |
| Band 8,3 | Heinz Rupp und Hans-Gert Roloff (Hg.): Akten des VI. Internationalen Germanisten-Kongresses, Basel 1980. Teil 3. 1980. |
| Band 8,4 | Heinz Rupp und Hans-Gert Roloff (Hg.): Akten des VI. Internationalen Germanisten-Kongresses, Basel 1980. Teil 4. 1980. |
| Band 9 | Hans-Gert Roloff (Hg.): Werkstattgespräch «Berliner Ausgaben». 1981. |
| Band 10 | Wolfgang Elfe, James Hardin und Günther Holst (Hg.): Deutsche Exillitera- tur - Literatur der Nachkriegszeit. Akten des III. Exilliteratur-Symposiums der University of South Carolina. 1981. |
| Band 11 | Louis Hay und Winfried Woesler (Hg.): Edition und Interpretation / Edition et Interprétation des Manuscrits Littéraires. Akten des mit Unterstützung der Deutschen Forschungsgemeinschaft und des Centre National de la Recherche Scientifique veranstalteten deutschfranzösischen Editoren- kolloquiums, Berlin 1979. 1981. |

Band 12 Joseph P. Strelka (Hg.): Internationales Georg Trakl-Symposium; Albany, N.Y. 1983. 1984.

Band 13 Giuseppe Farese (Hg.): Akten des Internationalen Symposiums «Arthur Schnitzler und seine Zeit». 1985.

Band 14 Werner Stauffacher (Hg.): Internationale Alfred Döblin-Kolloquien 1980-1983; Basel 1980, New York 1981, Freiburg i.Br. 1983. 1986.

Band 15 Jean-Marie Valentin (Hg.): Volk - Volksstück - Volkstheater im deutschen Sprachraum des 18.-20. Jahrhunderts. Akten des mit Unterstützung des Centre National de la Recherche Scientifique veranstalteten Kolloquiums; Nancy, 12.-13. November 1982. 1986.

Band 16 Jean-Marie Valentin (Hg.): Jacob Balse und seine Zeit. Akten des Ensishei- mer Kolloquiums, 15.-16. Oktober 1982. 1986.

Band 17 Luc Lamberechts und Jaak De Vos (Hg.): Jenseits der Gleichnisse - Kafka und sein Werk. Akten des Internationalen Kafka-Kolloquiums, Gent 1983. 1986.

Band 18 Roger Bauer (Hg.): Der theatralische Neoklassizismus um 1800 - Ein euro- päisches Phänomen? 1986.

Band 19 Michael Werner und Winfried Woesler (Hg.): Edition et Manuscrits / Probleme der Prosa-Edition. Akten des vom Centre National de la Recherche Scientifique und der Deutschen Forschungsgemeinschaft veranstalteten französisch-deutschen Editorenkolloquiums, Paris 1983. 1987.

Band 20 Joseph P. Strelka (Hg.): Psalm und Hawdalah - Zum Werk Paul Celans. Akten des Internationalen Paul Celan-Kolloquiums, New York 1985. 1987.

Band 21 Chaim Shoham und Bernd Witte (Hg.): Datum und Zitat bei Paul Celan. Akten des Internationalen Paul Celan-Kolloquiums, Haifa 1986. 1987.

Band 22 Roger Bauer (Hg.): Das Shakespeare-Bild in Europa zwischen Aufklärung und Romantik. 1988.

Band 23 Alfred Ebenbauer, Fritz Peter Knapp und Anton Schwob (Hg.): Die mittel- alterliche Literatur in der Steiermark. Akten des Internationalen Sympo- sions, Schloß Seggau bei Leibnitz 1984. 1988.

Band 24 Werner Stauffacher (Hg.): Internationale Alfred Döblin-Kolloquien 1984-1985; Marbach a.N. 1984, Berlin 1985. 1988.

Band 25 David Midgley, Hans-Harald Müller und Geoffrey Davis (Hg.): Arnold Zweig - Poetik, Judentum und Politik. Akten des Internationalen Arnold Zweig-Symposiums aus Anlaß des 100. Geburtstags, Cambridge 1987. 1989.

Band 26 Manfred Schmeling (Hg.): Funktion und Funktionswandel der Literatur im Geistes- und Gesellschaftsleben. Akten des Internationalen Symposiums, Saarbrücken 1987. 1989.

Band 27 Roger Bauer (Hg.): Inevitabilis Vis Fatorum. Der Triumph des Schicksalsdramas auf der europäischen Bühne um 1800. 269 S. 1990.

Band 28 Werner Stauffacher (Hg.): Internationales Alfred Döblin-Kolloquium, Lau- sanne 1987. 188 S. 1991

Band 29 Bjorn Ekmann, Hubert Hauser und Wolf Wucherpfennig (Hg.): Fremdheit Entfremdung Verfremdung. Akten des Internationalen Interdisziplinären Symposiums; Kopenhagen, März 1990. 187 S. 1992.

Band 30 Horst Turk und Jean-Marie Valentin (Hg.): Konvention und Konventionsbruch. Wechselwirkung deutscher und französischer Dramatik, 17.-20. Jahrhundert. 246 S. 1992.

Band 31 Peter Engel und Hans-Harald Müller (Hg.): Ernst Weiß - Seelenanalytiker und Erzähler von europäischem Rang. Beiträge zum Ersten Internationalen Ernst-Weiß-Symposium aus Anlass des 50. Todestages, Hamburg 1990. 312 S. 1992.

Band 32 David Midgley, Hans-Harald Müller und Luc Lamberechts (Hg.): Arnold Zweig - Psyche, Politik und Literatur. Akten des II. Internationalen Arnold-Zweig-Symposiums, Gent 1991. 246 S. 1993.

Band 33 Werner Stauffacher (Hg.): Internationale Alfred Döblin-Kolloquien; Münster 1989, Marbach a.N. 1991. 369 S. 1993.

Band 34 Michel Grunewald (Hg.): Die deutsche Literaturkritik im europäischen Exil (1933-1940). VI + 238 S. 1993.

Band 35 Werner Jung (Hg.): Diskursüberschneidungen - Georg Lukács und andere. Akten des Internationalen Georg-Lukács-Symposiums «Perspektiven der Forschung», Essen 1989. 165 S. 1993.

Band 36 Jean-Marie Valentin (Hg.): Ludwig Hohl (1904-1980). Akten des Pariser Kolloquiums / Actes du Colloque de Paris, 14.-16. Januar 1993. 184 S. 1994.

Band 37 Peter Behnke und Hans-Gert Roloff (Hg.): Christian Weise: Dichter - Gelehrter - Pädagoge. Beiträge zum ersten Christian-Weise-Symposium aus Anlass des 350. Geburtstages, Zittau 1992. 373 S. 1994.

Band 38 Klaus Barckow und Walter Delabar (Hg.): Neue Informations- und Speichermedien in der Germanistik. Zu den Perspektiven der EDV als Informationsträger für die literaturwissenschaftliche Forschung. 180 S. 1994.

Band 39 ArthurTilo Alt, Julia Bernhard, Hans-Harald Müller und DeborahVietor-Engländer (Hg.): Arnold Zweig: Berlin - Haifa - Berlin; Perspektiven des Gesamt- werks. Akten des III. Internationalen Arnold-Zweig-Symposiums, Berlin 1993. 235 S. 1995.

Band 40 HorstTurk und Jean-Marie Valentin (Hg.): Aspekte des PolitischenTheaters und Dramas von Calderón bis Georg Seidel. Deutsch-französische Perspek- tiven. 451 S. 1996.

Band 41 Michel Grunewald (Hg.): Internationales Alfred-Döblin-Kolloquium, Paris 1993. VI + 250 S. 1995.

Band 42 Jean-Daniel Krebs (Hg.): Die Affekte und ihre Repräsentation in der deut- schen Literatur der Frühen Neuzeit. 284 S. 1996.

Band 43 Gabriele Sander (Hg.): Internationales Alfred-Döblin-Kolloquium, Leiden 1995. 284 S. 1997.

Band 44 Gerald Stieg und Jean-Marie Valentin (Hg.): «Ein Dichter braucht Ahnen» - Elias Canetti und die europäische Tradition. Akten des Pariser Symposiums / Actes du Colloque de Paris, 16.-18. November 1995. 314 S. 1997.

Band 45 Christiane Caemmerer, Walter Delabar und Marion Schulz (Hg.): Die totale Erinnerung. Sicherung und Zerstörung kulturhistorischer Vergangenheit und Gegenwart in den modernen Industriegesellschaften. 169 S. 1997.

Band 46 Ira Lorf und Gabriele Sander (Hg.): Internationales Alfred-Döblin-Kolloquium, Leipzig 1997. 230 S. 1999.

Band 47 Gilbert Merlio und Nicole Pelletier (Hg.): Munich 1900 site de la modernité / München 1900 als Ort der Moderne. 289 S. 1998.

Band 48 Anil Bhatti und Horst Turk (Hg.): Reisen, Entdecken, Utopien. Untersuchungen zum Alteritätsdiskurs im Kontext von Kolonialismus und Kulturkritik. 121 S. 1998.

Band 49 Arthur Tilo Alt und Julia Bernhard (Hg.): Arnold Zweig - Sein Werk im Kontext der deutschsprachigen Exilliteratur. Akten des IV. Internationalen Arnold-Zweig-Symposiums; Durham, N.C. 1996. 261 S. 1999.

Band 50 Knut Kiesant (Hg.): Die Ordnung der Gewitter. Positionen und Perspektiven in der internationalen Rezeption Peter Huchels. Akten der Peter-Huchel- Konferenz, Potsdam 1996. 202 S. 1999.

Band 51 Torsten Hahn (Hg.): Internationales Alfred-Döblin-Kolloquium, Bergamo 1999, 314 S. 2002.

Band 52 Anton Schwob, András Vizkelety (Hg.), unter Mitarbeit von Andrea Hofmeister-Winter: Entstehung undTypen mittelalterlicher Lyrikhandschriften. Ak- ten des Grazer Symposiums, 13.-17. Oktober 1999. 328 S. 2001.

Band 53 bis Band 64: Peter Wiesinger (Hg.), unter Mitarbeit von Hans Derkits: Akten des X. In- ternationalen Germanistenkongresses Wien 2000. «Zeitenwende - Die Germanistik auf dem Weg vom 20. ins 21. Jahrhundert».

Band 53 Peter Wiesinger (Hg.): Akten des X. Internationalen Germanistenkongresses Wien 2000. «Zeitenwende - Die Germanistik auf dem Weg vom 20. ins 21. Jahrhundert». Band 1: Grußworte und Eröffnungsvorträge - Plenarvorträge - Diskussionsforen - Berichte. 180 S. 2002.

Band 54 Peter Wiesinger (Hg.): Akten des X. Internationalen Germanistenkongresses Wien 2000. «Zeitenwende - Die Germanistik auf dem Weg vom 20. ins 21. Jahrhundert». Band 2: Entwicklungstendenzen der deutschen Gegenwartssprache - Lexikologie und Lexikographie. 399 S. 2002.

Band 55 Peter Wiesinger (Hg.): Akten des X. Internationalen Germanistenkongresses Wien 2000. «Zeitenwende - Die Germanistik auf dem Weg vom 20. ins 21. Jahrhundert». Band 3: Aufgaben einer zukünftigen Sprachgeschichtsforschung - Gesprochene Sprache in regionaler und sozialer Differenzierung - Sprache in der Öffentlichkeit. 443 S. 2002.

Band 56 Peter Wiesinger (Hg.): Akten des X. Internationalen Germanistenkongresses Wien 2000. «Zeitenwende - Die Germanistik auf dem Weg vom 20. ins 21. Jahrhundert». Band 4: Lehr- und Lernprozesse des Deutschen als Fremdsprache in kognitiver Perspektive - Sozial-kulturelle Aspekte des Deutsch-als-Fremdsprache-Unterrichts. 319 S. 2002.

Band 57 Peter Wiesinger (Hg.): Akten des X. Internationalen Germanistenkongresses Wien 2000. «Zeitenwende - Die Germanistik auf dem Weg vom 20. ins 21. Jahrhundert». Band 5: Mediävistik und Kulturwissenschaften - Mediävistik und Neue Philologie. 361 S. 2002.

Band 58 Peter Wiesinger (Hg.): Akten des X. Internationalen Germanistenkongresses Wien 2000. «Zeitenwende - Die Germanistik auf dem Weg vom 20. ins 21. Jahrhundert». Band 6: Epochenbegriffe: Grenzen und Möglichkeiten - Aufklärung / Klassik / Romantik - Die Wiener Moderne. 524 S. 2002.

Band 59 Peter Wiesinger (Hg.): Akten des X. Internationalen Germanistenkongresses Wien 2000. «Zeitenwende - Die Germanistik auf dem Weg vom 20. ins 21. Jahrhundert». Band 7: Gegenwartsliteratur - Deutschsprachige Literatur in nichtdeutschsprachigen Kulturzusammenhängen. 384 S. 2002.

Band 60 Peter Wiesinger (Hg.): Akten des X. Internationalen Germanistenkongresses Wien 2000. «Zeitenwende - Die Germanistik auf dem Weg vom 20. ins 21. Jahrhundert». Band 8: Kanon und Kanonisierung als Probleme der Literaturgeschichtsschreibung - Interpretation und Interpretationsme- thoden. 361 S. 2003.

Band 61 Peter Wiesinger (Hg.): Akten des X. Internationalen Germanistenkongresses Wien 2000. «Zeitenwende – Die Germanistik auf dem Weg vom 20. ins 21. Jahrhundert». Band 9: Literaturwissenschaft als Kulturwissen- schaft – Interkulturalität und Alterität / Interdisziplinarität und Medialität / Konzeptionalisierung und Mythographie. 390 S. 2003.

Band 62 Peter Wiesinger (Hg.): Akten des X. Internationalen Germanistenkongresses Wien 2000. «Zeitenwende – Die Germanistik auf dem Weg vom 20. ins 21. Jahrhundert». Band 10: Geschlechterforschung und Literatur- wissenschaft – Literatur und Psychologie – Medien und Literatur. 425 S. 2003.

Band 63 Peter Wiesinger (Hg.): Akten des X. Internationalen Germanistenkongresses Wien 2000. «Zeitenwende – Die Germanistik auf dem Weg vom 20. ins 21. Jahrhundert». Band 11: Übersetzung und Literaturwissenschaft – Ak- tuelle und allgemeine Fragen der germanistischen Wissenschaftsgeschich- te. 339 S. 2003.

Band 64 Peter Wiesinger (Hg.): Akten des X. Internationalen Germanistenkongresses Wien 2000. «Zeitenwende – Die Germanistik auf dem Weg vom 20. ins 21. Jahrhundert». Band 12: Niederländische Sprach- und Literaturwissenschaft im europäischen Kontext – Der skandinavische Norden: Sprache, Literatur und Kultur. 213 S. 2002.

Band 65 Julia Bernhard, Joachim Schlör (Hg.): Deutscher, Jude, Europäer im 20. Jahrhundert. Arnold Zweig und das Judentum. Akten des V. Internationa- len Arnold-Zweig-Symposiums, Potsdam 1999. 267 S. 2004.

Band 66 Michael Scheffel (Hg.): Erschriebene Natur. Internationale Perspektiven auf Texte des 18. Jahrhunderts. 333 S. 2001.

Band 67 Franz Simmler (Hg.): Textsorten deutscher Prosa vom 12./13. bis 18. Jahr- hundert und ihre Merkmale. Akten zum Internationalen Kongress in Berlin, 20. bis 22. September 1999. 662 S. 2002.

Band 68 Peter Pabisch (Hg.): Mit Goethe Schule machen? Akten zum Internationalen Goethe-Symposium, Griechenland-Neumexiko-Deutschland 1999. 205 S. 2002.

Band 69 Hartmut Eggert, Gabriele Prauß (Hg.): Internationales Alfred-Döblin-Kollo- quium, Berlin 2001. 320 S. 2003.

Band 70 Ferdinand van Ingen, Hans-Gert Roloff (Hg.): Johann Beer. Schriftsteller, Komponist und Hofbeamter, 1655–1700. Kongressakten des Internationalen Beer-Symposions in Weißenfels (3.–8. Oktober 2000). 642 S. 2003.

Band 71 Anton Schwob, Karin Kranich-Hofbauer (Hg.): Zisterziensisches Schreiben im Mittelalter – Das Skriptorium der Reiner Mönche. Beiträge der Interna- tionalen Tagung im Zisterzienserstift Rein, Mai 2003. 450 S. 2005.

Band 72 Peter Pabisch (Hg.): Patentlösung oder Zankapfel? «German Studies» für den internationalen Bereich als Alternative zur Germanistik – Beispiele aus Amerika. 384 S. 2005.

Band 73 Ralf Georg Czapla, Ulrike Rembold (Hg.): Gotteswort und Menschenrede. Die Bibel im Dialog mit Wissenschaften, Künsten und Medien. 417 S. 2006.

Band 74 Claus Zittel, Marian Holona (Hg.): Positionen der Jelinek-Forschung. Beiträge zur Polnisch-Deutschen Elfriede Jelinek-Konferenz, Olsztyn 2005. 336 S. 2008.

Band 75 Christine Maillart, Monique Mombert (Hg.): Internationales Alfred-Döblin-Kolloquium. Strasbourg 2003. 258 S. 2006.

Band 76 Daniel Azuélos (Hg./Ed.): Lion Feuchtwanger und die deutschsprachigen Emigranten in Frankreich von 1933 bis 1941 / Lion Feuchtwanger et les exilés de lange allemande en France de 1933 à 1941. 537 S. 2006.

Band 77 bis Band 88 Jean-Marie Valentin (Hg.): Akten des XI. Internationalen Germanistenkon- gresses Paris 2005. «Germanistik im Konflikt der Kulturen».

Band 77 Jean-Marie Valentin (Hg.) unter Mitarbeit von Jean-François Candoni: Akten des XI. Internationalen Germanistenkongresses Paris 2005. «Germanistik im Konflikt der Kulturen». Band 1: Ansprachen - Plenarvorträge - Podiumsdiskussionen - Berichte. 232 S. 2007.

Band 78 Jean-Marie Valentin (Hg.) unter Mitarbeit von Konrad Harrer: Akten des XI. Internationalen Germanistenkongresses Paris 2005. «Germanistik im Kon- flikt der Kulturen». Band 2: Jiddische Sprache und Literatur in Geschichte und Gegenwart - Niederlandistik zwischen Wissenschaft und Praxisbezug - Alteritätsdiskurse in Sprache, Literatur und Kultur der skandinavischen Länder. 325 S. 2007.

Band 79 Jean-MarieValentin (Hg.) unter Mitarbeit von Marielle Silhouette: Akten des XI. Internationalen Germanistenkongresses Paris 2005. «Germanistik im Konflikt der Kulturen». Band 3: Deutsch lehren und lernen im nichtdeutsch- sprachigen Kontext - Übersetzen im Kulturkonflikt. 318 S. 2007.

Band 80 Jean-Marie Valentin (Hg.) unter Mitarbeit von Hélène Vinckel: Akten des XI. Internationalen Germanistenkongresses Paris 2005. «Germanistik im Konflikt der Kulturen». Band 4: Empirische Grundlagen moderner Grammatikforschung - Integrative Zugriffe auf Phänomene des Sprachwandels - Lexik und Lexikologie: sprachpolitische Einstellungen und Konflikte - Sprache und Diskurs in den neuen Medien. 390 S. 2008.

Band 81 Jean-Marie Valentin (Hg.) unter Mitarbeit von Laure Gauthier: Akten des XI. Internationalen Germanistenkongresses Paris 2005. «Germanistik im Konflikt der Kulturen». Band 5: Kulturwissenschaft vs. Philologie? - Wissenschaftskulturen: Kontraste, Konflikte, Synergien - Editionsphilologie: Projekte, Tendenzen und Konflikte. 409 S. 2008.

Band 82 Jean-Marie Valentin (Hg.) unter Mitarbeit von Stéphane Pesnel: Akten des XI. Internationalen Germanistenkongresses Paris 2005. «Germanistik im Konflikt der Kulturen». Band 6: Migrations-, Emigrations- und Remigra- tionskulturen - Multikulturalität in der zeitgenössischen deutschsprachi- gen Literatur. 386 S. 2007.

Band 83 Jean-Marie Valentin (Hg.) unter Mitarbeit von Ronald Perlwitz: Akten des XI. Internationalen Germanistenkongresses Paris 2005. «Germanistik im Konflikt der Kulturen». Band 7: Bild, Rede, Schrift - Kleriker, Adel, Stadt und außerchristliche Kulturen in der Vormoderne - Wissenschaften und Literatur seit der Renaissance. 452 S. 2008.

Band 84 Jean-Marie Valentin (Hg.) unter Mitarbeit von Stéphane Pesnel: Akten des XI. Internationalen Germanistenkongresses Paris 2005. «Germanistik im Konflikt der Kulturen». Band 8: Universal-, Global- und Nationalkulturen - Nationalliteratur und Weltliteratur. 322 S. 2007.

Band 85 Jean-Marie Valentin (Hg.) unter Mitarbeit von Elisabeth Rothmund: Akten des XI. Internationalen Germanistenkongresses Paris 2005. «Germanistik im Konflikt der Kulturen». Band 9: Divergente Kulturräume in der Literatur - Kulturkonflikte in der Reiseliteratur. 411 S. 2007.

Band 86 Jean-Marie Valentin (Hg.) unter Mitarbeit von Brigitte Scherbacher-Posé: Akten des XI. Internationalen Germanistenkongresses Paris 2005. «Germanistik im Konflikt der Kulturen». Band 10: Geschlechterdifferenzen als Kulturkonflikte - Regiekunst und Development-Theatre - Streiten im Lichte der linguistischen und literaturwissenschaftlichen Dialogforschung - Deut- sche Sprache und Literatur nach der Wende. 486 S. 2007.

Band 87 Jean-Marie Valentin (Hg.) unter Mitarbeit von Laure Gauthier: Akten des XI. Internationalen Germanistenkongresses Paris 2005. «Germanistik im Konflikt der Kulturen». Band 11: Klassiken, Klassizismen, Klassizität - Kul- turmetropole Paris im Zeichen der Moderne - Der Streit um die literarische Moderne. 399 S. 2008.

Band 88 Jean-MarieValentin (Hg.) unter Mitarbeit von Jean-François Candoni: Akten des XI. Internationalen Germanistenkongresses Paris 2005. «Germanistik im Konflikt der Kulturen». Band 12: Europadiskurse in der deutschen Litera- tur und Literaturwissenschaft - Deutsch-jüdische Kulturdialoge/-konflikte. 384 S. 2007.

Band 89 Rüdiger Görner (Hg.): Mozart - eine Herausforderung für Literatur und Den- ken / Mozart - A Challenge for Literature and Thought. 360 S. 2007.

Band 90 Yvonne Wolf (Hg.): Internationales Alfred-Döblin-Kolloquium Mainz 2005. 338 S. 2007.

Band 91 Magali Laure Nieradka (Hg.): Wendepunkte -Tournants. Beiträge zur Klaus- Mann-Tagung aus Anlass seines 100. Geburtstages, Sanary-sur-Mer 2006. 165 S. 2008.

Band 92 Ralf Georg Czapla, Anna Fattori (Hg.): Die verewigte Stadt. Rom in der deutschsprachigen Literatur nach 1945. 386 S. 2008.

Band 93 Winfried Woesler, Srdan Bogosavljevic´ (Hg.): Die deutsche Ballade im 20. Jahrhundert. 231 S. 2009.

Band 94 Steven D. Martinson, Renate A. Schulz (Hg.):Transcultural German Studies / Deutsch als Fremdsprache. Building Bridges / Brücken bauen. 387 S. 2008.

Band 95 Sabina Becker, Robert Krause (Hg.): Internationales Alfred-Döblin-Kolloquium Emmendingen 2007. ‚Tatsachenphantasie'. Alfred Döblins Poetik des Wissens im Kontext der Moderne. 330 S. 2008.

Band 96 Jean Schillinger (Hg.): Der Narr in der deutschen Literatur im Mittelalter und in der Frühen Neuzeit. Kolloquium in Nancy (13.-14. März 2008). 327 S. 2009.

Band 97 Ursula Kocher, Shaswati Mazumdar, Anil Bhatti (Hg.): Indien im Blick. Kul- turelle Spiegelungen im Zeitalter der Globalisierung. In Vorbereitung.

Band 98 Falco Pfalzgraf, Felicity Rash (Hg.): Anglo-German Linguistic Relations. 173 S. 2008.

Band 99 Mirosława Czarnecka, Thomas Borgstedt & Tomasz Jabłecki (Hg.): Frühneuzeitliche Stereotype. Zur Produktivität und Restriktivität sozialer-Vorstel- lungsmuster. V. Jahrestag der Internationalen Andreas Gryphius Gesell- schaft Wrocław, 8. bis 11. Oktober 2008, 490 S. 2010.

Band 100 Peter Pabisch, Wolfgang Greisenegger (Hg.): Von Eierschwammerlhöhen zur D. H. Lawrence-Ranch. Österreichisches Literaturgeschehen in den Rockys? Eine Begegnung. 263 S. 2010.

Band 101 Ralf Georg Bogner (Hg.): Internationales Alfred-Döblin-Kolloquium Saar- brücken 2009. Im Banne von Verdun. Literatur und Publizistik im deutschen Südwesten zum Ersten Weltkrieg von Alfred Döblin und seinen Zeitgenos- sen. 428 S. 2010.

Band 102 Mirosława Czarnecka, Christa Ebert & Grażyna Barbara Szewczyk: Der weib- liche Blick auf den Orient. Reisebeschreibungen europäischer Frauen im Vergleich. 298 S. 2011.

Band 103 Gerhard Bauer, Kai Budde, Wilhelm Kreutz & Patrick Schäfer (Hg.); im Auf- trag der Academia Domitor - Studienforum Johann Jakob Hemmer e.V.: "Di Fernunft Siget." Der kurpfälzische Universalgelehrte Johann Jakob Hemmer (1733-1790) und sein Werk. 265 S. 2010.

Band 104 Franz Simmler, Claudia Wich-Reif (Hg.): Geschichte der Gesamt-satzstruk- turen vom Althochdeutschen bis zum Frühneuhochdeutschen. 375 S. 2011.

Band 105 Patrizia Lendinara, Fabrizio D. Raschellà und Michael Dallapiazza (Hg.): Saggi in onore di Piergiuseppe Scardigli. 291 S. 2011.

Band 106 Rüdiger Görner und Isabel Wagner (Hg.): Wolfgang Hildesheimer und Eng- land. 199 S. 2012.

Band 107 Stefan Keppler-Tasaki (Hg.): Internationales Alfred-Döblin-Kolloquium Ber- lin 2011. Massen und Medien bei Alfred Döblin. 495 S. 2014.

Band 108 Carlotta von Maltzan (Hg.): Magie und Sprache. 315 S. 2012.

Band 109 Alfred Noe / Hans-Gert Roloff (Hg.): Die Bedeutung der Rezeptionsliteratur für Bildung und Kultur der Frühen Neuzeit (1400-1750). Beiträge zur ersten Arbeitstagung in Eisenstadt (März 2011). 466 S. 2012.

Band 110 Misia Sophia Doms, Bernhard Walcher (Hg.): Periodische Erziehung des Menschengeschlechts. Moralische Wochenschriften im deutschsprachigen Raum. 487 S. 2012.

Band 111 Sibylle Schönborn (Hg.): Exzentrische Moderne. Max Herrmann-Neiße (1886-1941). Internationale Tagung in Düsseldorf (1.-3. Dezember 2011). 284 S. 2013.

Band 112 Steffen Höhne, Jacques Lajarrige, Dorle Merchiers (Hg.): La littérature peut-elle rendre témoignage... ? Aspects poétologiques et politiques dans l'œuvre de Herta Müller / Kann Literatur Zeuge sein ? Poetologische und politische Aspekte in Herta Müllers Werk. 407 S. 2014.

Band 113 Federica Masiero (Hg.): Mittlere Deutsche Literatur und Italien. Beiträge zu Ehren von Emilio Bonfatti. 408 S. 2013.

Band 114 Michael Dallapiazza, Annette Simonis (Hg.): Dante deutsch. Die deutsche Dante-Rezeption im 20. Jahrhundert in Literatur, Philosophie, Künsten und Medien. 163 S. 2013.

Band 115 Ursula Paintner, Claus Zittel (Hg.): Carl Sternheim: Revolution der Sprache in Drama und Erzählwerk. Beiträge zur Polnisch-Deutschen Carl Stern- heim-Tagung (Olsztyn, Dezember 2009). 246 S. 2013.

Band 116 Alfred Noe, Hans-Gert Roloff: Die Bedeutung der Rezeptionsliteratur für Bildung und Kultur der Frühen Neuzeit (1400-1750) II. Beiträge zur zweiten Arbeitstagung in Haldensleben (Mai 2013). 515 S. 2014.

Band 117 Christian Klein, Falko Schnicke (Hg.): Legitimationsmechanismen des Bio- graphischen. Kontexte - Akteure - Techniken - Grenzen. 384 S. 2016.

Band 118 Martin Anton Müller, Claus Pias und Gottfried Schnödl (Hg.): Hermann Bahr: Österreichischer Kritiker europäischer Avantgarden. 214 S. 2014.

Band 119 Marielle Silhouette, Jean-Louis Besson, Ségolène Le Men, Peter W. Marx, Clara Royer (Hrsg.): Max Reinhardt. L'art et la technique à la conquête de l'espace - Kunst und Technik zur Eroberung des Raumes. 553 S. 2017.

Band 120 Peter Hvilshøj Andersen-Vinilandicus, Barbara Lafond-Kettlitz, (Hg.): Die Bedeutung der Rezeptionsliteratur für Bildung und Kultur der Frühen Neu- zeit (1400-1750) III. Beiträge zur dritten Arbeitstagung in Wissembourg / Weißenburg (März 2014). 452 S. 2015.

Band 121 Marion Brandt, Grażyna Kwiecińska (Hg.): Internationales Alfred-Döblin-Kolloquium Warschau 2013. Interkulturelle Aspekte im Schaffen Alfred Döblins. 288 S. 2015.

Band 122 Marco Castellari, Alessandro Costazza (Hg.): Büchner-Rezeptionen - inter- kulturell und intermedial. 327 S. 2015.

Band 123 Sandra Abderhalden, Michael Dallapiazza, Lorenzo Macharis und Annette Simonis (Hg.): Schöne Kunst und reiche Tafel: über die Bilder der Speisen in Literatur und Kunst. Beiträge derTagungen Gießen (11./12. Oktober 2014) und Urbino (14./15. Oktober 2014) / Belle arti e buona tavola: sul significato delle pietanze nell'arte e nella letteratura. Atti dei convegni di Gießen (11/12 ottobre 2014) e Urbino (14/15 ottobre 2014). 419 S. 2015.

Band 124 Anna Gajdis & Monika Mańczyk-Krygiel (Hg.): Der imaginierte Ort, der (un)bekannte Ort. Zur Darstellung des Raumes in der Literatur. 370 S. 2016.

Band 125 Barbara Beßlich und Ekkehard Felder (Hg.) unter Mitarbeit von Anna Mattfeldt und Bernhard Walcher: Geschichte(n) fiktional und faktual. Literarische und diskursive Erinnerungen im 20. und 21. Jahrhundert. 413 S. 2016.

Band 126 Laura Auteri, Alfred Noe & Hans-Gert Roloff (Hg.): Die Bedeutung der Rezeptionsliteratur für Bildung und Kultur der Frühen Neuzeit (1400-1750) IV. Beiträge zur vierten Arbeitstagung in Palermo (April 2015). 634 S. 2016.

Band 127 Sabina Becker und Sabine Schneider (Hg.): Internationales Alfred-Döblin- Kolloquium Zürich 2015. Exil als Schicksalsreise. Alfred Döblin und das literarische Exil 1933-1950. 360 S. 2017.

Band 128 Michaela Holdenried, Barbara Korte & Carlotta von Maltzan (Hg.): Kultur- begegnung und Kulturkonflikt im (post-)kolonialen Kriminalroman. 239 S. 2017.

Band 129 Franz Schwarzbauer, Winfried Woesler (Hg.): Natur im Blick. Über Annette von Droste-Hülshoff, Goethe und Zeitgenossen. 262 S. 2017.

Band 130 Wei Maoping (Hg.): Die Flucht vor der Vernunft und die Suche nach ihr. Beiträge chinesischer Germanisten zur internationalen Germanistik. 442 S. 2017.

Band 131 Mirosława Czarnecka, Alfred Noe & Hans-Gert Roloff (Hg.): Die Bedeutung der Rezeptionsliteratur für Bildung und Kultur der Frühen Neuzeit (1400- 1750). Beiträge zur fünften Arbeitstagung in Wrocław (April 2017). 366 S. 2018.

Band 132 Elena Vasylchenko & Jutta Ransmayr (Hg.): Sprachliche Variation im Deut- schen. Unterrichtsdidaktische, deskriptive und internationale Perspektiven. 216 S. 2019.

Band 133 Steffan Davies & David Midgley (Hg.): Internationales Alfred-Döblin-Kolloquium Cambridge 2017. Natur, Technik und das (Post-)Humane in den Schriften Alfred Döblins. 294 S. 2019.

Band 134 Carlotta von Maltzan, Akila Ahouli & Marianne Zappen-Thomson (Hg.): Grenzen und Migration: Afrika und Europa. 258 S. 2019.

Band 135 Michael Dallapiazza & Annette Simonis (Hg.):Tierwelten und Textwelten. Mondi animali – mondi testuali. 410 S. 2020.

Band 136 Florian Gassner & Nikola Roßbach (Hg.): Zensur vom 16. bis zum 18. Jahr- hundert: Begriffe, Diskurse, Praktiken. 258 S. 2020.

Band 137 Akila Ahouli (Hg.): Germanistik im Kontext des LMD-Systems. Didaktische und curriculare Herausforderung einer regionalen Hochschulpolitik für das Deutsch-Studium in Westafrika. 182 S. 2020.

Band 138 Carme Bescansa, Mario Saalbach, IraideTalavera & Garbiñe Iztueta (Hg.): Unheimliche Heimaträume. Repräsentationen von Heimat in der deutsch- sprachigen Literatur seit 1918. 256 S. 2020.

Band 139 Alfred Noe & Hans-Gert Roloff (Hg.): Die Bedeutung der Rezeptionslitera- tur für Bildung und Kultur der Frühen Neuzeit (1400–1750). Beiträge zur sechsten Arbeitstagung in St. Pölten (Mai 2019). 522 S. 2020.

Band 140 Paulo Soethe (Hg.) unter Mitarbeit von Giovanna Chaves: Weltgermanistik, Germanistiken der Welt. Begegnungen in Lateinamerika. 382 S. 2020.

Band 141 Andrea Speltz, Nikola von Merveldt & Gaby Pailer (Eds.): From Far and Wide. German Studies in Canada. 125 p. 2021.

Band 142 Garbiñe Iztueta, Carme Bescansa, IraideTalavera & Mario Saalbach (Hg.): Heimat und Gedächtnis heute. Literarische Repräsentationen von Heimat in der aktuellen deutschsprachigen Literatur. 193 S. 2021.

Band 143 Elena Agazzi, Gesa Dane & Gaby Pailer (Eds.): The Queen's Two Bodies. Maria Stuart und Elisabeth I. von Schiller bis Jelinek. 210 p. 2021.

Band 144 Peter Clar, Walter Fanta (Hg.): Internationales Alfred-Döblin-Kolloquium Klagenfurt 2019. Alfred Döblin und Robert Musil – Essayismus, Eros und Erkenntnis. 347 S. 2022.

Band 145 Seong-Kyun Oh (Hg.): Tagungsband der «Asiatischen Germanistentagung 2016 in Seoul» – Band 1. Germanistik in Zeiten des großen Wandels – Tradition, Identität, Orientierung. 490 S. 2022.

Band 146 Seong-Kyun Oh (Hg.): Tagungsband der «Asiatischen Germanistentagung 2016 in Seoul» – Band 2. Germanistik in Zeiten des großen Wandels – Tradition, Identität, Orientierung. 376 S. 2022.

Band 147 Seong-Kyun Oh (Hg.): Tagungsband der «Asiatischen Germanistentagung 2016 in Seoul» – Band 2. Germanistik in Zeiten des großen Wandels – Tradition, Identität, Orientierung. 348 S. 2022.

Band 148 Natascia Barrale, Arianna Di Bella, Sabine Hoffmann, Marion Weerning (Hg.): Menschen und Handeln im Zeichen transkulturellen Denkens. Festschrift für Laura Auteri. 560 S. 2023.

Band 149 Akila Ahouli (Hg.): Krisen und Resilienz aus germanistischen und interdisziplinären Perspektiven. Gedenkschrift für Prof. Dr. Serge A. Glitho. 232 S. 2024.

www.ingramcontent.com/pod-product-compliance
Ingram Content Group UK Ltd.
Pitfield, Milton Keynes, MK11 3LW, UK
UKHW041121041026
8980IPUK00032B/980

9 783034 345958